唐澤　至朗著

民衆宗教遺跡研究の展開

高志書院刊

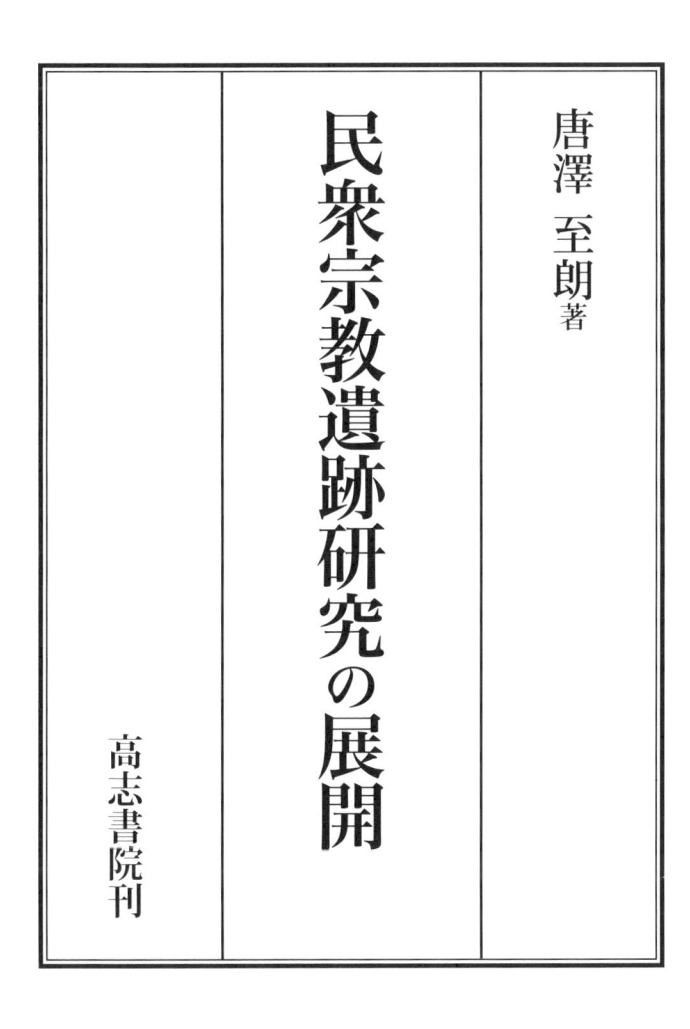

目　次

目次

民衆宗教遺跡研究の展開

序説

はじめに

前著『民衆宗教遺跡の研究』[1]を刊行してから十五年が経過した。この間の年月を通して引き続きわが国民衆の残した行為の跡に、その姿を映すよう心がけてきた。近代以前の民衆は、自らを声高に語らずそしてその活動の痕跡を残すことにも淡泊であった。多くの場合において民衆行動自体が自主的な記録をもつものではなかったため、いわゆる記録としての「史書」にそれを求めることは困難であった。それに具体性と客観性を与えるものとして、考古学的方法に拠る検証があるとの思考は、引き続き揺るぎない。

ここでは、前著序論との重複もあるが、その後の知見も踏まえてあらためて民衆観を示し、本書の構成を記しておくこととする。

一　民衆と地域文化

本書における民衆の概念設定は前著に拠る。すなわち、社会学における上部構造と下部構造の概念[2]を紹介し、民衆は下部構造の構成員たる存在であるとした。

民衆の行動範囲は、その帰属社会の構造によって限られていた。わが国の国家形成、生産地の領域化への変化は、そのままその地に居住し生業に従事する民衆の行動範囲を限定するものとなった。かかる環境下にあっては、統治政策に拠る興業のほかに遊行僧・回国聖・御師などの宗教活動や、連雀などの経済活動をもって領域外行動をとる人々がもたらす情報が重要であった。山折哲雄(3)や石井 進(4)の研究は、それぞれ主題とする研究と併せ、情報に接する民衆の有様をも証したものであり、唐澤もその謦咳や著作から多くの啓示を受けた。

地域文化は、かつて和辻哲郎が「気候、地質、地味、地形、景観などの総称(5)」とした風土を背景として、生産・通婚などによる地域生存に加え、外縁からもたらされる情報により域外との共通性を持つことにより加除が行われるに至るのである。身近な社寺の祭礼法事に加わるたびに、神事や仏事には広範な共通性と狭小な地域性が混在することに気づく。これらは古代以来の情報伝播の方法に由来するものであることは、先に記した先学の示してきたところである。

そしてその担い手は、紛れもなく民衆を常態とするものであったのである。

二　民衆宗教活動の検証

人は生まれ、そして死ぬ。「生者必滅」の理である。民衆はその理の中にあって、季節の移ろいに似せて様々な祈りを為してきた。考古学はその行為を痕跡や遺物から検証し、行動の普遍性を示そうとする。いわゆる祭祀場や墓、社寺遺構、副葬品や埋納品・種々の遺物、そして遺骸や火葬骨もその検証対象となるのである。

ただしこれら検証対象の流布・当初形態と変化の過程を知る上では、上下両構造双方の様相を広範に把握し、検証対象に編年的位置と分類を加えることによって双方の関係が明らかになると考える。この際には、領域と時間軸を超える俯瞰思考がこれを助けることになる。

本書においては、古墳祭祀・神仏と民衆の接点・小規模な納経供養・小規模な墓地と仏堂、それに大名墓ながら当該地域の前代の信仰を意識したとして加賀国前田家墳墓を検証対象としたところである。また、とりわけ注意をはらってきた事項は、教義にとらわれない民衆のおおらかさや、現代に続く現実的な心情表現についてである。考古学にあってはなかなか検証しにくいこれらではあるが、唐澤自身はこれへの理解と考察は遺跡の空間や史書の行間解釈にかかわる極めて重要な要素であると考えている。

三　本書の構成

本書に収録した各章は、初出の時期や自身の到達状況の相違によって個々の連携を欠くが、この序説に記した視点をもって加除や改題を行い、古代から近代に至るまでの時間軸に沿って編んだ。その構成と概要、またそれぞれにかかわる初出稿は次ぎのとおりである。

なお、掲載した写真や図についてはその都度、原典・所蔵者等を掲示した。特に記載のないものは唐澤自身の撮影に拠るものである。

第一章　復活再生の希求

本章では、わが国の原始社会から見られる再生儀礼を、古墳時代の鶏形埴輪と神宮における鶏鳴神事等に取材し、四季と光・闇認識に言及して、その後の西方極楽浄土への往生祈願の基盤になったとして、現代へ続く心理形成を考えようとしたものである。

「復活再生儀礼と時間域の研究へ向けての覚え書き」(『芙蓉峰の考古学』考古学論究第一三号、立正大学考古学会、二〇一〇年)を初出とする。

第二章　勾玉の神器化と仏教

本章は、前章初出を受けて作成したもので、埴輪に付されている勾玉頸飾の変化に、製作と使用制限を推定した。そしてその時期が仏教の公伝の時期に重複することから、古代的な祭祀権の大王への収斂が、東アジア的な環境下でおこったのではないかと考えた。

「玉祀りの偏在化と仏教伝来の環境」(『考古学論究』第一九号、立正大学考古学会、二〇一八年)を初出とし、形態等を改めたものである。

第三章　神仏との遭遇

本章では、光と闇すなわち明と暗にして表現される概念が、たんなる表現に留まるものではなく、人間の宿業を支配する空間の両極として認識され、そこにわが国における神仏の領域との接点を見出してきたとした。仏教の経典に拠らない浄土認識も、現に存在するわが国の自然観に大きく因って来たものであるとしたのである。

「無量光明考―奇瑞としての光明表現と実像―」(『群馬県立歴史博物館紀要』第二八号、群馬県立歴史博物館、二〇〇七年)を再構成したものである。

第四章　光彩と来迎

本章の主題も光である。神仏習合という思考の中でも、前代から強く意識されてきた光の世界を鏡というアイテムを通して認識し、さらに鏡を異界・浄土との接点とみなしてきたと捉えたのである。

「光彩と来迎―御正体が示す異界認識―」（『考古学の諸相Ⅳ』・『考古学論究』第一七号、立正大学考古学会、二〇一六年）に加除を行ったものである。

第五章　御仏の領域概念

本章では、来迎会・献体供養・粉骨からの骨仏造立など現代の仏教行事に取材しつつ、無意識の中に息づく仏の役割分担を認識し、四季観とともに維持してきたのではないかとしたものである。仏教の日本化を現代という視点から捉えてみた。

初出「御仏の領域概念―民衆の中にある薬師・釈迦・阿弥陀の救済認識―」（『群馬県立歴史博物館紀要』第二八号、群馬県立歴史博物館、二〇〇六年）に加除を行ったものである。

第六章　縁友のいる場景

本章では、主に中世の納経容器「経筒」の銘文に観られる「縁友」に注目してこれを縦糸とし、その時代背景や社会構造を、「新田義重譲状」や「小山朝光母地頭補任下文」などの文書を横糸として扱い、当時の夫婦関係が現実的な対応の中にも細やかな愛情に拠ったものであったと観たのである。また、一言、現代の風潮への風刺も含めている。

「「一所懸命」の理―経塚資料等からみた中世武士の夫婦関係―」（『考古学の諸相Ⅱ』匠出版・東京、二〇〇六年）を初出とし、体裁と一部を改めてある。

第七章　上野聖の足跡

藤原道長の金峰山納経を嚆矢とする経塚造営も、次代の中世には広く武士層にまで普及し、各所を廻って納経を請け負う回国聖の活動がみられるようになる。本章では、上野国縁の納経資料から上野の聖たちの足跡を紹介する。

本章は、以下の四編の報告を基に再構成をしている。
「群馬の経塚―本県ゆかりの経塚と出土品―」（『群馬県立歴史博物館紀要』第一九号、群馬県立歴史博物館、一九九八年）
「群馬の経塚（二）―本県ゆかりの経塚と出土品―」（『群馬県立歴史博物館紀要』第二二号、群馬県立歴史博物館、二〇〇一年）
「上州回国聖と納経資料」（『考古学論究』第六号、立正大学考古学会、一九九九年）
「赤城山頂大沼の小鳥が島経塚の再検討」（『考古学論究』第七号、立正大学考古学会、二〇〇〇年）

第八章　発智氏文書の行間

本章では、越後国魚沼の魚野川と破間川の合流点に立地する下倉山城下の発掘調査に取材し、若年者の首級埋葬と文書記録から天文年間の攻防戦の一様相を考察するとともに、「無念」とは何かという自問への解も求めようとしたものである。併せて近在する首塚についても紹介し、その周知と保存を願う。
当時二〇代後半であった唐澤が、波田野至朗・他『下倉山城跡』（新潟県教育委員会、一九八一年）として公表した発掘調査結果に、最近の追加踏査等を加えて構成したものである。

第九章　加賀国前田家初期墳墓の系譜

金沢市南郊にある野田山は当地における一大墓苑であり、その起源は前田家の墓所造営にはじまる。その初期の墳墓形態は他の大名家のそれらと比べ、かなり特異な形態を示している。その設計背景に加賀百万石とされる前田家の初期の領国経営の様相を探ろうとしたのが本章である。既存の信仰と新たな産業振興に領国経営の基本を据え、荒廃した人心の安寧化をはかったのではなかったかと観たのである。

本章は、かねて課題としてきた「多段築造塚」の社会的背景を考えていく過程で、新たに起稿したものである。

第一〇章　村人の寄辺

近年、寺院と人々の距離感が広がっているといわれる。唐澤はかねてから仏教の民衆普及の過程で教義に拠らない民衆解釈があり、それが今日的な宗教行動の基底を形作っているのではないかと考えてきた。

本章では、唐澤至朗『多比良天神原遺跡Ⅱ』(財)群馬県埋蔵文化財調査事業団、二〇〇八年)として公表されている発掘調査結果に追加踏査等を加えて、この考えを確認することとした。

第一一章　塚調査の記憶をさかのぼる

本書最後の章に、唐澤学窓時の調査を振り返ることとした。唐澤は歴史時代における塚の考古学的な研究に関心を持ち、いくつかの調査と研究に携わってきたが、それらの諸遺跡の中で初めて参加したのが新潟県三条市内に所在した牛ヶ首中山塚の発掘調査であった。当時、文化財をめぐる地方の状況はなかなか厳しく、調査報告書の公刊まで至らなかった事例も多く、この塚の調査もその一例であった。この章の初出文は当時の状況を復原して記録化したもので、当時の関係者の努力や世情が垣間見える。

「牛ヶ首中山塚発掘調査記録の復原」(『考古学の諸相Ⅲ』・『考古学論究』第一五号、立正大学考古学会、二〇一三年)を本書の体裁に合わせて加除・再構成した。

おわりに

一連の調査と研究は、唐澤自身が民衆の一片《ひとひら》であるとの意識に支えられてきた。携わってきた発掘調査の現場は、その地に居住して調査を注視し作業に加わってくれた人々に支えられてきた。長く勤務した博物館においても利用者のほとんどが同じ地域の人々であり、講演や講座の席を占めてくれたこれらの人々の眼差しもまた等しく真摯であり暖かかった。わが国における民衆の視線は、喜怒哀楽の表現は極めて控えめであるが、四季の移ろいと「知的満足」についての反応には穏やかで包容に満ち、そしてなかなか鮮やかなものがあると感じてきた。研究対象とした諸遺跡と資料情報からも、こうした現代に続く反応に普遍性と具体性を看取できるのではないかと考え続けてきたのである。

しかし、考古学研究が最も有効な検証手段ではあるものの、行動の軌跡自体を残そうとする意識が希薄であり、よってその痕跡が寡少である状況下にあって、民衆の宗教行動の全容に迫る作業は容易ではない。

前著にかかわる諸作業から継続的に、わが国民衆の宗教観を調査する中、それらが西欧諸国とは全く異なる構造を示すものであると考えるに至った。はるか先史時代から続く自然環境・四季観に由来する大いなる包容への畏敬を基盤とした所謂「神」祀りに、六世紀後半に国家的保護を獲得した「仏」への帰依が、絶妙に複層化するその構造の外形をなした。しかしその異なる層を合理的に解釈しようとした習合も、これを受け入れる民衆行動なくしては成立しなかったであろうし、記録に馴染まなかった様々な形と変化の帰結点が、今日のわが国の民衆宗教文化なのではなかろうか。

そして、かかる作業の過程における本書所収の各論において、民衆の宗教行動の背景に「無念」を当然の容《かたち》として受けいれ、寛容の中に封じ込め「忘却」を装いつつもその集積があることを指摘する。(6) 移りゆく時空の中、ささやかな安寧希求活動であった宗教行動が民俗行事へと変容し、さらに伝統行事と称するイベントとして形骸化が進む今日、「無念」の軽減と変化が社会の成熟と関係しているとも想起できるが、長期的な視座をもってこの変化についての調査研究を継続する必要性もあるであろう。したがって本書の各論には、今後の展開を予察するところから大胆な飛躍を含むが、あえてこのまま上梓に及び、この必要性を伝えたいと考える。

序説の最後に「神庭の景」として、大洗磯前神社の海中鳥居の場景を掲げた。月山弥陀ヶ原・熊野三山の峰々・出雲の海・立山や八海山の霧中・比叡や高野の闇・そして沖縄の落日など、各地を踏査する途上にて度々清らかな天地の情景に遭遇し、これらを写真に収めてきたが、無念の浄化を求める潜在意識が、民衆をしてこれらの景を観じ造り、知らず護り存続させてきたのであるとみているからである。

図　「神庭の景　大洗磯前神社の海中鳥居」
― 神は光の路を社へと通うのであろうか ―

註

（1）唐澤至朗『民衆宗教遺跡の研究』高志書院　二〇〇三年

（2）福岡安則「上部構造／下部構造」『社会学事典』所収　弘文堂　一九八八年

（3）山折哲雄『浄土の彼方へ』人間の美術5　学習研究社　一九九〇年

（4）石井進『中世のかたち』日本の中世1　中央公論新社　二〇一五年。歩く歴史学者・石井の研究姿勢は、物的実証研究を基盤とする考古学者のそれと相通じる。一九九〇年八月四日、小田原にて石井は翌未明に至るまで、同宿した若年の唐澤に「中世都市景観」や「連雀」など、中世の躍動イメージについて問答解説を施した。唐澤はこれを機縁として多くの学恩を得た。

（5）和辻哲郎『風土―人間学的考察―』岩波書店　一九二九年。和辻の示した気候区分は、当時の欧州単一観に拠るとの評価がなされ、わが国の気候区分も「モンスーン」ではない。考古学界にあっても「照葉樹林帯」の一部としての気候区分を基盤とし、唐澤の風土思考もこれに拠っている。

（6）第八章「発智氏文書の行間」

第一章　復活再生の希求

はじめに

「鶏鳴」とは、夜明け前にして未だ漆黒の闇の時をいう。およそ午前二時ごろの刻限である。鶏鳴が闇を貫き競い合うように各所に響く、そしてしばらくの静謐の後にあたりが白々とし、間もなく東雲が輝き出す。気がつけば闇は何処ともなく打ち払われ、光が辺りに充ち満ちるのである。こうした一連の情景は近い過去に確実に存在した。しかし今日、鶏鳴を耳にすることは稀となり、また時間域としての「鶏鳴」も忘れ去られて久しい。

唐澤は先に、光と闇が単に視界を明と暗とに二分する表現に止まらず、人間の宿業を支配する空間の両極として認識されてきたものであることを阿弥陀信仰の形態を一例に論じ、またこれらが極めて古い時代すなわち仏教伝来以前から、われわれに培われてきた認識を基盤にしてきたであろうことに注目した(1)。

では、この光と闇の両域は何を契機として転じていくのであろうか。また、双方が交叉する領域すなわち「間」はどのように認識されてきたのであろうか。この覚え書きは、先の論考を踏まえ「鶏鳴」という「間」にどのような歴史性が認められるかを、鶏形埴輪と祭祀神事に取材して今後の研究への方策を探ろうとする試みである。

一　表現としての昼夜中間領域

まず、光と闇の中間領域が、一日に二度存在することの確認からはじめねばなるまい。この研究の嚆矢は、田中元であろう。田中は古代以来の日本人の精神生活に昼夜の認識が大きく係わっていることを念頭に研究を進めている。唐澤も田中の著作により、多くの啓発を受けている。(2) また、水守亀之助に拠れば、(3) 明方には、夜明方・暁・曙・有明・東雲・朝朗・早朝・早旦・早晨・未明・天明・薄明・黎明・啓明・早天・暁天・詰旦・晨旦・払暁など、夕方には、暮・黄昏・夕暮・日暮・晩方・日夕・日没・日ほ・落日・落陽・薄暮・薄夜・夕昏・夕景・反景・晩景・昏黄など、じつに多くの類義語があることが示されている。それぞれが光と闇が織りなす情景を巧みに表現したものといえようが、その表現の相違自体が微妙な領域内の時間的な位置の推移をも示すものであって、その形象を推移に応じて位置付けてみると、光彩の増減を表現として捉えることができるのではなかろうか。

無論、この表現が、唯一わが国固有のものであるとは限らない。汎アジア的な広がりを持つであろうし、そこにこの光と闇に関わる認識からも日本精神文化の属性の一端も観察しうることになろう。

二　鶏形埴輪等の出現

わが国古代における葬祭儀礼を示すものの一つとして、古墳にともなう埴輪が挙げられよう。埴輪祭祀に関する諸論については別の機会に述べることとして、ここでは鶏形埴輪等に限ってその出土様相を瞥見してみたい。つまり、鶏形埴輪のありようが、当時の社会における、時間領域の認識を暗示するものであると考えるからである。

埴輪は円筒埴輪と形象埴輪に大別され、形象埴輪は器財・人物・動物埴輪として分類される。動物埴輪は、総ての動物が確認されているわけではなく馬・牛・鹿・猪・犬・猿・鶏・水鳥・鷹・魚に限られ、殊に馬と鶏とに大きな偏在性が看取できる。(4) ただし、出現年代と制作期間からは、鶏形に特異性が認められる。

鶏形の出現は、動物埴輪に止まらず他の形象埴輪に先んじ、古墳時代前期のごく早い時期、三世紀末から四世紀と

図１　鶏形土製品(群馬県石田川遺跡出土・四世紀)
(太田市立薮塚本町歴史民俗資料館蔵)

みられる。また、具象的な鶏形土製品の弥生時代後期の奈良県唐古遺跡、古墳時代前期の群馬県石田川遺跡からの出土事例から、(5)鶏に関わる古墳祭祀が弥生時代からの集落祭祀すなわち民衆の生活と密接な関わりがあることを想起させるのである。別に、鶏形木製品の古墳出土の早期例として奈良県纏向石塚古墳（前方後円墳・三世紀中葉）があるが、これは墳頂ではなく後円部の周濠外縁から発見されている。(6)やはり、他の祭祀にも鶏が存在した可能性を考えさせる。古墳出土の鶏形土製品の早い例として、東国では群馬県元島名将軍塚古墳（前方後方墳・四世紀後半）が挙げられ、体部下半の円筒が長い中空を成すことから、京都・北陸地域の古墳の類例と同様、朝鮮半島の鳥竿と類似するものとの指摘がある。(7)

制作のみならず使用形態として所謂埴輪とされる確実な初期事例は、京都府平尾城山古墳（前方後円墳・四世紀後半）であるが、(8)以降埴輪制作は古墳時代後期・六世紀に盛期を迎え、鶏形埴輪も群馬県剛志天神山古墳出土例、栃木県鶏塚古墳出土例など優れた写実性を示すものが登場する。そして埴輪の存続期間の最終に至るまで一貫して制作が行われており、このことは後出した他の埴輪とは異なる役割・必要性を示すものと考えられる。

三　群馬県浅田3号古墳と鶏形埴輪

古くは生贄の代用と考えられていた埴輪であるが、現在では次の八説に収斂されている。(9)すなわち、①王位継承儀礼説：被葬者を首長とみて、その首長位を継承する儀式を表現したものとする。水野正好・橋本博文らが提唱する、②殯説：被葬者の死を確認する殯の儀式を表現したものとする。若松良一が提唱を展開する、③頌徳像説：被葬者の生前事績や活躍する姿を偲ぶものとする。当初、梅澤重昭が、また杉山晋作・和田萃

図2　浅田古墳古墳全景輪（群馬県渋川市・六世紀前半）
円墳上外縁の東西南北のみに朝顔形を、他を円筒形を配する。西側の朝顔形の傍らに鶏形が据えられていた。他に形象埴輪は無い。

が同様な提唱をする、④供養説：葬儀を表現したものとする、高橋克寿の説である、⑤犠牲説：被葬者に伴う犠牲としての動物たちと、その儀式を表現したものとする。車崎正彦が提唱する、⑥死後近従説：被葬者に従う黄泉の国への随行者を表現したものとする、塚田良道の提唱になるものである、⑦神仙世界説：黄泉の世界を理想郷とする神仙思想の影響とみる説で、最近の梅澤重昭の主張である、⑧神宴儀礼説：被葬者ではなく神々を祀る儀礼を表現したものとする。森田悌の提唱になるものである。

しかしこれらはいずれも人物埴輪群像の性格をめぐる論説であって、鶏が果たす初原的な役割の詳細な議論には及んでいない。

図3　浅田古墳出土鶏形埴輪
（群馬県渋川市・六世紀前半）
（渋川市教育委員会所蔵）
側の朝顔形の傍らに鶏形が据えられていた。他に形象埴輪は無い。
（2・3共に渋川市教育委員会提供）

こうした中で、群馬県渋川市浅田3号古墳の埴輪の出土状態は、大きな示唆を与える事例であると考える。浅田3号古墳は、平成一〇(一九九八)年二月～三月に調査され、現地が公開されている。正式な調査報告書が未刊行ではあるが、重要な知見をもたらす事例であるので、配付資料等の公開情報から紹介する。(10)

浅田3号墳は、周溝の外端からの径二二㍍、墳丘径二〇㍍、墳丘頂部径一〇㍍、盛土は高一・二㍍を測る円墳である。同古墳は榛名山による六世紀中頃、六世紀初頭、五世紀末葉の三層の火山灰によって被われていた。また墳頂一帯には軽石降下直前と考えられる馬蹄痕が遺存しており、築造後の時間経過の様相も物語るものであり、埴輪と火山灰研究から五世紀後半の築造と見られている。

特に注目すべきは、墳丘上に設置された埴輪の配置である。埴輪は朝顔形四点を東西南北の四方に配し、円筒を時計回りに一一・一〇・九・一〇点とほぼ一〇点ずつを環状に配している。形象埴輪は鶏形が一点のみで、西側朝顔形の南傍らに鶏首を北向きに設置されていた。このことは、埴輪の配置に方位認識とともに、鶏形埴輪の設置位置に関わる意志が顕現されているものと認められよう。

四　常世長鳴鳥

『古事記』と『日本書紀』、所謂記紀の記述内容は史実であるとする戦前史観と、史実ではないとする戦後史観に大きな対立があったことは周知のことではあるが、時間軸の前後はともかく何らかの史実の反映を認めようとする立場を、唐澤は支持している。

和銅五(七一二)年成立の『古事記』において鶏鳴が登場する場面としては「天石屋」の一節がよく知られている。

いささか長文であるが、以下に引用する(傍線唐澤)。

〔前略〕故於是天照大御神見畏、開天石屋戸而、刺許母理坐也。爾天原皆暗、葦原中國悉闇。因此而常夜往。於是萬神之聲者、狹蠅那須満、万妖悉發。是以八百萬神、於天安之河原、神集集而、高御産巣日神之子、思金神令思而、集常世長鳴鳥、令鳴而、取天安河之河上之天堅石、取天金山之鐵而、求鍛人天津麻羅而、科伊斯許理度賣命、令作鏡。科玉祖命、令作八尺勾璁之五百津之御須麻流之珠而、召す天兒屋命、布刀玉命而、内抜天香山之眞男鹿之肩抜而、取天香具山之天之波波迦而、令占合麻迦那波而、天香山之五百津眞賢木矣、根許士爾許士而、於上枝、取著八尺勾璁之五百津之御須麻流之玉、於中枝、取繫八尺鏡、於下枝、取垂白丹寸手、青丹寸手而、此種種物者、布刀玉命、布刀御幣登取持而、天兒屋命、布刀詔戸言禱白而、天手力男神、隠立戸掖而、天宇受賣命、手次繫天香山之天之日影而、爲縵天之眞拆而、手草結天香山之小竹葉而、於天之石屋戸伏汙氣而、蹈登杼呂許志、爲神懸而、掛出胸乳、裳緒忍垂於番登也。爾高天原動而、八百萬神共咲。於是天照大御神、以爲怪、細開天石屋戸而、内告者、因吾隠坐而、以爲天原自闇、亦葦原中國皆闇矣、何由以、天宇受賣者爲樂、亦八百萬神者諸咲。爾天宇受賣白言、益汝命而貴神坐。故、歡喜咲樂。如此言之間、天兒屋命、布刀玉命、指出其鏡、示奉天照大御神之時、天照大御神、逾思奇而、稍自戸出而、臨坐之時、其所隠立之天手力男神、取其御手引出、即布刀玉命、以尻久米縄、控度其御後方白言、從此内、不得還入。故天照大御神出坐之時、高天原及葦原中國、自得照明。〔後略〕(11)

以上から看取される要点として、次の諸項があげられよう。

①天照大御神を太陽そのものとする。

大御神が天石屋戸に隠れたことにより国中が闇に閉ざされ、総ての災いが発生する。

②天照大御神の再現に、常世長鳴鳥を鳴かせる行為が重要な位置を占める。

大御神の再現すなわち太陽の復活に関わる数々の所作の最初として、多くの鶏鳴が必要であった。
③天照大御神の再現を確実なものとするため、結界を設けた。
大御神が再度隠れることを阻止した。
④天照大御神が再現したことにより国中が再び明るくなった。
大御神の再現すなわち太陽の復活により、多くの災いが払拭されたことが暗示された。

この神話は前後を含め、わが国が稲作推進を基盤にした農業国家であることを示し、枯死と再生が太陽神を頂点に八百万神々の神意に委ねられていたことを、またその再生の契機となる役割が鶏鳴にあったことを物語っているといいうるであろう。さらにこれらは、太陽神と神々の関係そのままに、諸神の子孫諸族による国家運営を肯定するものとなりうるものであったわけであろう。

五　神宮式年遷宮と鶏鳴

伊勢国山田の地に鎮座する神宮は、天照大神（内宮）と豊受大神（外宮）を奉斎する。先に『古事記』所載の常世長鳴鳥の鶏鳴について触れたが、神宮の式年遷宮に関わる儀式としてこれに近似する所作が史料にみられる。

①「皇大神宮儀式帳」一皇大神御形新宮遷奉時儀式行事
常以九月十四日、〔中略〕、以十六日〔中略〕以亥時始氏、〔中略〕、又三遍音爲氏發、令幸行至瑞垣御門爾留氏、又三遍音爲氏、稱其音如鶏加初飼、〔後略〕(12)（傍線唐澤）

②「建久元年内宮遷宮記」

建久元年九月十六日、亥時許、〔中略〕、次奏鶏鳴于時出御、〔後略〕(13)（傍線唐澤）

また、大場磐雄は、昭和四年の第五八回式年遷宮に自ら参列奉仕した経験を、次のように具体的かつ感慨をもって記している。

③「伊勢神宮の遷宮祭」

〔前略〕。内宮が十月二日、外宮が十月五日で、〔中略〕。夜六時ころから仕度をととのえて待機し、八時少し前に旧御殿の階下に参集し、玉砂利をしきつめた庭上にすわって出御を待つのである。神苑の燈火は消され、おりからの秋気はそぞくと身にせまる。

やがて勅使の奏上する御祭文の声が闇にひびくと、御本殿の扉が開き、これを合図に外に集まる奉拝者の拍手は急霰のようにふりそそぐ。そしてふたたび静寂となる。やがて権禰宜の読み上げる召立文にしたがって、私たちは執物をいただき、捧持して出御をお待ちする。緊張はいよいよたかまりあたりは森厳の気がみちている。

八時直前、カケコウカケコウの鶏鳴が三唱される。これは

図4　内宮の神鶏

出御の合図で、天岩戸の段そのままに再現した古儀、外宮とはカケロウと発音する。つづいて勅使がいよいよ「出御　々々　々々」と低音で奏上されると、前陣はすでに板垣御門に静かに歩をすすめる。〔後略〕[14]（傍線唐澤）

遷宮は新宮に移ることをもって神威の回復・日輪の復活を表現するものと考えられるが、やはり鶏鳴はこの復活移行の間の契機となる位置付けを果たしていることは明らかである。なお鈴木義一に従えば、式年遷宮の制は天武天皇一四（六八五）年に立てられ、第一回の内宮遷宮は持統天皇四（六九〇）年に行われたとし、神威一層の更新を目的とするとした。[15]しかし式次第の素地ともなったであろうその原形はさらに溯るものと考えるべきであろう。同地の宮川上流に位置する神宮別宮の瀧原宮に、今後格別の留意が必要であろうし、さらには纏向遺跡などの古代遺跡の今後の調査成果に期待することも多かろうと考える。

ちなみに、大場は前掲書の中で、遷宮はその背景として天岩戸伝説を日神の死とその復活を中心としたものとしながら、後段で祭列と埴輪配列との類似性や御舟代の形態から遷宮式を貴人の葬送の式が儀礼化したものとした。[16]神道考古学の提唱者としての所感でもあり傾聴すべきものではあるが、唐澤は大場の見解を踏まえながらもその前提として、必ず復活する日神になぞらえる思考が先行して存在していたと考えたい。

ところで、鶏鳴に擬した神職の発声時刻についてであるが、①と②はともに「亥時（午後一〇時）」から式が始められており、発声は概ねこの時刻からそう遅れないものと推定できよう。また、③大場によれば、さらに早く午後「八時直前」としており、すなわち間としての「鶏鳴」、さらに実際の鶏鳴時刻とは大きくかけ離れていることがわかる。

この擬鶏鳴と「鶏鳴」の乖離の背景については、神と人との時間に関わる領域認識があるものと考え、別に神事挙行時刻の検討を進めているところである。

おわりに

雑駁な展開であったが、鶏形土製品や鶏形埴輪とその出土状態を手がかりとし、古代史や神社祭祀研究の支援を得て、「鶏鳴」という「間」のもつ歴史性を論じるに資する手がかりを求めてきた。

とりわけ、浅田3号古墳にみられる墳丘上西端に据えられた鶏形埴輪の事例は、夕方の中間領域における霊魂の呼び戻しの役割を担い、闇の到来を阻止しようとしたものなのであろうか。今後の研究に重要な示唆をあたえるものとなろう。

この覚え書きにおいて、昼夜の時空認識は、われわれにとって神々との交霊を背景とする重要な認識であると考えたわけであるが、検討は極めて不十分である。今回取り上げた項目においても、例えば、鶏形埴輪諸例の諸出土状態の詳細な検討、わが国隣接諸国諸地域の類似例の分析、また鳥居に関わる諸論考の検討や神社遺構の考古学的検討など、残された課題ははなはだ多いと言わざるを得ない。時機を得て論を深め、あらためて責を果たしたいと考えている。

さて、せっかくの機会であるので、この研究と現代社会との関わりについても、若干の紙数を割いておきたい。現代に生きるわれわれは、科学の発達とともに自然界から多くの「光」を手に入れた。その意味において「闇」はまた相対的に天恵ともいいうるであろう。われわれは、生命情報の再生メカニズムが遺伝学の領域にあることも知った。また精神文化的側面においての再生は、限りなく続き継承されるであろう。しかし、個々固有の人格を伴う肉体として表れる生命の再生は、現在に至る間、また近未来社会においてもない、あってはならないと断言できるであろう。

過日、文部科学省の道徳教育研究校に指定された群馬県内公立小・中学校における、児童・生徒の再生観に関わるアンケート調査結果が報道された。いずれも三割の児童・生徒が死者の再生を肯定したという(17)。調査数が少ないものの、結果については普遍性を予測しうると考える。

これには、喧伝されるように暴力的なアニメーションやゲームソフトなど、高度な技術を用いた非科学的・反社会的な創作物の横行が背景にあるであろう。それが精巧になればなるほど、現実と非現実との境界が不明瞭になり、ファンタジーでは済まされない教育問題・社会問題を派生させる。ただ、唐澤はこれらを制作し受容してきた現代日本に、再生を希求する精神文化の継承がありこのような制作物出現の背景をなしたものと考える。

再生は、四季の移ろいの中で生きてきた証左すなわち、われわれの神や祖先との交霊を願う精神の中に存在する継承すべき文化である。一方、知識を踏まえない再生観は空論に過ぎず、その生命を軽んじる思考と行動は、文化的にみてもいかにも無責任である。次代を担う人々へ及ぼす悪しき影響や行為は、表現の自由の枠組みを逸脱したものとして、排除していかねばなるまい。

鶏鳴有らずとも夜は明け、確実に日はまた昇る。そして「鶏鳴」という間に息づいた闇すなわち死へのおののきと、光すなわち生命の蘇りへの祈りは、われわれ一人一人の自戒と責任とともにあるべきと考える。

最後に、先学の著作による学恩はもとより調査段階から次の方々の御協力を得ている。ご芳名を記して厚く御礼申し上げる。

【敬称容赦・順不同】

群馬県教育委員会義務教育課・㈶群馬県埋蔵文化財調査事業団・渋川市教育委員会・神宮司庁広報室（木田雄介・中正

直樹）・神宮徴古館農業館（本多久子）・東京都立中央図書館・出羽三山神社（阿部良一・藤田昌信・渡部　幸）・出雲大社（千家和比古）・瀬戸神社（佐野和史）・三重県立博物館（天野秀昭）・辛科神社（神保侑史）

また文中、独立行政法人日本学術振興会による平成一九年度科学研究費補助金（奨励研究）受給課題「わが国宗教文化史上における昼夜の中間域に関わる祭祀と結界認識」の成果を含んでいる。採択を感謝する。

註

（1）唐澤至朗「無量光明考　―光明表現と阿弥陀仏来現の認識―」『群馬県立歴史博物館紀要第二八号』群馬県立歴史博物館　二〇〇七年
（2）田中　元『古代日本人の時間意識』吉川弘文館　一九七五年
（3）水守亀之助編『類語・文例辞典』柏書房　一九八〇年
（4）若松良一「人物・動物埴輪」『古墳時代の研究９（古墳Ⅲ埴輪）』雄山閣　一九九二年
（5）尾崎喜左雄・今井新次・松島榮治『石田川』「石田川」刊行会　一九六八年
（6）石野博信「総論」『古墳時代の研究９（古墳Ⅲ埴輪）』雄山閣　一九九二年
（7）酒井龍一「鳥形木製品の考古学」『日本の信仰遺跡』奈良国立文化財研究所　一九九八年
（8）近藤喬一・他『京都府平尾城山古墳』古代学研究所　一九九〇年
（9）若松良一前掲（4）
（10）①子持村教育委員会「浅田遺跡の概略」（見学会資料）一九九八年、②子持村教育委員会『写真集二〇〇二　噴火で埋もれた古代の村』二〇〇二年
（11）黒板勝美編『古事記・舊事本紀・神道五部書』新訂増補國史大系第七巻　國史大系刊行會　一九三六年
（12）『古事類苑』神祇部五十三　遷宮上　二一三頁　吉川弘文館　一九七七年
（13）『古事類苑』神祇部五十三　遷宮上　二一六頁　吉川弘文館　一九七七年

(14)　大場磐雄『まつり』学生社　一九六七年
(15)　鈴木義一「式年遷宮」『國史大辞典』6　七〇五頁　吉川弘文館　一九八五年。鈴木は『大神宮諸雑事記』から検討。『日本書紀』に記述は見られない。
(16)　大場磐雄前掲(14)
(17)　読売新聞　群馬地域版三四面　二〇〇六年一二月一二日掲載記事による。また別途、非公開報告書を検討している。

第二章　勾玉の神器化と仏教

はじめに

わが国における古墳時代葬祭祀の特徴的な創作物である埴輪からは、それぞれの制作時期の祭祀の様相が垣間見える。例えばごく初期の前期古墳における壺形埴輪と器台形埴輪があり、供献仮器としての壺と器台と形式化したこれらは、これを継承する朝顔形を含む円筒埴輪として埴輪制作の最終末まで継続する。形象埴輪は器材埴輪がやや先行し、群馬県域においては人物・動物等が中期・六世紀に盛行することが知られている。

これらは、墳丘・主体部の形態の変容とともに、それぞれ各期の祭祀の変遷を具体的に示すものであると考えられている。

就中、鶏形埴輪に限っては、群馬県域における弥生時代末期の石田川遺跡からの出土例などを嚆矢とし、埴輪祭祀上全期を通じて継続され、唐澤はここに、今日まで継承される再生を期する精神史上の顕かな形象の成立が認められるとした(1)。そしてかかる再生観は、原始社会から継続して存在し、いわゆる「三種の神器」成立の背景をなしたとしたのである(2)。

本章では先の論の構築作業の一環として行った群馬県内出土の人物埴輪装身具の観察状況を踏まえ、玉祀りの様相の偏りとその背景について、仏教受容との関わりにも言及しつつ考えるところを披瀝し、もって識者の議論に供することとしたい。

一　人物埴輪の出現

人物埴輪の最も早い例は、五世紀第2〜3四半期とされる大仙陵古墳(大阪府堺市)の巫女頭部とされる。(3) 群馬県域においては、五世紀第3四半期と位置づけられている井出二子山古墳(高崎市)で男頭部片、(4) 古海松塚11号墳(大泉町)で女の頭部が出土しており、(5) 初期の例とされるが、それぞれ各一点のみで頸飾の詳細はわかっていない。保渡田八幡山古墳(高崎市)はこれに次ぐ早い例で、五世紀第3〜4四半期と位置づけられる。以後、六世紀を通じて制作と墳丘及び周堤帯への設置が認められ、埴輪研究上からも極めて有益な情報を提供している。

群馬県域における古墳に配された人物埴輪は写実性に優れ、表現上の制約を考慮しても、また副葬品にみられる各装具の様相からも装着の実態を反映しているとみてよく、その構成品の一つである頸飾についても実態の反映は当然視できるとしてよい。ただし、実装との若干の時間差が看取されるが、副葬と実装には被葬者の生存帰属年代の反映とみてもよいのではなかろうか。

群馬県における代表例としては、保渡田八幡塚以降、古海・境天神山・上芝・塚廻り・神保下條・綿貫観音山などの各古墳出土例がある。これらはいずれも六世紀に築造された諸墳で、群馬県における人物埴輪製作の盛行期に当たる。

二　人物埴輪頸飾具の様相

人物埴輪に付されている頸飾具についての体系的な研究としては既に亀井正道の研究があるが[6]、装着の偏在性に関わる指摘の適否も含め確認する必要があろう。ここでは先に群馬県の代表例とした古墳出土埴輪から、調査者による考証及び唐澤の実見の済んでいる資料について、古墳の築造年代降順に瞥見する。なお、再検証に供するため、現保管施設を併記する。

①保渡田八幡塚古墳［五世紀第3～4四半期］

群馬県域では、最も早い事例。前方後円墳。昭和四（一九二九）年の調査で、下げみずらの男の頭部・巫女の上半身と脚部が出土し、その後、群馬県立歴史博物館保管となっている[7]。昭和一八（一九四三）年から平成一一（一九九九）年までの調査で、冠を被る男の頭部、盾持ち人・武人などが出土し、かみつけの里博物館保管となっている[8]。頸飾は、下げみずらの男が丸玉状を、巫女が勾玉・管玉状を連ねている。他の頭部は不明。盾持ち人・武人はいずれも無頸飾である。

②塚廻り古墳群4号墳［六世紀第2四半期］

小型の帆立貝形古墳。ほぼ全体が調査対象となっている。前方部から盛装の下げみずらの男二、巫女四、馬を曳く従者等三の九体の人物埴輪を出す。男の頸飾はいずれも大粒の垂玉様のもの一を伴う丸玉状を一連、巫女は太刀を持つ女が勾玉一、他の女は複数の勾玉を丸玉状で綴った一連に丸玉一連を重ね、従者の男は無頸飾である[9]。群馬県立歴史博物館保管となっている。

③塚廻り古墳群3号墳［六世紀第2～3四半期］

小型の帆立貝形古墳。前方部の約半分が調査対象となった。盛装の男の全身一・頭部二、巫女の全身一・頭部四の計八体を検出している。男二体はいずれも大粒の垂玉様のもの一ないし数個を伴う丸玉状一連、男一は頭部が残存せず不明、巫女の全身埴輪は複数の勾玉を丸玉状で綴った一連に丸玉状一連を重ね、頭部のみ出土した巫女三体のうち一体の左頸部に丸玉状のものが残存しているが、残る二体の頸部は十分に残存していない[10]。群馬県立歴史博物館保管となっている。

④塚廻り古墳群1号墳［六世紀第3四半期］

小型の帆立貝形古墳。前方部の約半分が調査対象となった。巫女と思われる女の頭部二、盾持ち人三の計五体が確認されている。巫女はいずれも頸部まで残存せず頸飾は不詳であり、大型の盾持ち人はいずれも無頸飾である[11]。公益財団法人群馬県埋蔵文化財調査事業団情報館に保管されている。

⑤神保下條遺跡2号墳［六世紀第4四半期］

礫に被覆された小型の円墳でおよそ四分の一が調査範囲である。この範囲で検出された人物埴輪は、下げみずらを結い、剣を佩く男二、巫女と思われる女三、腰に鎌を付す馬飼いとされる男一の、計六体である。これらの六体は男女・階層・職掌に関わらず丸玉状一連の頸飾がある[12]。公益財団法人群馬県埋蔵文化財調査事業団情報館に保管されている。

⑥綿貫観音山古墳［六世紀第4四半期最終］

群馬県域内における最終期の大型前方後円墳である。豊富な形象埴輪を伴うが、頭部観察が可能な人物埴輪は、盛装の男三、器台部に三人の小像を載せる一を三と数えて巫女六、小札甲を纏った重装武人・、弓持ちの男三、盾持ちの男三、帽子を被る男一、農夫等三、である。武人を除きいずれも一連・巫女の一体にあっては大小二連の丸玉状の頸飾を付す。他に詳細不明の頸部片があるがいずれも丸玉状の粘土の貼付が認められる。(13) 重装武人にあっては頸部まで装甲されており、表現上の制約であろう。群馬県立歴史博物館保管となっている。

三　古墳副葬品中の玉

では、群馬県内における古墳副葬品の様相はいかなるものであろうか。前項の古墳について、同様に頸飾実装具について瞥見する。それぞれの考証・実見の有無・保管地は、前項と同様である。

①保渡田八幡塚古墳［五世紀第3〜4四半期］

主体部は盗掘を受け、原位置は特定できなかったが、ガラス製勾玉六、碧玉製管玉一〇、ガラス製丸玉四五〇を検出した。(14)

②塚廻り古墳群4号墳［六世紀第2四半期］

墳丘外縁部から検出された第一主体部は大幅な攪乱により副葬品を含め全容不明。墳丘中央部検出の第二主体部は箱式石棺。遺骸の痕跡を含め副葬品は全く確認されていない。(15)

③塚廻り古墳群3号墳［六世紀第2〜3四半期］

主体部は調査対象外となっており、副葬品は未検出である。(16)

④塚廻り古墳群1号墳［六世紀第3四半期］

主体部箱式石棺の残骸中から、金環一、水晶製算盤玉一が検出されている。(17)

⑤神保下條遺跡2号墳［六世紀第４四半期］

横穴式石室を備えたものと考えられるが、既に残存しておらず、頸飾等の副葬品も確認されなかった。[18]

⑥綿貫観音山古墳［六世紀第４四半期最終］

長大な横穴式石室を備え、天井崩落もあって未盗掘・未開口であったため、副葬品の全容を知り得る。武具・馬具・用具類の豊富さに比し、頸飾具は少なく、金環九、銀環三を除き、頸飾具は銀空玉三一、藍色ガラス小玉四四、黄色ガラス小玉一〇である。[19] 勾玉は出土していない。

先の二と三とを整理したものが次表である。埴輪に装着されている頸飾について、石塚久則の「埴輪製作工人による表現の限界などの制約で必ずしも事実は伝えていない。」との指摘[20]があるが、勾玉及び管玉の表現については、表現上の精緻は別としてかなり明瞭であり、論拠として差し支えないと考える。

埴輪の分類は、①支配者層に属すると考えられる盛装の男、②被支配者層に属すると考えられる盾持ち・従者・農夫等の男、③支配者層に属すると考えられる巫女等の女、④被支配者層に属すると考えられる農婦等の女、⑤副葬品の玉頸飾の五項による。また、その他参考とすべき事例についても、摘要欄に付記し、後述する事項に備えた。

表から窺い知れる埴輪頸飾に関わる様相には、先に指摘された表現上の制約を除いても、特に留意すべき事象が看取できる。

すなわち、埴輪の勾玉装着は、①五世紀段階までは支配者階級の男女にみられる、②六世紀段階では巫女等女系のみにみられる、③六世紀第３四半期で装着が停止する、④六世紀第４四半期では、今回の諸例とは別に、頸飾以外の特殊例として実装が僅かに残存する、という四点である。

また、副葬実装品は譲与等による次期へのずれ込みが想起され、埴輪製作時点における様相を必ずしも反映してい

表　埴輪等の勾玉頸飾に関する比較表（埴輪の項　主は支配者層・従は従属層を想定）

	時期区分	古墳	埴輪（頸飾）	図版	同種	副葬品（頸飾）
□	五C　3	古海松塚古墳群11号墳	主・巫女頭部（不詳・別途剥離勾玉）	1図1・2		
①	五C　3〜4	保渡田八幡塚古墳	主・結髪男等頸部（丸玉一連）	1図4		ガラス勾玉　六 碧玉管玉　一〇 ガラス丸玉　四五〇
			主・巫女（勾玉・管玉二連）	1図3		
			従・武人頭頸部（無頸飾）			
			従・農夫等従者（不詳・丸玉一連か）	1図5		
			従・盾持ち（無頸飾）	1図6		
②	六C　2	塚廻り古墳群4号墳	主・盛装結髪男（大玉・丸玉一連）	2図1	二体同	
			主・太刀持つ巫女（勾玉・丸玉一連）	2図2		
			主・巫女（勾玉・丸玉一連または二連）	2図3	三体同	
			従・馬養等従者（無頸飾）	2図4	三体同	
③	六C　2〜3	塚廻り古墳群3号墳	主・盛装結髪男（大玉・丸玉一連）	2図5	二体同	
			主・巫女（勾玉・丸玉一連・丸玉一連）	2図6		
			主・巫女頭頸部（丸玉一連か）			
④	六C　3	塚廻り古墳群1号墳	従・盾持ち（無頸飾）	2図7	三体同	水晶算盤玉　一
⑤	六C　4	神保下條遺跡2号墳	主・結髪佩刀男（丸玉一連）	2図8	二体同	
			主・巫女（丸玉一連）	2図9	三体同	
			従・馬養等従者（丸玉一連）	2図10		
⑥	六C　4末	綿貫観音山古墳	主・盛装結髪男（丸玉一連）	3図1・2	三体同	銀空玉　三一 ガラス小玉　五四
			主・巫女（丸玉一連・一体は二連）	3図3・4	六体同	
			主・重装武人（不頸飾）	3図5		
			従・弓持ち（丸玉一連）		三体同	
			従・盾持ち（丸玉一連）	3図6	三体同	
			従・被丸帽男（丸玉一連）	3図7		
			従・農夫等従者（丸玉一連）	3図8	三体同	

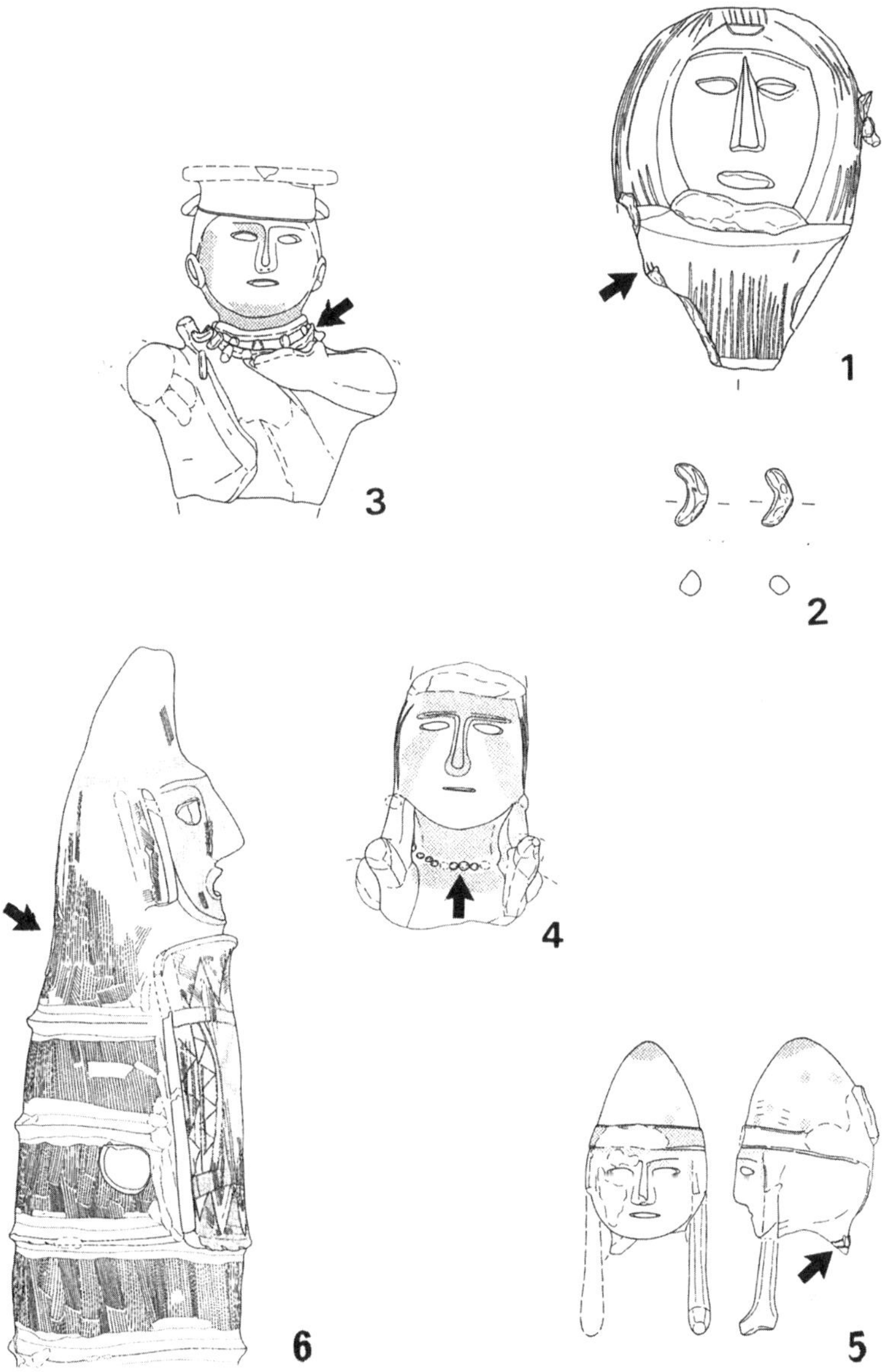

図１　埴輪頚飾装着状況①
（1～2 古海松塚古墳群 11 号墳　関本寿雄 2002）
（3～6 保渡田八幡塚古墳　大塚美恵子 2000）

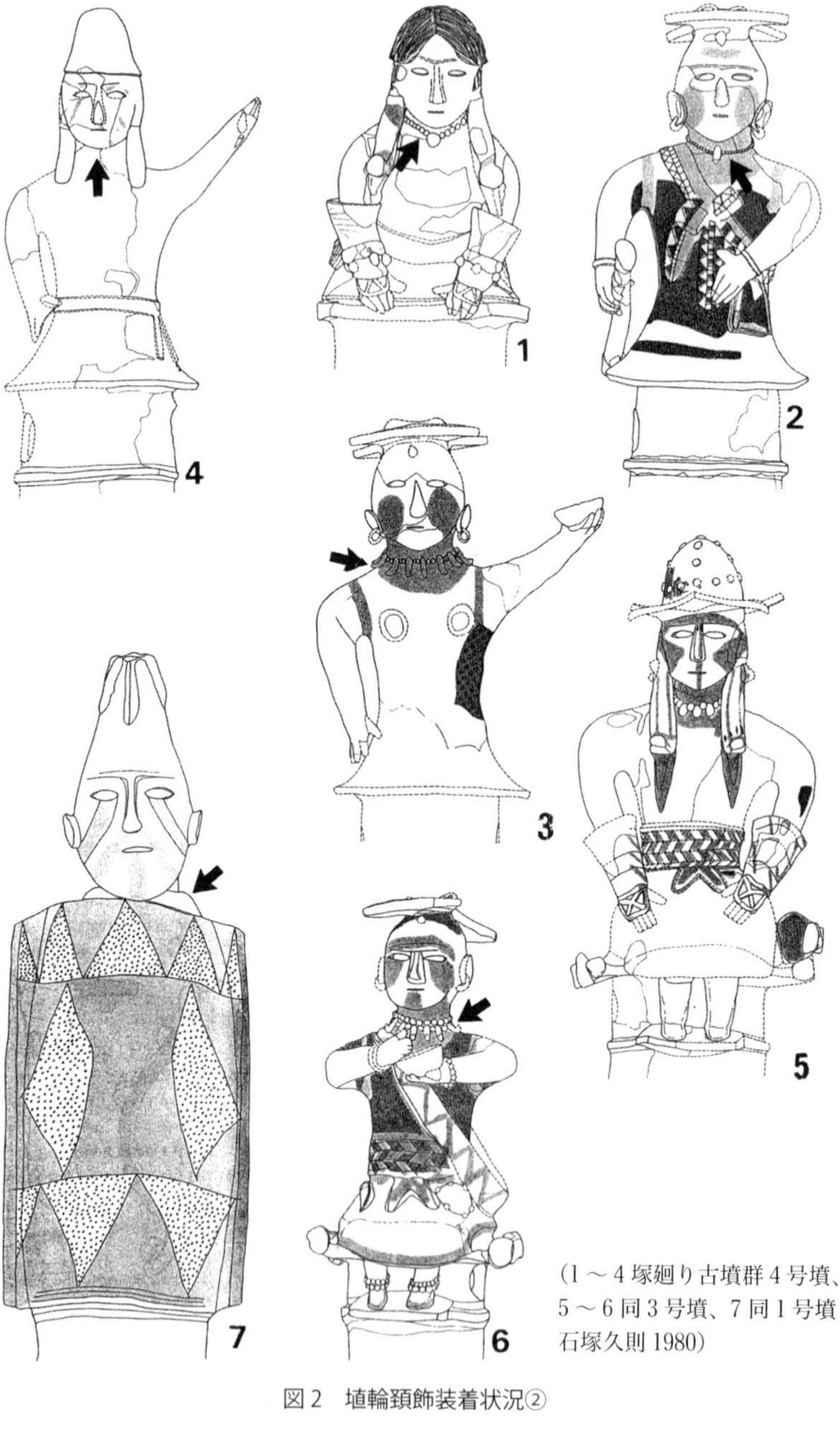

（1 ～ 4 塚廻り古墳群 4 号墳、
5 ～ 6 同 3 号墳、7 同 1 号墳
石塚久則 1980）

図 2　埴輪頸飾装着状況②

(1 ～ 3 神保下條遺跡 2 号墳　右島和夫 1992)
(4 ～ 5 綿貫観音山古墳　徳江秀夫 1998)

図 3　埴輪頸飾装着状況③

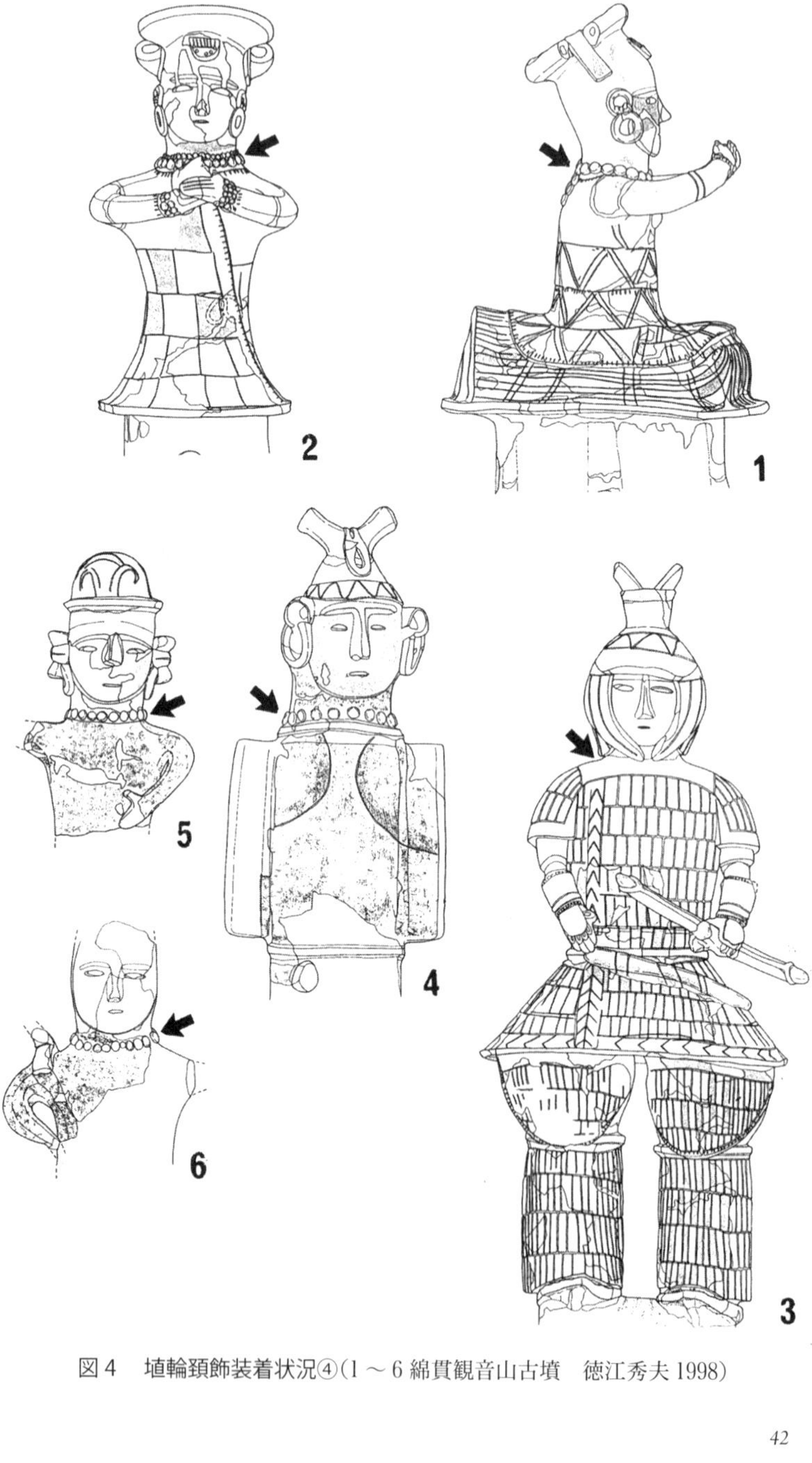

図４　埴輪頸飾装着状況④(1～6 綿貫観音山古墳　徳江秀夫 1998)

たとはみなし難い。

四　仏教「公伝」の時期と玉に関わる所掌理解

玉作りに関わる考古学上の知見と『記紀』の既述照合については、寺村光晴の先駆的業績があり、[21]小論もその学恩上にある。それに拠れば、専業集団としての玉作部の成立は、「弥生時代における玉類生産の集団が、その生産の継承の過程において、大和国家の成立と発展の下に、或る時期に部として組織されたものと言えよう。」とし、その時期については、玉作り遺跡の変遷過程から「第二期」すなわち中期古墳の時期としている。唐澤もこれを支持し、玉作りが五世紀段階から国家統制下にあったものと理解している。

このことは、「玉」は国内における統制可能な生産物であったことを想起させるのである。

ところで『記紀』の成立は、序文に従えば『古事記』は七一二年、『日本書紀』は七二〇年と見られ、唐澤は記載情報から、「玉祖」や「玉作部」の根拠伝承は遅くとも五世紀から六世紀ごろには存在し、流布をみていたのではないかと考えている。

他方、仏教伝来に関わる史料として、欽明天皇一三(五五二)年とする『日本書紀』と宣化天皇四(五三八)年を推測させる『上宮聖徳法王帝説』の記述があるが、[22]いずれも六世紀中葉の事跡であるとともにいわゆる「公伝」である。唐澤は先の検討において、この記述は国家組織による受容記録であって、先行する「私伝」の広範な流布を背景とした対応であるとした。[23]また、その折に掲げた事項であるが、この公伝の前後に百済の聖明王が度々わが国に援兵を求めていたことに注視を促し、仏像等の招来が半島情勢が極めて不安定な状況下で行われていたことを指摘した。[24]援兵要請の記述を再度確認する。

欽明天皇五　（五四四）年　一一月
欽明天皇八　（五四七）年　夏四月
欽明天皇一三（五五二）年　五月
欽明天皇一四（五五三）年　春四月
　同　年　　　　　　　八月
欽明天皇一五（五五四）年　二月
　同　年　　　　　　　冬一二月

そして翌欽明天皇一六（五五五）年春二月に至り聖明王戦死の報に接することになる。[25]

かかる状況を踏まえるならば、「公伝」の背景仮説として、次の二案を試みに提示することができよう。

第一案は、亡国の危機に瀕した聖明王が、自国まで東伝した仏教を、同盟国日本に移そうとした信仰上の理由によるものとする案である。

第二案は、先進文化を受容してきた自国の誇りと優越的な立場主張の具として、この挙に及んだとする案である。おそらくは第二案が実態に近似するものと私考するが、いずれにせよ、わが国の軍事的援助を引き出そうとしたものであったことは言うまでもなかろう。

小論では、この仏教「公伝」前後の時期に、勾玉をめぐる祭祀形態の変容がなされていたことを推察している。すなわち玉祭祀がかかわる弥生時代以降の普遍性が、特殊性すなわち特権的なものへと移行されたのではないかと看るのである。

おわりに

小稿では、玉ことに勾玉の装着様相の変化に関わる史的背景の検討を試みた。『古事記』及び『日本書紀』の行間解釈についても、これに資するものとして扱ってきた。以下に幾つかの結論を掲げたい。

まず、人物埴輪の頸飾のうち勾玉の装着について、巫女・貴人男子は六世紀第2四半期まで盛行するが、第3四半期にいたるとほぼ一個に減じられ、第2四半期では、全く装着が認められなくなるとした。

次いで、古墳副葬品においても、勾玉の出土が暫減し、人物埴輪の装着と期を一にして六世紀第4四半期には、特殊な冠帽等に残す事例を除き、頸飾としての出土が認められなくなる傾向があるのではないかと推定した。埴輪祭祀自体は畿内と東国では差異が認められ、六世紀第4四半期では畿内ではその製作と使用が停止するに比し東国では継続するが、副葬品における相違は認められず、畿内と東国間の情報伝達上の時間差は認められなくなっており、埴輪頸飾具の様相は時間差を認めつつ実装の反映とみてよいとした。なお、小論で採用した実見例が小論の構成上から限定的となり、また副葬品の伴出が調査限定や後世のかく乱によって完全ではなく、実装品と埴輪頸飾の年代比定に今後若干の差異が生じる可能性があることを付記する。

また、これらの現象の背景として、『古事記』及び『日本書紀』の成立過程から、勾玉の皇位継承に関わる象徴的占有性の成立が想起できるとし、その時期を六世紀第3四半期から第4四半期への移行期に想定したのである。

かかる勾玉の象徴化は、東アジア情勢のもたらす仏教伝来によって生じた伝統的な祖霊祭祀権の確立、すなわち古代国家としての危機管理の反映ではなかったかと考察したのである。仏教の日本化の過程究明には、様々な課題が考えられるが、国土をとりまく諸動向が仏教という新たな信仰論理の移入容認の背景をなしたのではなかろうか。

追論するならば、玉作りに関する最終段階の統制は勾玉に限られ、統制後の他の玉頸飾の一般衆人への普及も視座に入るものと推察し、六世紀第4四半期以降の従属者の埴輪をもってその証左と捉えたいと考える。そして玉作部の解組すなわち玉作りの終焉が「大化改新」に基づくとする寺村光晴の見解(26)は今日もなお重要であると考える。

雑駁な展開との謗りに甘んじつつ、小稿で提示した結論もその課題解決に向けた一つでしかない。今後も、考古学的方法論に依拠した俯瞰思考を保持しつつ、事象の分析と検討を進めたいと考える。

最後に、小稿作成に際する掲載許可手続きや資料閲覧にあたり、次の各位のご支援を受けた。末文ながら御礼を申し上げる。（順不同・敬称略）

公益財団法人群馬県埋蔵文化財調査事業団（新倉明彦・六本木弘子）・有限会社毛野考古学研究所（長井正欣）

註

（1）唐澤至朗「復活再生儀礼と時間域の研究へ向けての覚え書き」『芙蓉峰の考古学』池上悟先生還暦記念論文集　立正大学考古学会　二〇一〇年
（2）唐澤至朗「玉・珠・魂　―飾りと護り―」『飾るからだ』高崎市観音塚考古資料館　二〇一三年
（3）高橋克壽『埴輪の世紀』歴史発掘⑨ 講談社　一九九六年
（4）後藤守一「上野国愛宕塚」『考古学雑誌』第三九巻第一号　日本考古学会　一九五三年
（5）関本寿雄『古海松塚古墳群』大泉町教育委員会　二〇〇二年。額上部に櫛の表現があり報告者は巫女と推定している。別に剥離した勾玉状の残片二点が出土しているが、この女像と同一個体か否かは不明である。
（6）亀井正道「衣服と装身具」『日本の考古学Ⅴ　古墳時代下』河出書房　一九六六年
（7）福島武雄・岩澤正作・相川龍雄「八幡塚古墳」『群馬縣史蹟名勝天然記念物調査報告』第二輯　群馬縣　一九三二年

（8）大塚美恵子「形象埴輪の観察」『保渡田八幡塚古墳』調査編　群馬町教育委員会　二〇〇〇年
（9）石塚久則「古墳編」『塚廻り古墳群』群馬県教育委員会　一九八〇年
（10）前掲（9）
（11）前掲（9）
（12）右島和夫「1号古墳の調査・2号古墳の調査」『神保下條遺跡』財団法人群馬県埋蔵文化財調査事業団　一九九二年
（13）徳江秀夫「第4章、1、埴輪」『綿貫観音山古墳Ⅰ』財団法人群馬県埋蔵文化財調査事業団　一九九八年
（14）前掲（8）
（15）前掲（9）
（16）前掲（9）
（17）前掲（9）
（18）前掲（12）
（19）佐藤明人「第3章、3、装身具（1）（2）」『綿貫観音山古墳Ⅱ』財団法人群馬県埋蔵文化財調査事業団　一九九九年。
銀空玉の個数を報告書では三〇、群馬県立歴史博物館図録（『観音山古墳と東アジア世界』）では三一とする。
（20）石塚久則「6、形象埴輪の衣服と装身具」『塚廻り古墳群』群馬県教育委員会　一九八〇年
（21）寺村光晴「第六章　玉作部の考古学的考察」『古代玉作の研究』吉川弘文館　一九六六年
（22）『日本書紀』欽明天皇一三年冬十月・『上宮聖徳法王帝説』欽明天皇戊午年十月十二日
（23）唐澤至朗「天空散華考―往生環境の共有認識に関する一試論―」『群馬県立歴史博物館紀要』第二三号所収、二〇〇二年他
（24）唐澤至朗「群馬県における古代の仏教信仰」歴史と文化を学ぶ会平成二八年度第四回講演会資料　二〇一六年
（25）前掲（23）
（26）前掲（21）

〔付記〕　平成二四（二〇一二）年一一月一九日、群馬県渋川市金井東裏遺跡において小札甲を纏った遺骸男性が姿を現した。五世紀最終末から六世紀初頭の榛名山の噴火災害被災者の一人である。これについて、出現当初から周辺関係者が「王」であるとの見解を表明し、報道もこれを取り上げている。また、その後引き続いて発見された複数の遺骸の一部について、当初の人物とともにあたかも家族であるかのごとき報道がなされた。このことについて、当時組織を預かった立場の者として、一貫して同意し難いとしてきた。これは当該被災者の発見立地・古墳を含む諸遺構、また噴火口と遺跡地の位置関係とともに、当該者の甲冑の種別と頸飾を帯びていないことを根拠としていた。平成二九（二〇一七）年に至り隣接する金井下新田遺跡から大型の平地式建物などとともに、「勾玉と管玉を交互に配した首飾りを着けた」（『読売新聞・ぐんま』五月三一日記事）人物の遺骸の一部が検出された。唐澤の論からはこの人物の方が支配者層に相応しいとみられる。調査担当者による詳細な検討結果を待つこととしたい。いずれにせよ、「王」であるか否かは、その概念を含め全く別の議論であることは言うまでもなく、「支配者層に属する者」＝「王」ではない。衆人が発掘成果に期待するロマンと調査結果が示す現実は、必ずしも一致しない。いかに期待値が高くとも正確性を欠く言行は、結果として衆人に供するべき公益性の乏しいものとなることを忘失すべきでない。不確実な情報が、世上で成長することをただ恐れるのである。

第三章　神仏との遭遇

はじめに

光と闇は、単に視界を明と暗として二分する表現に止まるものではない。この二つこそが人間の宿業を支配する空間の両極として認識され、現に存在する自然の理の象徴でもあるのである。

わが国平安時代以降においては、混乱する社会世相を反映して浄土信仰が盛んになるにつれ、現世を穢土とし来世を浄土としてその浄土を希求する考え方が急速に広まっていった。この思想の中核を成すものは西方浄土の盟主である阿弥陀如来への帰依であるが、阿弥陀仏は無量光仏とも称し慈光として捉えられる存在である。したがって、この帰依はあたかも現世を闇の領域とし来世を光の領域とすることに他ならなかったのである。

唐澤は近年、当該時代の立体的な理解に供するために、当時隆盛段階にあった阿弥陀信仰の中で、来迎に伴う場の復原に取り組み試論を開陳してきた。その論は「雲中妙音考」であり「天空散華考」であったわけであるが(1)、ここではその続編として光明にかかわる検討を行い、信仰心と自然現象とが彩なす場の一側面を明らかにしつつ、現代社会へのささやかな提言を試みたい。

一　奇瑞としての光明

浄土へ転生したことを「往生」といい、往生した者を「往生人」と称した。往生の様子を拾遺した所謂「往生伝」のうち『日本往生極楽記（慶滋保胤）』『大日本法華経験記（鎮源）』『続本朝往生伝（大江匡房）』『拾遺往生伝（三善為康）』『後拾遺往生伝（三善為康）』『三外往生記（蓮禅）』『本朝新修往生伝（藤原宗友）』『高野山往生伝（如寂）』『〔通称〕念仏往生伝（行仙）』の九編について分析を行い、五種類の奇瑞が往生場面にともなう現象として認識されていたことを知りえた(2)。これらを集計するならば発生遭遇頻度は、①妙音八八件三〇・七％、②芳香七七件二六・八％、③瑞雲六七件二三・三％、④光明四一件一四・三％、⑤散華一四件四・九％の順であった。

これらの分析は、「往生伝」の内容すなわち往生が事実であったか否かを問題にするものではない。しかし、往生の場の認識が当時の人々の関心事であったことは重要であり、その認知の情景を知ることは、当該時代の宗教的思考を考察する上で示唆に富むものと考えるのであって、この考えは既に発表した諸論と同様である。小考では、奇瑞第四位であった光明四一件のうち情景が看取できる四〇件を、それぞれ①往生地、②時節、③旧暦月日、④時刻、⑤天候、⑥光明形態の六項目によって分析し、⑦において類型化を試みた。ただし、「往生伝」九編のうち『高野山往生伝』には光明の記述がないため対象から除外した〔表1～8〕。

なお、※印を付した往生人は二編に重複して掲載されているが、記述内容に相違があるためそれぞれを個別に扱うこととした。

①往生地については、各編者の活動地や情報収集地域の偏在性を示している。すなわち上野国山上を主な在地とし

た行仙の手になる『〔通称〕念仏往生伝(行仙)』では上野二例・信濃一例・武蔵二例であり、その情報収集域すなわち行仙の活動域を知ることができる。他の七遍はいずれも京師で編まれており、往生地不詳の三例を除き、京師等山城一四、近江延暦寺等七、大和四、摂津・和泉・紀伊各一、その他相模・陸奥・伊予・鎮西が各一と京師周辺地域の記述が突出していることが看取できる。

②時節と③旧暦月日からは、冬季から早春期の往生が一六例、その他の季節が六例、季節不詳が一八例と、知りうる中では寒冷期の往生が突出している。これは高齢者の一般的な自然死・病死者数と同様の傾向を示すものと考えてよかろう。

④時刻の記述からは、昼間五件・昼夜境二件・夜間一三件に分類でき、しかも夜間は戌刻から寅刻の深夜であったとする。

⑤天候については三件のみの記述に止まっており、晴・曇・雨と一定していない。往生環境の認識上は、晴天が前提であったのであろうか、天候記述への関心が希薄であったと考えられないであろうか。

⑥光明表現については、Ⅰ往生人自身の刹那の告白が一二件、Ⅱ往生人自身の夢告一件、縁者の往生人に関する夢告一〇件、伝聞等による記述一七件であり、告白や夢告が計二三件五七・五%に及ぶ。また光明が、1輝光であるとの認識が三〇件七五%と、2微光であるとする三件、3自然光と捉えうる表現七件を圧倒する。すなわち、往生人自身と往生を希求する人々にとって、往生時奇瑞の一つである光明は眩いばかりの輝きを示すものであると認識されていたと捉えることができよう。

以上の分析を踏まえれば、次の点を指摘できよう。まず「往生伝」には京師を中心とする情報収集の偏在性が認められるが、このことは源信と同心者を中心に活動が行われた編纂過程や、浄土信仰の中核が京周辺にあったとみられることから肯首でき、光明表現のみの特異性にはつながらない。注視すべきは往生の時期・時間帯と光明への認識にあるものと考えられる。光量の弱まる季節・光源の乏しい夜間はすなわち「闇」と捉えられ、それを救う存在として「光」を強く認識しようとしていたと看取できよう。光明を輝光とする認識は、無量光仏すなわち阿弥陀仏の存在認識と同一思考内にあったとみなければなるまい。

〔表1〕『日本往生極楽記』（慶滋保胤寛和元年（九八五）成立）四二節四三名中四名

※記録類型　Ⅰ往生人の刹那の告白　Ⅱ往生人の夢告　Ⅲ縁者の夢告　Ⅳ伝聞等　※光種類型　1輝光　2微光　3自然光　（以下、同じ。）

伝	往生人	①往生地	②時節	③旧暦月日	④時刻		⑤天候	⑥光明表現	⑦類型
六	延暦寺座主僧正増命	近江延暦寺	—	—	今夜	22	—	今夜金光忽照	Ⅳ—1
一四	延暦寺楞厳院十禅師尋静	近江延暦寺	寒中	二月中旬	—		—	〔自夢〕大光中数十禅僧	Ⅱ—1
一九	延暦寺僧明靖	近江延暦寺	暮年	一二月下旬	夜半	0	晴	〔自告〕西方之月微照	Ⅰ—3
二九	沙弥尋祐	和泉阿弥陀山	正月	元旦	夜半戌刻〜亥刻	20・22	—	有大光明（中略）不異昼日	Ⅳ—1

〔表2〕『大日本国法華経験記』（鎮源長久四年（一〇四三）成立）一二九節一三二名中五名

伝	往生人	①往生地	②時節	③旧暦月日	④時刻		⑤天候	⑥光明表現	⑦類型
三	比叡山建立伝教大師	近江延暦寺	梅雨	六月四日	辰時	8	—	異光燿谷	Ⅳ—1
九	奈智山応照聖人	紀伊熊野那智山	—	—	—		—	余光猶残、虚空照曜	Ⅳ—1
一〇〇	比丘尼願西	—	—	—	—		—	〔自告〕眼見光明	Ⅰ—1
一〇二	左近中将源雅道※	山城京師	夏	七月一〇日	夜半	0	—	〔他夢〕光明赫奕	Ⅲ—1
一二一	奈良京女	大和奈良京	—	—	—		—	〔自告〕仏各放光明	Ⅰ—1

〔表3〕『続本朝往生伝』（大江匡房康和四年（一一〇二）頃成立）四二節四二名中二名

伝	往生人	①往生地	②時節	③旧暦月日	④時刻		⑤天候	⑥光明表現	⑦類型
二七	阿闍梨延慶	山城京師	朧月	二月一四日	夕刻	16		〔自告〕有光如月輪	Ⅰ—2
三八	参議藤原兼経卿妻	山城京師	—	—	—		—	〔自告〕見満月来照乎	Ⅰ—3

[表4]『拾遺往生伝』（三善為康天永二年（一一一一）後成立）九四節九五名中一〇名

伝	往生人	①往生地	②時節	③旧暦月日	④時刻		⑤天候	⑥光明表現	⑦類型
上二〇	経暹上人	大和多武峰	早春	三月二〇日	寅剋	4	—	[他夢]金光遍照	Ⅲ—1
二八	浄尊法師・尼	鎮西	—	—	暁	4	—	光明遍照	Ⅳ—1
中一五	左近中将源雅道朝臣※	山城京師	—	—	戌時	20	—	[他夢]光明赫奕	Ⅲ—1
一八	左近衛将監下野敦末	山城京師	正月	閏正月一五日	申剋	16	陰雲	従坤方有光、照于其胸間	Ⅳ—2
下一〇	道昭法師	大和奈良京	—	—	夜分	22～2	—	良久光指西方而去	Ⅳ—2
二四	散位藤原重兼母	近江叡山東麓	夏	四月	—		—	身放光明	Ⅳ—1
二八	聖金阿闍梨	山城石作寺	年末	一二月二九日	寅剋	4	—	見浄土変像、忽有異光	Ⅳ—1
三〇	伊予國法楽寺老尼安楽	伊予法楽寺	正月	正月一日	—		—	[自告]西方有光、照臨室内	Ⅰ—1
三一	大和國阿弥陀房	大和	—	—	—		—	[他夢]従西方金色光三筋	Ⅲ—1

[表5]『後拾遺往生伝』（三善為康保延三‐五年（一一三七‐三九）間成立）七五節七五名中八名

伝	往生人	①往生地	②時節	③旧暦月日	④時刻		⑤天候	⑥光明表現	⑦類型
上七	侍従所監藤原忠季	山城京師	—	一〇月一七日	黄昏時	18	—	[他夢]仏自西方放光	Ⅲ—1
一二	東塔玉泉房僧俊豪	近江延暦寺	—	八月一五日	卯剋	6	—	[他夢]清光照谷	Ⅲ—3
一七	摂津國勝尾寺証如	摂津勝尾寺	—	八月一五日	夜半	0	—	金光照室	Ⅳ—1
中二	経源上人	相模小田原	窮冬	一〇日	辰剋	8	—	[他夢]光明照臨	Ⅲ—1
四	入道左大臣俊房※	山城京師	冬	一一月一〇日	—		—	黒雲之中、白光再現	Ⅳ—1
下一〇	中馬大夫母	山城京師	—	—	—		—	[自告]常有金色光明	Ⅰ—1
一七	主計頭賀茂家栄	山城京師	—	一二月	—		—	[他夢]朝日照臨、頭光赫奕	Ⅲ—3
二四	陸奥女人	陸奥	—	—	—		—	[自告]閉眼則金色仏満空	Ⅰ—1

[表6]『三外往生記』（蓮禅保延五年（一一三九）後成立）五〇節五〇名中六名

伝	往生人	①往生地	②時節	③旧暦月日	④時刻		⑤天候	⑥光明表現	⑦類型
二九	権僧正勝覚	—	暮年	—	—		—	光雲満精舎	Ⅳ—1
三〇	沙門永覚	近江延暦寺	冬	—	—		—	[他夢]光明赫奕	Ⅲ—1
三二	良忍上人	山城大原	—	二月	—		—	光明眼前	Ⅳ—1
三五	比丘尼某資平卿女	山城京師	—	—	—		雨脚滂沱	[自告]日月照我衣、光明清浄也	Ⅰ—3
四二	左近将曹敦季	山城京師	—	—	—		—	日光指来、斜照衣上	Ⅳ—3
四四	左大臣俊房※	山城京師	—	一二月一二日	暁	4	—	瑞光照室	Ⅳ—3

［表7］『本朝新修往生伝』（藤原宗友仁平元年（一一五一）成立）四一節四一名中一名

伝	往生人	①往生地	②時節	③旧暦月日	④時刻		⑤天候	⑥光明表現	⑦類型
一五	僧維乗房	—	冬	一一月	—		—	［他夢］身放光明	Ⅲ—1

［表8］『念仏往生伝（残簡）』（行仙弘安元年（一二七八）前成立）四九節以上（伝存一七名中五名）

伝	往生人	①往生地	②時節	③旧暦月日	④時刻		⑤天候	⑥光明表現	⑦類型
二七	上野國淵名庄小中次太郎母	上野淵名庄	春	兼一七日	—		—	金色光明、遙自西方来	Ⅳ—1
三五	信濃國小田切四郎滋野遠平	信濃滋野	—	一一月五日	辰～酉時	8～18	—	金色光明、従西南方来照亡者	Ⅳ—1
三七	武蔵國阿保比丘尼	武蔵	—	—	—		—	［自告］光明来照	Ⅰ—1
三八	比丘尼青蓮	武蔵	—	九月八日	戌時	20	—	［自告］西方有光明	Ⅰ—1
四六	上野國大胡小四郎秀村	上野大胡	—	一〇月五日	丑剋	2	—	［自告］内外明暎也	Ⅰ—1

二　『法然上人絵伝』にみる光明場面

『法然上人絵伝』（以下、『絵伝』）は、正式には国宝『法然上人行状絵図』と称し、浄土宗総本山知恩院に伝蔵された宗祖法然房源空（以下、法然）の一代絵巻である。

この『絵伝』は、全四八巻を二三五詞・二三五絵で構成しているが、そのうち四八絵に往生場面が描出されており、本研究にとって重要な啓示を与えてくれるものである。以下、巻中から光明出現の場面・状況を瞥見してみたい［表9］。

ただし「往生伝」の分析同様、諸状況が事実であったことを前提とするものではなく、法然没（一二一二年）後一〇〇年を期し、舜昌が徳治二（一三〇三）年頃から十余年を要して編纂に当たったという制作情報から知りうる、一三〜一四世紀初頭における往生場面の認識表記の問題として取り扱っていることは言うまでもない。なお、分析には、塚

［表9］『法然上人絵伝』にみられる光明表現

※類型　A　直接的に仏の存在を明示する。B　間接的に仏の存在を明示する。C　間接的に仏の存在を暗示する。D　光明表現を示さない。

巻	図題	①往生人等	②来迎図示	③光明表現	④光明形態	⑤類型
二	敵の定明念仏往生の図	源　定明	有	無	円相頭光・白毫光二条	C
七	上人、夢中に善導大師に会い、専修念仏相承の図	―	(有)	この紫雲の中より無量の光を出す	雲間光八条	B
八	元久二年四月五日、九條兼實の邸にて頭光蹈蓮の瑞相ある図	法然上人	無	頭光現しけるによりて　(云々)	円相頭光	A
一〇	建久三年二月二十六日、後白河法皇端坐往生、上人臨終行儀に善知識となるの図	後白河法皇	無	無	瑞雲間光二条	B
一二	文治五年二月、左大臣大炊御門經宗念仏往生の図	大炊御門經宗	無	無	無	D
一二	承久元年二月、右京権大夫藤原隆信念仏往生奇瑞出現の図	藤原隆信	無	紫雲音楽以下の奇瑞一にあらす	円相頭光・白毫光二条	A
一二	民部卿範光、上人について出家し、あらかじめ死期を知り正念往生の図	民部卿範光	無	無	瑞雲間光二条	B
一二	野宮左大臣公繼、嘉祿三年正月に奇瑞をあらわして往生の素懐を遂ぐるの図	野宮公繼	無	種々の奇瑞をあらはして(云々)	瑞雲間光二条	B
一三	聖護院無品親王、臨終前に上人を請じて念仏往生の図	聖護院親王	無	無	無	D
一三	南都興福寺の古年童の某、上人に帰依し奇瑞往生の図	某	無	無	瑞雲間光二条	B
一四	天台座主顯眞往生の素懐を遂ぐるの圖	天台座主顯眞	無	無	瑞雲間光二条	B
一六	貞應三年六月、明遍僧都頭北面西して念仏往生の図	明遍僧都	無	無	瑞雲間光二条	B
一七	文暦二年三月、聖覚法印端坐往生の図	聖覚法印	無	無	瑞雲間光二条	B
一九	尼聖如房念仏往生の図	尼聖如房	無	無	瑞雲間光二条	B
二〇	教阿高声念仏往生の図	教阿	無	無	瑞雲	C
二〇	遠江久野の作仏房、瑞雲のもと端坐合掌念仏往生の図	作仏房	無	さるほとに紫雲におとろき(云々)	瑞雲間光二条	B
二四	伊豆の妙眞尼念仏往生の図	妙眞尼	無	妓楽天にきこへ(云々)	瑞雲間光二条	B
二五	武蔵国の弥次郎の四十九日忌に蓮臺房金身阿弥陀像を夢みるの図	蓮臺房	無	無	瑞雲間光二条	B
二六	建久三年十一月、甘糟太郎忠綱、戦場に奇瑞往生の図	甘糟忠綱	無	紫雲戦場にたれおほひて(云々)	瑞雲間光二条	B
二六	宇都宮弥三郎頼綱端坐合掌念仏往生の素懐を遂ぐるの図	宇都宮頼綱	無	光明赫奕として(云々)	瑞雲間光二条	B
二六	薗田太郎成家、上人の教えによって出家してのち禅定に入るが如く往生、遠近の道俗その奇瑞に驚く図	薗田成家	有	紫雲屋上にたなひき音楽雲外にきこえ(中略)光明充満し(云々)【別記】	円相頭光・白毫光	A
二六	西明寺禅門衣袈裟をかけ、西方に弥陀画像をまつつて端坐往生の図	北条時頼	無	無	瑞雲	C

二七	熊谷蓮生房奇瑞不思議の大往生の図	熊谷直実	無	息とまるとき口より光りハなつ	瑞雲	C
二八	為守出家して尊願と号し、未曾有の捨身往生をなす図	津戸為守	無	紫雲空にそひき異香室ニみつ	瑞雲間光二条	B
三三	建永二年二月、六条河原にて安楽房刑死の図	安楽房	無	紫雲そらにみちければ（云々）	瑞雲	C
三五	建永二年四月五日、月輪殿正念往生の図	九條兼実	無	無	無	D
三五	直聖房、熊野権現が上人の本地を示すを夢みる図	（法然上人）	無	無	瑞雲間光二条	B
三七	上人重ねて仏菩薩の来現をおがむ図	（法然上人）	有	無	円相頭光・白毫光二条	A
三七	正月二十日、大谷の禅房の上に紫雲たなびく、上人往生瑞相の図	（法然上人）	無	坊のうへに紫雲そひくなかに円形の雲ありその色五色にして図絵の仏の圓光のことし	瑞雲	B
三七	正月二十五日、法然上人、慈覚大師の袈裟をかけ光明遍照十方世界念仏衆生摂取不捨の文を唱えて御往生の図	法然上人	有	無	円相頭光・白毫光二条	A
三八	堀川の太郎入道奇瑞往生の図	堀川太郎	無	無	無	D
四〇	三井の僧正公胤奇瑞往生の図	僧正公胤	無	洛中洛外紫雲をみ（云々）	瑞雲間光二条	B
四一	仁治三年五月二日、明禅法印頭北面西して往生の図	明禅法印	無	紫雲たなひきて（云々）	瑞雲間光二条	B
四三	白川の法蓮房信空、上人の遺骨を胸におき正念往生の図	法蓮房信空	無	無	瑞雲間光二条	B
四三	西仙房心寂端坐合掌高声念仏往生の図	西仙房心寂	無	無	瑞雲間光二条	B
四三	建長五年七月二十七日、嵯峨の正信房湛空往生の図	正信房湛空	無	無	瑞雲間光二条	B
四三	朝日山の信寂房往生の図	信寂房	無	無	瑞雲間光二条	B
四三	乗願房宗源往生の図	乗願房宗源	無	無	瑞雲間光二条	B
四四	嘉禄三年十二月十三日、隆寛律師相模飯山にて奇瑞往生の図	隆寛律師	無	彩雲軒をめくり（云々）	瑞雲間光二条	B
四四	遊蓮房円照往生の図	遊蓮房円照	無	無	瑞雲間光二条	B
四五	勢観房源智賀茂の功徳院にて往生の図	勢観房源智	無	無	瑞雲間光二条	B
四五	蓮華寺禅勝房端坐往生の図	禅勝房	有	無	円相頭光・白毫光二条	A
四五	建久六年六月六日、東大寺にて俊乗房重源往生の図	俊乗房重源	無	無	瑞雲間光二条	B
四六	嘉禎四年二月二十九日、筑後善導寺にて鎮西上人往生の図	聖光房弁長	無	五色の雲天にそひき又紫雲ななめにいほりをおほふ	瑞雲間光二条	B
四七	宝治元年十一月二十六日、善慧房証空端坐往生の図	善慧房証空	無	無	瑞雲間光二条	B
四八	空阿弥陀仏、死期を知り奇瑞往生の図	空阿弥陀仏	無	無	瑞雲間光二条	B
四八	嵯峨の往生院の念仏房瑞相往生の図	念仏房	無	殊勝の瑞相ありて（云々）	瑞雲間光二条	B
四八	真観房感西、上人にみとられて往生の図	真観房感西	無	無	瑞雲間光二条	B

※補注　図題は、原典『法然上人行状絵図』にはなく、『法然上人絵伝』（新修日本絵巻全集14）の表記を用いた。

本善隆の学恩を得た(3)。

さて『絵伝』の詞と絵を照合しながら検討を進めると、往生の取扱いにAからDの四類型があることが観察できる。それぞれの分類概要を次に示してみよう。

A類「直接的に仏の存在を明示する」〔図1〕

仏菩薩を描くことによって来迎往生を明示したもので、仏の頭光円相と二条の白毫光を、そして瑞雲を描いている。

B類「間接的に仏の存在を明示する」〔図2〕

瑞雲の雲間から二条の光線を描く。二条の光線はすなわち仏の白毫光を表現したものであり、B類はA類を踏まえたものであることは明らかである。瑞雲の中に仏の来迎が近いことを明示したものであろう。

C類「間接的に仏の存在を暗示する」〔図3〕

瑞雲の出現のみを描き、仏や光明を描出していない。瑞雲のはるか彼方に仏の来現があり、来迎を期待させる場面を示すものであろう。

D類「光明表現を示さない」〔図4〕

奇瑞は描かれていないが、来迎前の静謐な場面を描出することにより、教団として当該者を往生人として認定したものと考えられる。「往生伝」におけるかつての分析でも知られるとおり、光明は往生環境における奇瑞出現要件の一つであって総てではなく、D類はこの反映であるとも考えられよう。

以上の如く、光明には紫雲など瑞雲の描出が併せて表現されることによって、光明の出現すなわち来迎を期待させるなど、瑞雲が『絵伝』における往生環境の奇瑞認識に大きな位置を占めていることが看取できる。

なお『絵伝』には注視しておきたい光明表現も認められる。その一つは白毫光を二条として表現していることであ

国宝『法然上人絵伝』（知恩院蔵・京都国立博物館提供）

図2　B類

巻二六段一。甘糟太郎忠綱の戦中往生の場面。合戦の最中、瑞雲の中から差し出た光明をよすがとして合掌している。来迎が間近となっている様子を示す。忠綱はこの姿のままに討たれることを望んだのであろう。ここでも、先に瑞雲、次いで光明、後に来現という順が示されているとみられる。

図1　A類

巻一二段三。藤原隆信の往生場面。右端に端座する隆信の前にあるのは来迎図であろうか。瑞雲に続き、左手中空に阿弥陀仏の来現を示す。頭光円相・白毫光が明瞭である。来現の先触れとして、瑞雲の出現があることが示されているとみられる。

図4　D類（下）

巻三五段三。月輪殿つまり九条兼実の往生が近づいている。奇瑞は未だ認められていないものの、右手奥の兼実に対し、左端に描かれた僧が奇瑞（恐らくは瑞雲）の出現を確信し捉えようとしているのであろう。四紙にわたる表現は、待ち望む時の長さを暗示したものであろうか。

図3　C類（左）

巻二六段四。西明寺殿こと北条時頼の端座往生の場面。時頼は南面、西方に阿弥陀図を奉る。屋根近くまで瑞雲がたなびき、間もなく光明が差し込むことであろう。

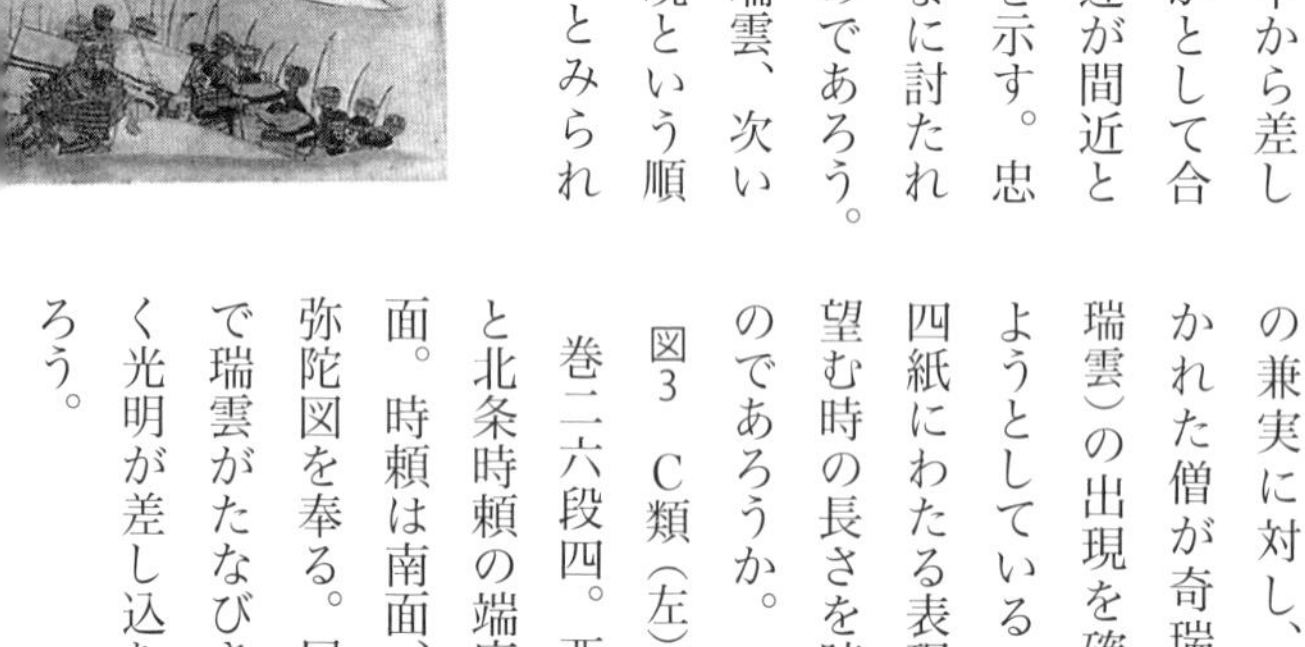

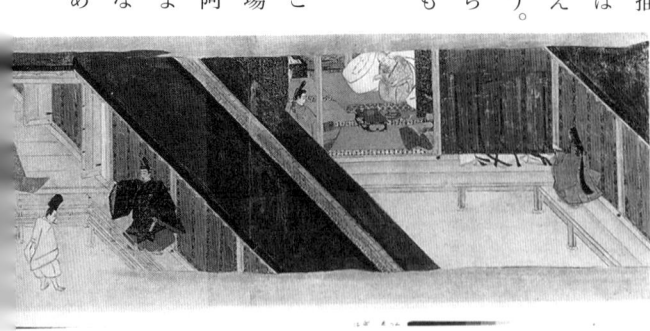

るが、例えば「平等院鳳凰堂内板扉絵」などでは白毫と両眼からの三条としており光明に対する認識上の相違を見て取ることができよう。その二は第七巻の善導大師夢中出現に際し、無量の光として雲間より八条の光を描出しているが、これは自然光に近く阿弥陀仏の光明表現と区別したものとみることができよう。

三　実生活における光明との遭遇

さて先に触れてきたような『絵伝』に表現されてきた光明は、実生活上の事例として確認しうるものなのであろうか。次に神仏の出現記録と、それぞれの地理及び気象情報を手がかりとして、光明が彩るその遭遇場面を考察してみたい。

(一)越中立山における阿弥陀如来の来現

立山開山の伝承は古く、鎌倉時代の編纂とされる『類聚既験鈔』(4)では次のごとく記し、大宝元(七〇一)年としている。開山年は無論伝承の域を出るものではないであろう。

一越中國立山權現　文武天皇御宇大寶元年始所建立也　相傳云　於立山狩人有之　熊射矢ヲ射立追入出處　其熊乍立矢死了　見之皆金色阿彌陀如來也　仍此山云立山權現也　顯現地獄云々

図５「立山曼荼羅」来迎寺本部分
(来迎寺蔵・福江 充氏提供)

一瞥して知りうる情報は、「立山の山中で熊を追い射た狩人が、熊から変じた金色に輝く阿弥陀如来に会った。」ということである。これをさらに詳述する伝承として、『立山大縁起（立峯宮和光大権現縁起）』中に開山縁起が語られている。[5] 縁起に基づく「立山曼荼羅」には諸本があるが、[6] 阿弥陀如来来現の記述は概ね次の諸項目に共通しているといえる。

①狩人を、国司の佐伯有若の息子有頼とする。
②逃げた白鷹を追って霧深い立山山中に分け入る。
③遭遇した熊に矢を放ち、洞窟に追いつめる。
④熊が阿弥陀如来に姿を変える。
⑤遭遇時節は語られていない。
⑥阿弥陀如来の慈悲を知り、狩人は出家し立山を開山する。

狩人・開山者を佐伯有頼とする部分は、慈興（有頼）の出自に関わる後補の可能性を考えなければなるまい。そして、阿弥陀如来来現の洞窟を室堂の玉殿窟［図7］とするのであるが、現存最古の来迎寺本では、諸本では流血している阿弥陀に矢傷も流血も表されておらず、熊と阿弥陀如来には断絶が看取できる［図5］。この展開を現地の地理及び気象環境に照らして検討を行うと、興味深い仮説を導き出すことができる。

まず、立山における熊については、標高二八〇〇㍍超までは確認されており、同二四〇〇㍍の室堂平は十分その活動領域にある。また新暦五月から一二月までの間の行動痕跡も認められるという。[7] 地形は、西から東に断続的にせり上がる弥陀ヶ原・天狗平・室堂平と緩傾斜地が続き、窪地や小谷など変化をみせる［図6］。

この地に、西風によって吹き上げられる称名川等からの水分が気温の格差によって濃霧となり、日中でも眼前の状

図６　立山室堂玉殿窟周辺地形図
※狩人が「金色阿彌陀如來」と遭遇したとされる状況を推定。

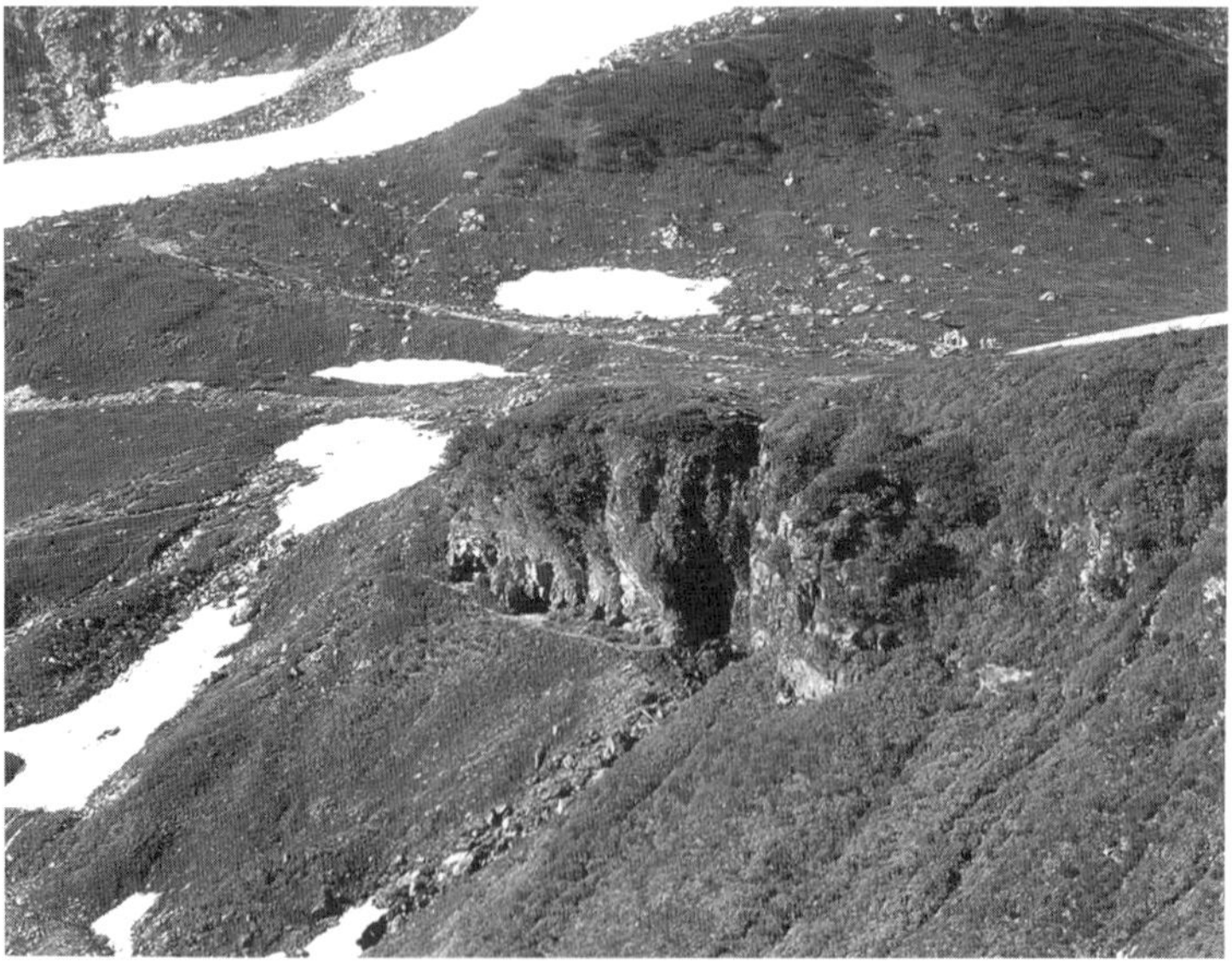

図７　立山室堂玉殿窟（福江 充氏提供）
※狩人が「金色阿彌陀如來」と遭遇したとする石窟

況すら朧気になる事態を唐澤も体験している。

　このような環境を考慮して開山縁起の背景を推察するならば、複数の無名者による、午後の斜光を背にして霧中に投影された映像、すなわち比較的近距離で発生した小型のブロッケン現象像との遭遇があったのではなかろうか。狩人と熊を介した「金色阿彌陀如來」の来現舞台は、環境的には存在しうるといえよう。

(二)信濃槍ヶ岳における阿弥陀如来の来現

槍ヶ岳における阿弥陀如来の来現を広く報じたのは播隆である。播隆は、天保五(一八三四)年の盛夏、岐阜県笠ヶ岳(迦多賀嶽)に登ったおり、槍ヶ岳(鎗下嶽)に「金体」の出現を奉拝し、その出現の有様を画像と出現日時を記して残した(8)[図8]。

　天保五甲午年七月六日七ツ時
　飛州迦多賀嶽之頂奉拝尊像
　　　　念佛行者
　　　　　播隆(花押)

　また別にこの状況を、『三昧発得記』として極めて具体的に書き残している。それによれば、旧暦七月六日すなわち新暦八月三日の夕刻四時頃、落日明瞭なる晴天時、槍ヶ岳南稜の空に「光明輝」いて「出現」とある。また光明を詳述し、像容は「金体」・大円光は内側から「白・赤・紫」の三層を成していたと録している[図9]。

図8「迦多賀嶽来迎図」
(穂刈貞雄氏提供)

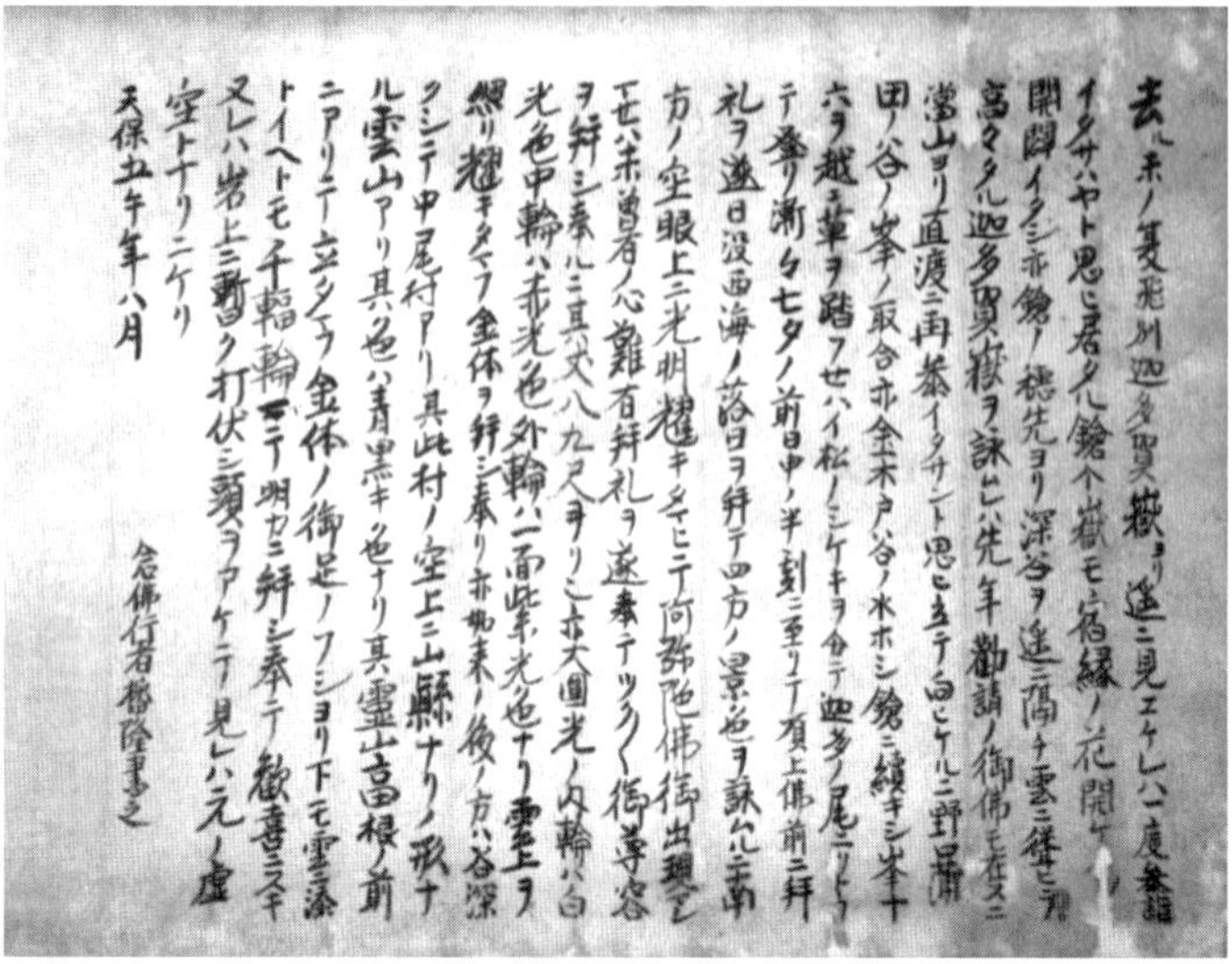

図9『三昧発得記』（玄向寺蔵・荻須眞教師提供）

『三昧発得記』

去ル未ノ夏 飛州迦多賀嶽ヨリ遙ニ見エケレハ 一度参詣イタサハヤト思ヒ居タル鎗下嶽モ 宿縁ノ花開ケ□□開闢イタシ 亦鎗ノ穂先ヨリ深谷ヲ遙ニ隔チ 雲ニ聳ヒテ高々タル迦多賀嶽ヲ詠ムレハ 先年勧進ノ御佛モ在スニ当山ヨリ直渡ニ再参イタサント思ヒ立テ向ヒケルニ野口蒲田ノ谷ノ峯ノ取合 亦金木戸谷ノ水ホシ鎗ニ続キシ峯十六ヲ越エ草ヲ踏フセハイ松ノシケキヲ分テ迦多ノ尾ニ□□□　テ登リ 漸々七夕ノ前日申ノ半刻ニ至リテ 頂上佛前に拝礼ヲ遂 日没西海ノ落日ヲ拝テ四方ノ景色ヲ詠ムルニ 南方ノ空眼上ニ 光明耀キタマヒテ 阿弥陀佛出現マシマセハ 未曾有ノ心難有 拝礼ヲ遂奉テ ツク〲御尊容ヲ拝シ奉ルニ 其丈八九尺ナリシ 亦大圓光ノ内輪は白光色 中輪ハ赤光色 外輪ハ一面紫光色ナリ 雲上ヲ照リ耀キタマフ金体ヲ拝シ奉リ 亦如来ノ後ノ方ハ谷深クシテ中尾村アリ 其此村ノ空上ニ山縣ナリノ形ナル雲山アリ 其色ハ青黒キ色ナリ 其霊山高根ノ前ニアリテ立タマフ金体ノ御足ノフシヨリ下モ 雲ニ添トイヘトモ 千輻輪[マ]テ明カニ拝シ奉テ 歓喜ニスキヌレハ 岩上ニ暫ク打伏シ 頭ヲアケテ見レハ元ノ虚空トナリニケリ

天保五午年八月　　念佛行者播隆書之

このほか播隆の行動の軌跡上留意すべき事項がいくつか挙げられる。その一は播隆が山岳地の登拝を繰り返していたこと、その二は出現した「金体」を即座に阿弥陀如来と認識したこと、その三は出現地の開山に奔走したことである。この背景とすべきことは、播隆が、すでに阿弥陀如来来現の地として名高かった立山の山麓、越中国河内村（富山市、旧大山町河内）を出自とし、阿弥陀如来への帰依を専一とする念仏者であったことであろう。すなわち、阿弥陀如来との遭遇を希求し、立山に似た高山における同様な出現を予測しうる宗教的な環境に育まれ、この地における念仏者としての豊かな経験とを有していたといえよう。また、現に播隆は事前に出現情報を得ていたとみられ、次の『信州鎗嶽畧縁起』(9)［図10］から、窺い知ることができるのである。

『信州鎗嶽畧縁起』

（前略）松本新橋の佐助幷又重郎二人登山の刻み蝶が嶽といへるまで登り遙に鎗が嶽を詠むれば空よ

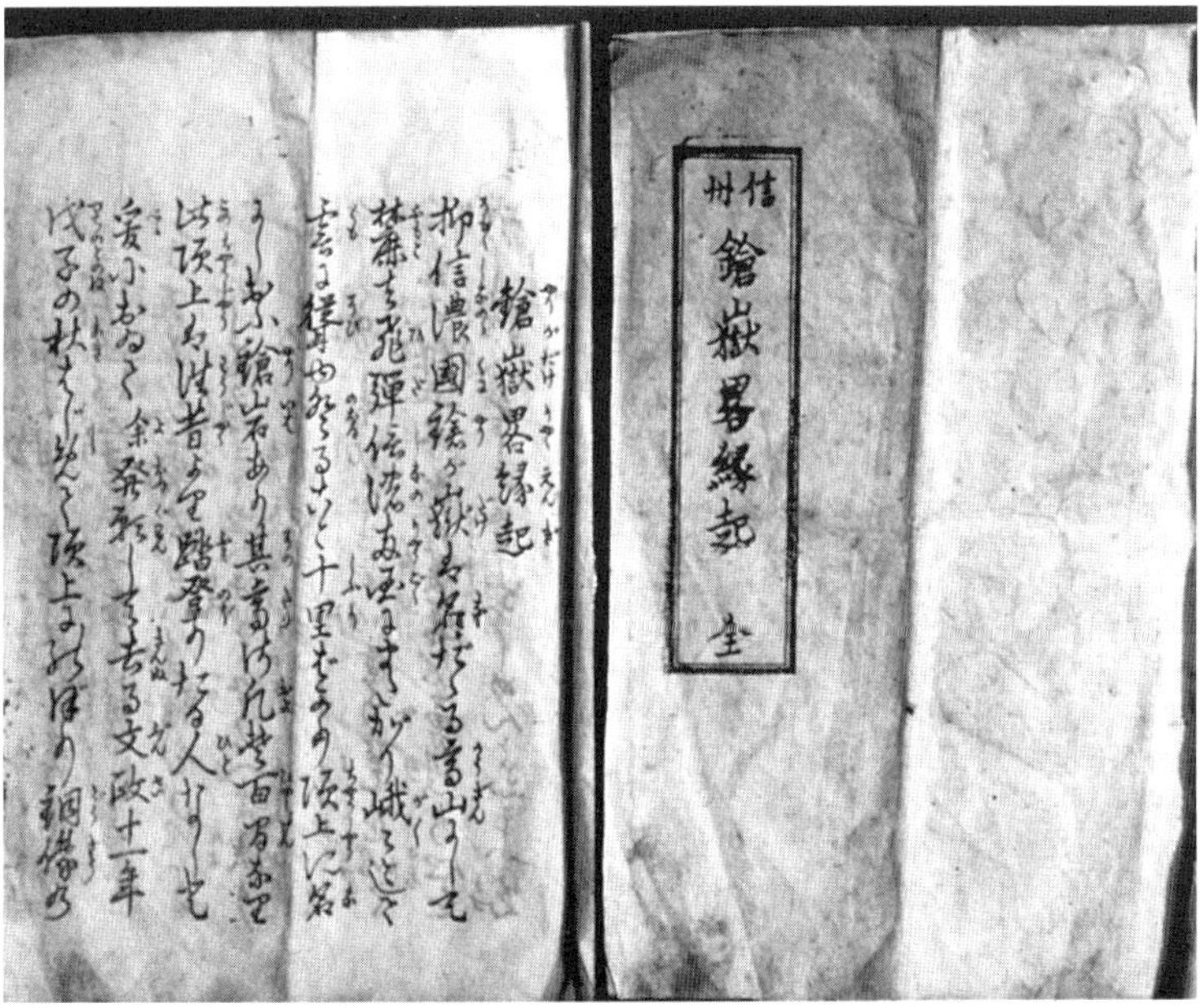

図10 『信州鎗嶽畧縁起』（穂刈貞雄氏提供）

り五色の光り糸のごとくに降り鎗岩の根まで照らし（中略）また黒鍬の平兵衛といへる者日の出の来迎を拝せんとて八月六日の払暁に頂上に登り日光を拝しまた北方の空中を瞻仰すれば径四五間許りの円光を現ずされど本尊見えたまわずとこれ罪障の雲覆へるゆゑならんか（後略）

図 11　槍ヶ岳におけるブロッケン現象
（穂刈貞雄氏提供）

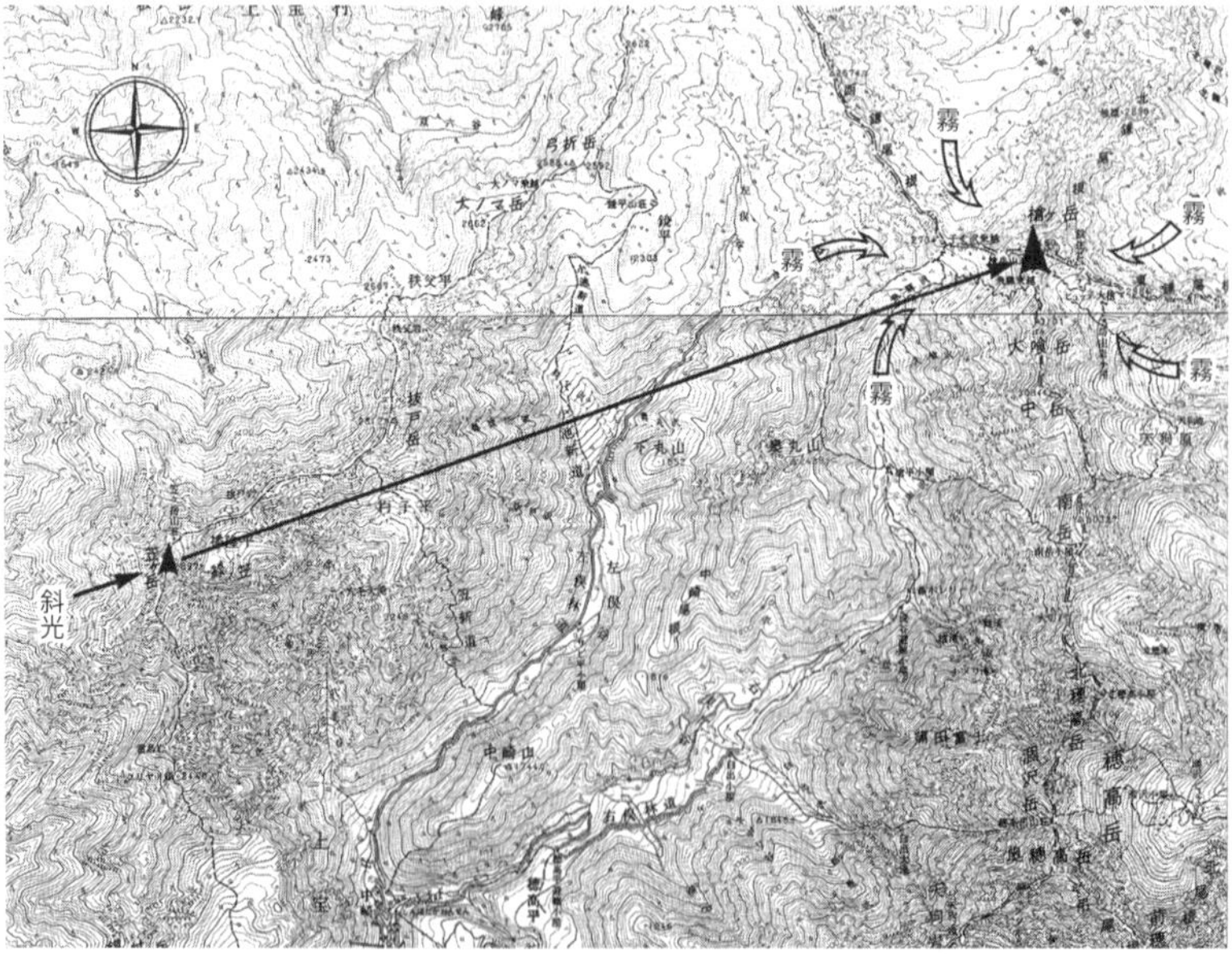

図 12　槍ヶ岳・笠ヶ岳周辺地形図（※播隆の「金体」視認日時からの状況を推定）

『三昧発得記』や『信州鎗嶽畧縁起』から状況復原を試みれば、播隆が目にした「金体」は、自然環境からも立山での推定同様にブロッケン現象に合致するものであったことが看取できよう〔図12〕。

槍ヶ岳では、ゆかりの玄向寺を中心に「播隆祭」などその報恩を偲ぶ行事が行われている。また、槍ヶ岳はこの現象を多く視認できる地として僧俗ともに知られている。

自然現象であるとの充分な認識に立ってもなお、そこに長い精神史に培われた信仰の世界が展開しているが、ここに現代における宗教と自然の領域の一致があるとみてよいであろう〔図11〕。

(三)その他

越後八海山における八海山大神の来臨

新潟県魚沼地方には、八海山・中ノ岳・駒ヶ岳のいわゆる越後三山が聳え、修験者の修行の場となってきた。殊に八海山には國狭槌命来臨の地として崇敬を集めてきているが、各峯には大日・釈迦・薬師・不動他諸仏の名が冠されており習合の地であった。光輪輝く神仏に接したという登拝者からの情報が多く寄せられる。

羽前月山における本地阿弥陀如来の来現

山形県月山は前記同様、羽黒山・湯殿山を併せた出羽三山の主峰として知られ、東北地方における修験の中心的な活動拠点になっている。月山の神は垂迹が月読命・本地は阿弥陀如来とされており、山頂北の高原を越中立山同様「弥陀ヶ原」と称している。ここでも「来現」の撮影報告がある。

かかる事例は海外にも多く、近国では**中国四川省峨眉山における普賢の来現**や、ミャンマーのポッハ山山頂も祖霊**の出現地**として、古くから知られている。

図13　荒川東岳東方発生例（矢端信義氏提供）

一方こうした事象は、当然のことながら信仰とは全く次元を異としても発生する〔図13〕。山岳地帯の高地は無論、只見川中流域の川面や松本周辺の平地においても多く視認されている　これらが神仏となるためには神職や僧職・修験者などの異界を認識しうる宗教家の介在が必要であり、別に幽霊や妖怪とされて、昔話に録された例もあったとみなければなるまい。

さてここで論じた諸例は、いうまでもなく異界の認識に関わる可能性の一つとして示したものである。しかしその異界認識に際しては、その時点における理解を大きく超越した自然現象との遭遇があり、「光」が大きな位置を占めていたことは考えられよう。またこのことは、「神仏とは何か、我々の存在とは何か」という根本的な問いに関わるものといえそうである。

おわりに

光が指し示す宗教性について、前段では「往生伝」と『法然上人絵伝』を手がかりに、また後段では立山や槍ヶ岳における信仰の様相に導かれつつ、現地踏査や地理及び気象条件の検討を踏まえて論を進めてきた。雑駁との批判は免れえないが、ささやかな指摘を披瀝して結びとしたい。

『阿弥陀経』によれば阿弥陀如来は「彼佛光明無量照十方國無所障礙」とある。所謂「往生伝」の光明記述や『絵伝』の光明表現は、経典の内容を踏まえたものであることは明瞭である。一方この光に包まれた極楽であるはずの彼の地が立山や槍ヶ岳など、同経に謂う「是西方過十萬億佛土」でもなくしかも極めて厳しい自然環境下の高地に存在するとした思考には、経典知識とに大きな乖離があるといえよう。

わが国においては奥深い山中に異界が存在するとする考え方、すなわち「山中他界観」がある。小考では紙数の都合もありこれについて詳細には触れえないが、かつて山折哲雄は浄土美術の中で大きな位置を占める「阿弥陀聖衆来迎図」の構成に着目していた[10]。唐澤もまた、阿弥陀如来が諸仏を伴い険しい山並みを超えて来臨するこの構図は、「山中他界観」を肯定する民衆の心に容易に受け入れられるものであったと考える[図14]。

図14　重要文化財
「阿弥陀二十五菩薩来迎図」（小童寺蔵）

さて、地上を照らす無量の光、今生の闇が深ければ深いほどその光明の賜恩はいや増すものであったに違いない。人工光の氾濫する今日の都市空間にあっては、深い闇にそそぎ込む慈愛にも似た光と、それが語り示す功徳の意義は等閑視されがちである。この自然現象の中に神仏の姿や業を捉えようとする思考は、自然界の一員である人間にとって極めて重要である。我々は、祖先の自然とその移ろいを美しく崇高なものとしてきた信仰の様相に敬意を払い礼を尽くすべきであろう。自然の不可思議とそれに委ねられる生命の存在に思いを致し、現代社会における浄土創造への教示と捉えるべきであろうと考えるのである。

ここで論じた自然現象について、先学は当然視されていたことと拝察する。そこに、わが国学界の諸信仰に対する慎みがあったと考える。唐澤の考究も斯界との対立を意図したものではないことは、改めて申し述べるまでもない。むしろこの度の検討に当たっても多くの啓示があった。殊に自身の投影を神仏と認識したであろうことは、人間には本来仏性があるとする先師の御教えに従えば、自然はこのことを現象という形として示してくれていると考えたい。

かつて平成一三年の春季に、群馬県立歴史博物館で開催した企画展「浄土へのあこがれ」の企画と実施の任に当たったおり、次代を担う若人へのメッセージを発した。すなわち「人間の慢心を戒め、人としての慎みを忘れず、懸命に生きる」ところに自然の指し示す「理」があり、現代における浄土創造の鍵があるとしたのである。

若い方々が生命倫理に関心をもち、自然を構成する者としての自覚を胸に、互いに浄土たらんとする試みがなされるようあらためて期待をしたい。

〔謝辞〕　小考をまとめるにあたり、先学の著作による学恩はもとより調査段階から次の方々の御教導を得た。末文ながら御芳名を記し、厚く御礼申し上げる。

【敬称容赦・順不同】

荻須眞教（玄向寺）、山下純正（小童寺）、前田昌信・山田容子（知恩院）、山田泰利（八海山尊神社）、若杉準治（京都国立博物館）、小松博幸（富山市埋蔵文化財センター）、清水正之・吉井亮一・福江　充（富山県〔立山博物館〕）、石川正廣（南魚沼市企画情報課）、中谷正之（来迎寺）、穂刈貞雄（槍ヶ岳山荘）、矢端信義・矢端不二子（山岳写真家）。

註

（1）唐澤至朗「雲中妙音考―阿弥陀聖衆来迎場面の復原―」『群馬県立歴史博物館紀要第二一号』群馬県立歴史博物館　二〇〇一年。唐澤至朗「天空散華考―往生環境の共有認識に関する一試論―」『群馬県立歴史博物館紀要第二三号』群馬県立歴史博物館　二〇〇二年。

（2）前掲（1）。分析に当たっては、井上光貞『往生傳法華験記』日本思想大系7　岩波書店　一九七四年を使用。

（3）塚本善隆『法然上人繪傳』新修日本繪卷卷物全集第14巻　角川書店　一九七六年

（4）塙保己一編『続群書類従』第三号上　続群書類従完成会　一九二四年

（5）廣瀬誠編『越中立山古記録』第三巻　立山開発鉄道株式会社　一九九一年

（6）福江充「立山曼荼羅の図像描写に対する基礎的研究―特に諸本の分類について―」『富山県［立山博物館］研究紀要』第7号　富山県［立山博物館］二〇〇〇年

（7）吉井亮一氏の教示による。

（8）穂刈三寿雄・穂刈貞雄『槍ヶ岳開山　播隆【増訂版】』大修館書店　一九九七年

（9）前掲（8）

（10）山折哲雄『浄土の彼方へ』人間の美術5　学習研究社　一九九〇年

第四章　光彩と来迎

はじめに

わが国における精神文化の一側面として、現住世界とは異なる世界、すなわち異界への憧憬と畏怖があり、現代に至る間において様々な宗教観への影響も認められる。

古くは『古事記』等に認められる高天原や黄泉国・常世国・海神国などがあり、高山や水辺、奥深い山中にその境があると認識されていた[1]。これらは仏教伝来以降も変わることなく継承され、仏界・浄土を求め立山信仰や三山信仰等に自然現象を介して認識されていたであろうことを唐澤も論じてきた[2]。

小稿では、先学の教導を踏まえつつ、いささか大胆な推論を含め、異界認識に関わる鏡の役割について、御正体を主題として私見の一端を披瀝する。なお、掲載資料については、唐澤が居住する群馬県内のものを充て、その紹介も兼ねるものとした。

一　呼称の確認

呼称概念については、幾つかの変遷が認められる。まず石田茂作はこれらを垂迹美術の一つとし、「御正体」と包括的に称し、形態上の相違により鏡面に画像を刻した「鏡像」と鏡状面に立体像を付した「懸仏」とに分類した。(3)中村渓男は同様の立場を示しているが、(4)景山春樹は神道考古学の立場から鏡に関する信仰が先行するとして、「鏡像」の項で「御正体または懸仏」との表記を行っている。(5)最近では、秋田貴廣が「鏡像」を包括呼称と「御正体」を古称とし「懸仏も御正体と呼ばれ」「拝観のために鏡像を立体化」したものと記している。(6)現に今回取り扱った事例にも本地仏を付した「懸仏」の銘に「御正躰」とある事例が散見し、このことの証左となっている。

小論において、多くの出典を求めた『群馬県史』では総てを「御正体」として分類し、(7)群馬県立歴史博物館『群馬の古鏡』では総てを「懸仏」として扱っており、(8)編者の見解によってそれぞれ異なる一括表記となったと推測される。小論では、学史の変遷を踏まえつつ、石田茂作の基本的な見解に依拠することとするが、小論の趣旨が「鏡」であることから、鏡については「鏡像」の外形的表現として特に「画像鏡」を用いることを了とされたい。

二　群馬県ゆかりの資料

群馬県にゆかりのある資料については既に、『群馬県史』においては在銘資料二〇点・無銘資料三三点を集成し、その後出土した(公財)群馬県埋蔵文化財調査事業団の発掘調査(9)による一点を加え、総計五四点の御正体が周知されている。これらについて章末に表として掲げたが、紙数の制約もあり、ここでは各期の概要と、画像鏡を中心とした変遷の位置付けを行いたい。

①鎌倉時代（一二世紀末～十四世紀初頭）

同時代の遺例は、在銘四例・無銘七例の計一〇例である。

画像鏡の出現は、経塚造営に続き一二世紀後半に認められるが、群馬県内の遺存資料では一三世紀初頭であり、高崎市下芝五反田遺跡出土の瑞花双鳥文八稜鏡（阿弥陀如来・地蔵菩薩二尊坐像、無銘、図1）が先行し、高崎市榛名神社蔵の藤花房松鶴文円鏡（十一面観音菩薩坐像、無銘、図2）がこれに次ぐ。前者の鏡像は鏡背面の文様正位と一致せず、二つの稜を底辺とするように線刻されており、奉安が直立位であったことを想起させる。また後者は鏡像上辺に鈕手孔が穿たれており、当初設計であるか否かは不詳であるが、懸仏の初期形態を示すとみてよい。

次の変化として、同榛名神社蔵の無文円鏡（十一面観音菩薩坐像、無銘、図3）を掲げたい。本鏡は鋳造鏡ではなく鏡とすることについて異論があるであろうが、鏡背面に二重の円相帯を削り出し、鏡面も十分に磨かれていることから、鏡としての機能を意図的に創出したものであることが看取できる。また鏡像上端部の背面部に鈕手を意図した小さな紐帯が削り出しによって設けられており、懸仏化の段階を進めたものとみてよいと考える。

高崎市辛科神社蔵の文殊菩薩渡海図を表す御正体（追刻・建久八年在銘、図4）は、鏡版が円板状となり、上縁部鈕手孔が穿たれている。銘は画像に重なる追刻であり本体との同時性について判定が困難であるが、社家である神保氏は確実に中世まで遡る家系を維持してきたことが記録されており[10]、また熊野における渡海行の盛期が一二世紀であることから、紀年銘は奉納時期の伝示と捉えたい。

次に、やはり高崎市榛名神社蔵の弘安四年在銘版（図5）であるが、銘文頭上位辺部に二つの鈕手孔があり、これに直交する方向に上下に二箇所の方形孔が穿たれている。像体の取り付け孔であることは明らかであり、いわゆる典型的な懸仏の鏡版であろう。

②南北朝時代（一四世紀中頃～一四世紀末）

同時代の設定については、『群馬県史』に従っている。

同時代の遺例は、無銘（在銘不詳を含む）四例である。

鏡版と像が同時に鋳造される技法上の特徴を示す。太田市宝林寺蔵の十一面観音菩薩坐像御正体は同所の賀茂神社に由来した。群馬県内賀茂神社系由来の遺例としては最も古く、別途検討を準備したい。

③室町時代（一四世紀末～一六世紀）

同時代の遺例は、在銘（墨書一例を含む）一六例・無銘（不明二例を含む）二四例の計四〇例である。県域に広く分布している。

鏡版と像が同時に鋳造される技法は継承されているが、高崎市榛名神社の一例が画像鏡の系譜を引くとみられる（図6）。

本例は、打出した薄い鏡版の背面に木板を当てて強化する。一方、金銅製の二重円相や毛彫りを施した金銅製の装飾釣手金具を付するなど荘厳化がはかられている。円相の中心に大日如来坐像が毛彫りされている。榛名山群の榛名富士山頂にある石室安置と伝えられている。

以上の観察結果は、「既存鏡面への画像線刻」→「模造鏡面への画像表出」→「円版への立体像の表出」の変遷をたどることを示すものであるといえよう。

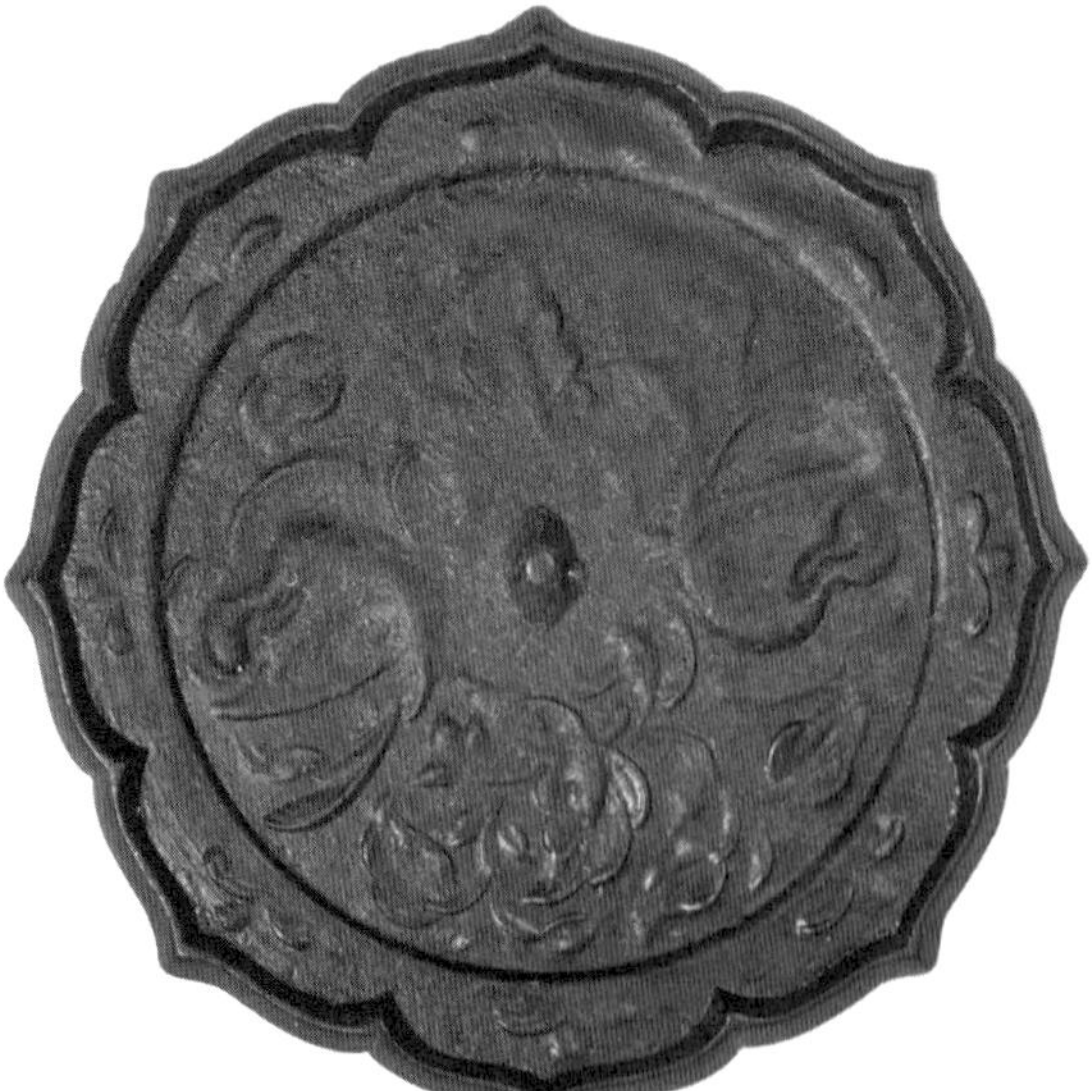

図1　阿弥陀如来・地蔵菩薩二尊座像（瑞花双鳥八稜鏡　上・鏡面、下・鏡背面）
高崎市下芝五反田遺跡出土　群馬県教育委員会所蔵・（公財）群馬県埋蔵文化財調査事業団保管
鏡面右・地蔵菩薩座像、左・阿弥陀如来座像
画像が本来の稜方向と一致せず、奉安時の状態を意図して四五度回転させたとみられる。径九・九センチ。本体銅。

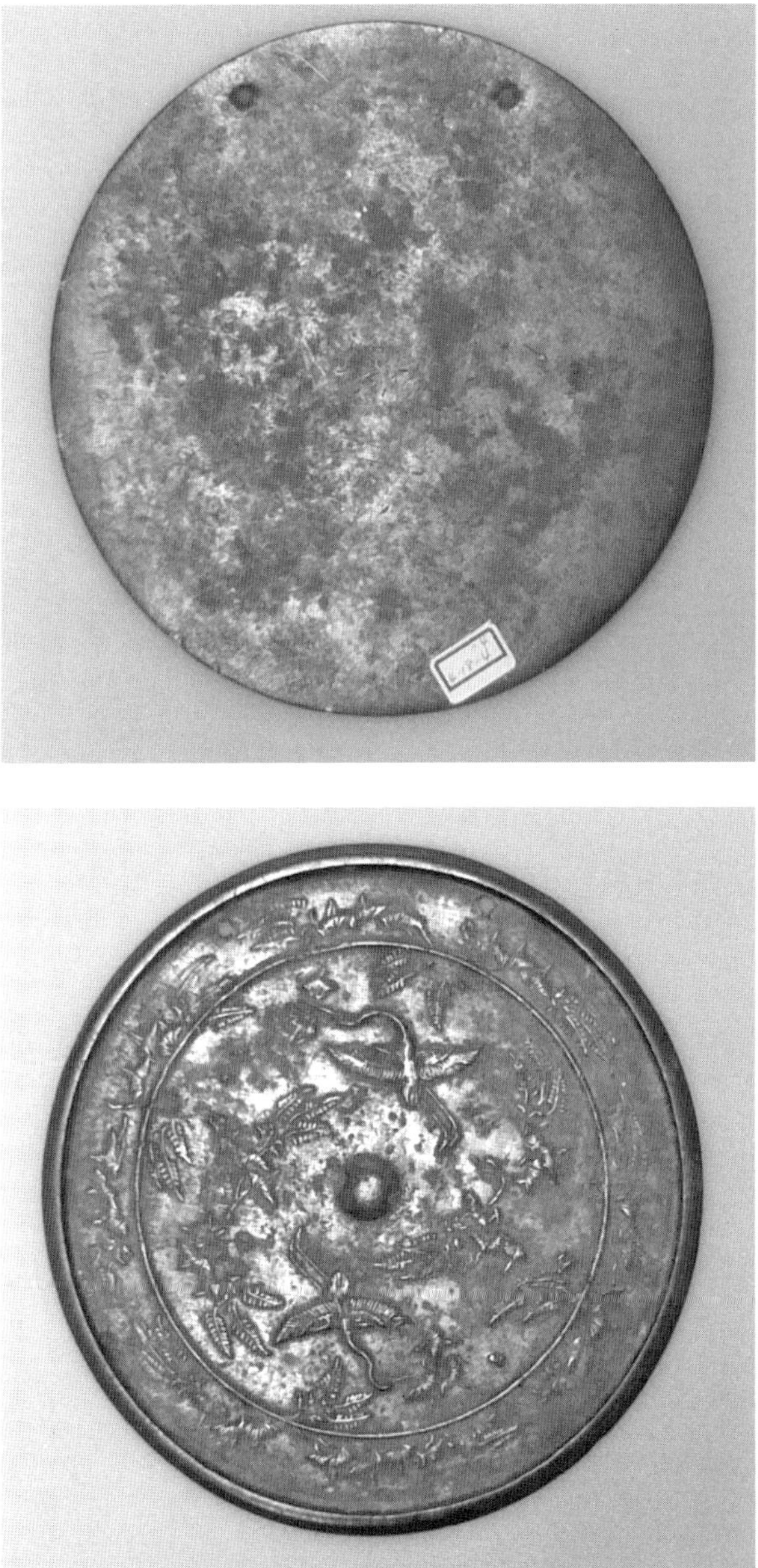

図2　十一面観音菩薩坐像（藤花房松鶴文鏡　上・鏡面、下・鏡背面）
高崎市榛名神社所蔵・高崎市立榛名歴史民俗資料館保管
鏡面の十一面観音菩薩坐像は不明瞭で像様視認困難である。釣手孔が後に穿たれている。
径一九・九センチ。本体銅。

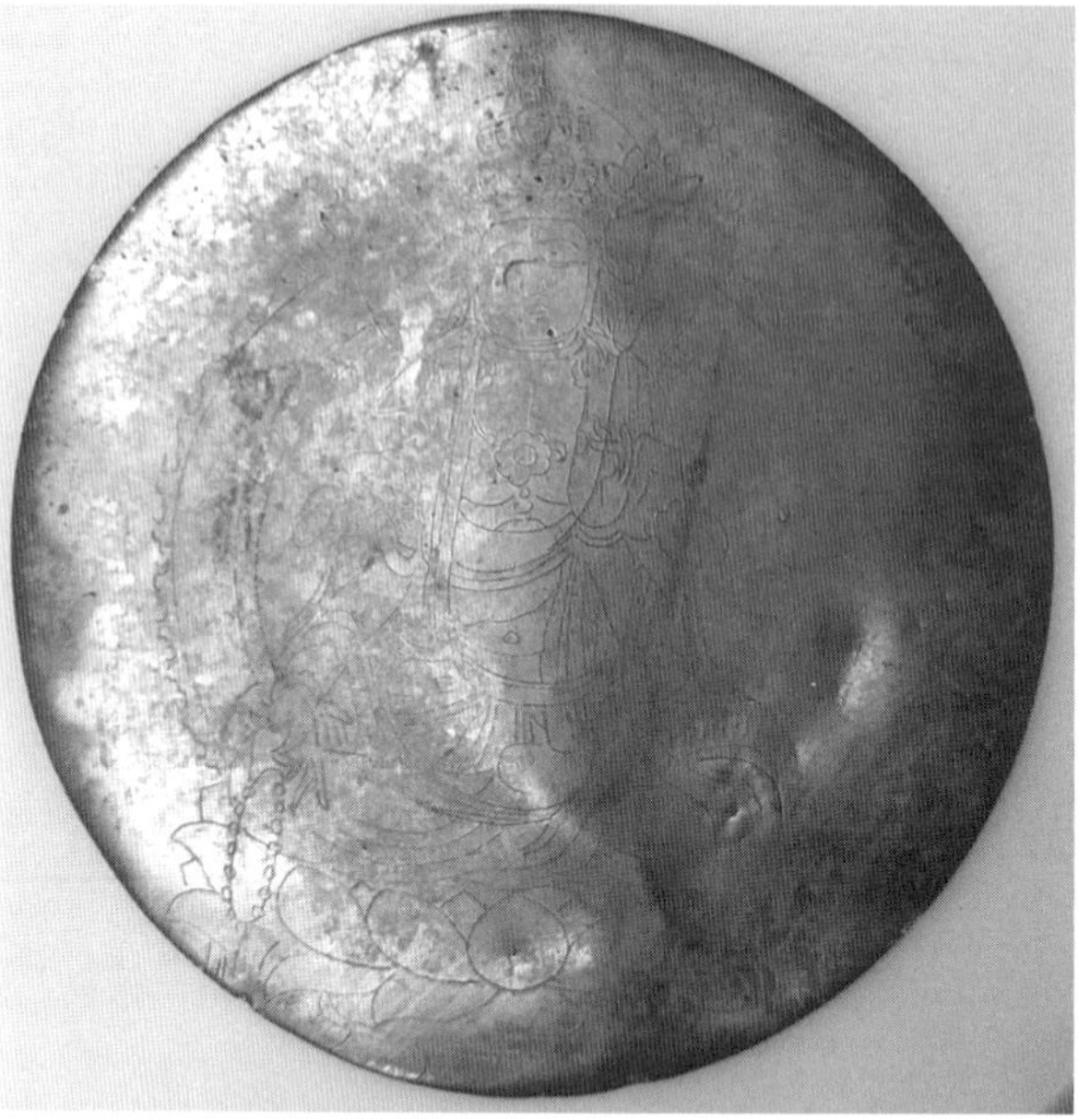

図3　十一面観音菩薩坐像（無文円鏡　上・鏡面、下・鏡背面）
高崎市榛名神社所蔵・高崎市立榛名歴史民俗資料館保管
鏡面の全面を用いて十一面観音菩薩坐像を毛彫り。鏡面はよく磨かれ、凸面状を呈する。
鏡背面は無文で鏡を模して銅板から削りだした模造鏡。釣り下げを意図した小形の紐帯が上辺にある。
御正体造形化の過渡的様相を示すものと考える。径二八・七センチ。本体銅。

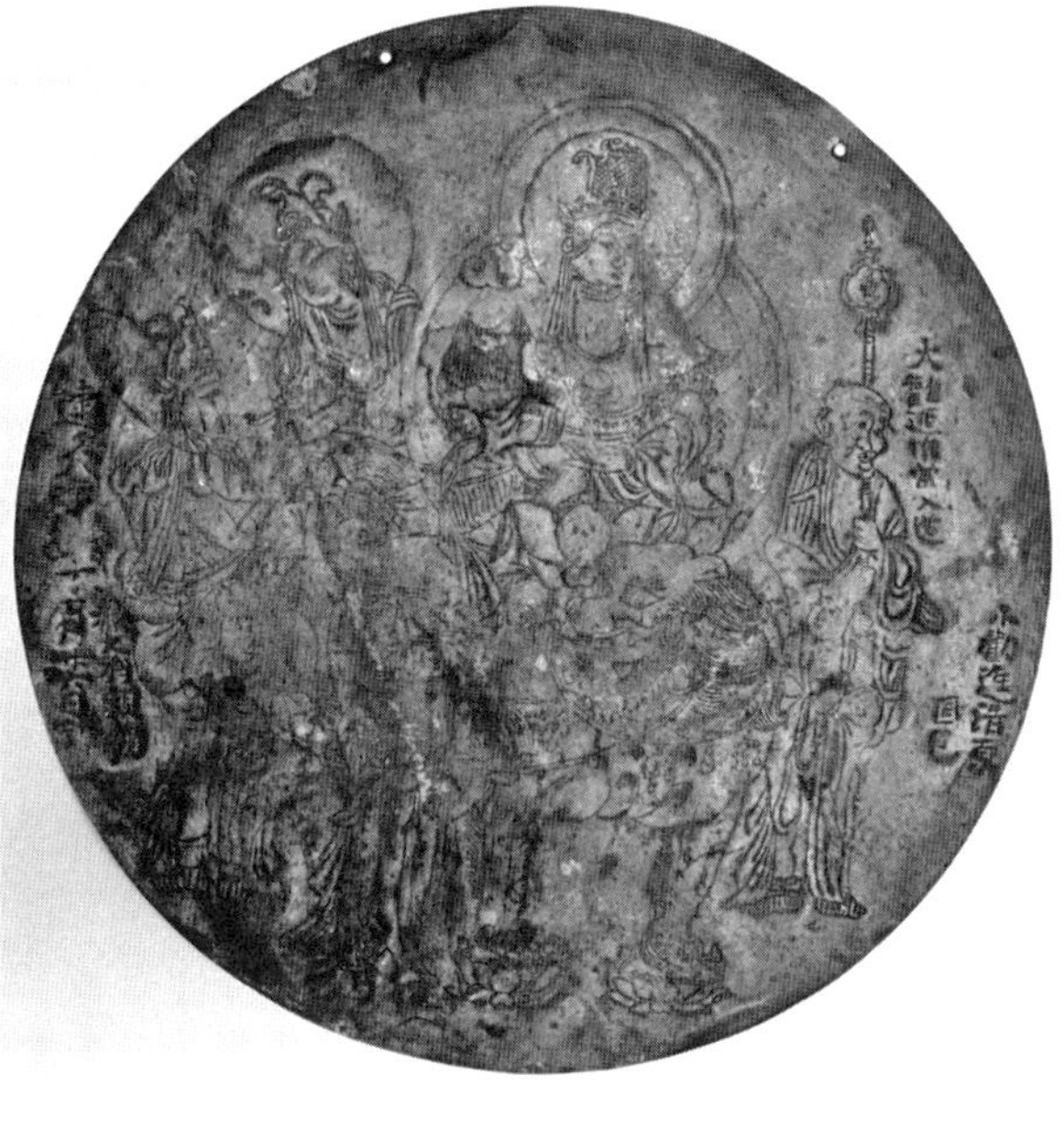

図4　文殊菩薩渡海図（御正体　上・鏡面、下・鏡背面）
高崎市辛科神社所蔵
上縁部に釣手孔が二カ所穿たれている。銘文は後刻である。
銘「小勧進清原・大勧進惟宗入道国包・源大将頼朝・建久八年大才丁巳十二月二十六日戊午」
径三六・三センチ。本体銅。

図5　箱根権現在銘版(御正体　上・鏡面、下・鏡背面)
高崎市榛名神社所蔵・高崎市立榛名歴史民俗資料館保管・群馬県立文書館拓影写真原版使用
別像欠失。取付孔が中央上方・下方に、釣手孔が上縁に二カ所ある。鏡面はよく磨かれているが、別像設置部分に擦痕が顕著。
鏡背面は拓図を掲載。銘「箱根権現・弘安四年大才丁巳八月廿一日・大檀那源氏女」
径二五・〇センチ。本体銅。

図6　大日如来座像(御正体　上・鏡面、下・鏡背面)
高崎市榛名神社所蔵・高崎市立榛名歴史民俗資料館保管
金銅製の円相内に座像を毛彫り。『群馬県史』は菩薩座像とし・唐澤は大日如来座像としている。
鏡面外区の四方に十二星を配する。釣手金具も毛彫り装飾。銘「富士山・権現」鏡版は薄く、背面縁辺は当て木板を包み込む。
木板の上半が欠失。径十九・七センチ。本体銅、円相・星・釣手金具金銅、裏板木。

三　鏡の示す異界観

『三國志』の一つ『魏書　第三十巻　烏丸鮮卑東夷傳倭人條』通称『魏志倭人傳』によれば、紀元三世紀後半のわが国の倭国に女王卑弥呼がおり、祭祀に依拠した治世を指導したことを録し、その行間に鏡を介した統治の様相を垣間見ることができる。さらにこれを再読してみると、魏王から卑弥呼に贈られた物品に、その好物である「銅鏡百面」と「真珠鉛丹各五十斤」と見える。後継女王壱与への記述にある「白珠五千孔」とは明らかに異なるため、唐澤は前者は装飾品ではなく資材・薬剤(例えば顔面化粧に用いる)と理解しており、鏡とともに変神化するためのこしらえではなかったかと推論している。[11]

伊都国王墓[12]等弥生時代における祭祀形態は、次代にも色濃く引き継がれ、黒塚古墳[13]・椿井大塚古墳[14]などにおける頭部付近への埋鏡が、その代表的な発掘事例と考えられる。このような様相を象徴的に記すものとして和銅五年(七一二)に成立したとされる『古事記』に記された「八咫鏡」が位置づけられよう。その記述には「而詔者　此鏡者　専爲我御魂而　如拜吾前　伊都岐奉」とあり、[15]まさに「鏡」は神影を留める「御魂代」となり、「御正体」として成立する根拠が、遅くとも八世紀初頭には示されていたと看るべきであろう。

さて、唐澤はかねてより、光彩の放たれる空間域と時間域にわが国の宗教上の特性が存在することを考察した。[16]光は大別して金・銀二色で形象される。遺存する鏡は御正体ともども青黒く錆びているが、本来は鏡は銀光を放ち、鍍金された懸仏は金色に輝いていた。すなわち銀光は白日光に、金光は暁光と落日光に認識と表現上の置換がなされていたと看るのであって、ここに新たな研究の展開を予察する。

先に示した「八咫鏡」の記述は、「高天原↓鏡↑神庭」の相関関係を語るものと捉えうる。垂迹思想を背景とした画像鏡の創出は、「浄土↓画像鏡↑今生」への置換を意味するものと考えられよう。また本地仏の立体化は、「浄土↓御正体（懸仏）↓現世」への変化と看ることができようか。鏡面の輝きは神霊の降臨を表し、転じて鍍金によって光背の輝きと容易に置換できたであろう。かねてから来迎を多角的に捉えようとし、幾つかの私見を披瀝してきたが(17)、鏡の放つ光彩そのものが来迎を象徴するものであったとする推論に、大過はないものと考えるのである。

おわりに

小稿では、画像鏡など御正体から窺い知れるわが国の異界観とその認識の様相について、私見の一端を述べてみたところである。以下に要点をまとめて結びとしたい。

わが国の歴史的な経緯を踏まえた画像鏡の存在は、鏡を介して異界との接点を認識させ、その淵源は鏡がわが国に出現した弥生時代に遡り、仏教の伝来を経て平安時代に至って鏡面への線刻画が創出され、御正体あるいは懸仏となって鎌倉〜室町時代に新たな展開を示したのである。

鏡は、古代日本における太陽信仰を背景に、神界・浄土という異界からこの世に開かれた窓であり、抗しがたい誘惑を秘めていたのであろう。また、これらは異界を知りうる手がかりであり、信仰上のよすがであったと捉えることができよう。そして画像鏡など御正体・懸仏は、この認識をいっそう具象化したものに他ならず、高山・海底・水辺という「場」とは異なる、「具（アイテム）」として新たな異界認識空間へ導くものと位置づけられるものであったと考えるのである。

小論作成に際し資料情報を提供された、辛科神社（神保侑史宮司）・榛名神社（佐藤眞一宮司）・高崎市榛名歴史民俗資料館（小林道子）・（公財）群馬県埋蔵文化財調査事業団（関　晴彦）・群馬県立文書館（青木裕美）の各機関及びお取扱いいただいた各位の支援と学恩に感謝する。

註

（1）山折哲雄『浄土の彼方へ』人間の美術5　学習研究社　一九九〇年

（2）唐澤至朗「無量光明考」『群馬県立歴史博物館紀要』第二八号　群馬県立歴史博物館　二〇〇七年

（3）石田茂作『仏教美術の基本』東京美術　一九六七年

（4）中村渓男「垂迹系美術について」『新版仏教考古学講座第四巻』雄山閣　一九七六年

（5）景山春樹「御正体と懸仏」『神道考古学講座第四巻』雄山閣　一九七四年

（6）秋田貴廣「鏡像」『仏教考古学事典』雄山閣　二〇〇三年

（7）群馬県史編さん委員会『群馬県史　資料編8』群馬県　一九八八年

（8）群馬県立歴史博物館『群馬の古鏡』群馬県立歴史博物館　一九八〇年

（9）神谷佳明『下芝五反田遺跡』（第二五〇集）㈶群馬県埋蔵文化財調査事業団　一九九九年。唐澤至朗「榛名山信仰と阿弥陀仏線刻鏡」『考古聚英』梅澤重昭先生退官記念論文集呼掛人代表外山和夫　二〇〇一年

（10）唐澤至朗『多比良天神原遺跡Ⅱ』（第四五〇集）㈶群馬県埋蔵文化財調査事業団　二〇〇八年

（11）唐澤至朗「玉・珠・魂―飾りと護り―」小駕雅美編『飾るからだ』高崎市観音塚考古資料館二〇一三年

（12）文化庁・他『シンポジウム邪馬台国の時代「伊都国」』（三雲南小路遺跡）二〇〇四年

（13）奈良県立橿原考古学研究所編『大和の前期古墳　黒塚古墳調査概報』学生社　一九九九年

（14）樋口隆康編『椿井大塚山古墳発掘調査報告書』京都府相楽郡山城町　一九九八年

（15）黒板勝美編『古事記・舊事本紀・神道五部書』新訂増補國史大系第七巻　國史大系刊行會　一九三六年

(16) 唐澤至朗「雲中妙音考」『群馬県立歴史博物館紀要』第二一号　群馬県立歴史博物館　二〇〇〇年。唐澤至朗「天空散華考」『群馬県立歴史博物館紀要』第二三号　群馬県立歴史博物館　二〇〇二年。唐澤至朗「無量光明考」『群馬県立歴史博物館紀要』第二八号　群馬県立歴史博物館　二〇〇七年

(17) 唐澤至朗「復活再生儀礼と時間域の研究へ向けての覚え書き」『芙蓉峰の考古学』立正大学考古学会 二〇一〇年

表1　画像鏡一覧（群馬県編）

No.	像様	技法	鏡種	紀年銘	年代観	規模（cm）	材質	現存地	由来地	備考	出典
1	阿弥陀如来・地蔵菩薩二尊座像	毛彫り	瑞花双鳥文八稜鏡	（無銘）	鎌倉初	鏡径9．9・厚0．5	銅	（公財）群馬県埋蔵文化財調査事業団（渋川市北橘町下箱田）	下芝五反田遺跡（高崎市箕郷町下芝）		③④
2	十一面観音菩薩坐像	毛彫り	藤花房松鶴文円鏡	（無銘）	鎌倉	鏡径19．9	銅	榛名神社（高崎市榛名山町）		鈕手孔2有り・①御正体・②懸仏	①②④
3	十一面観音菩薩坐像	毛彫り	無文円鏡	（無銘）	鎌倉	像高26．2・鏡径28．7	銅	榛名神社（高崎市榛名山町）		非鋳造鏡・①御正体・④無文鏡	①②④

表2　御正体一覧（群馬県編）

No.	像様	技法	鏡版種	紀年銘	年代観	規模（cm）	材質	現存地	由来地	備考	出典
1	千手観音座像	線刻・鍍金	円版	（表）二大明神御正躰一面 弘長四年大才甲子　二月十三日 右志者為藤原是員所願成就也	一二六四	版径44．0	銅	個人（東京都）	赤城神社（伊勢崎市下植木町）		①
2	阿弥陀如来・大日如来・不動明王種子	種子線刻	円版	（表）[梵字] （裏）願主武劦兒玉 弘安二年五月廿一日 稱名寺善阿弥齋	一二七九	版径15．0・厚0．4・鈕手間13．0	銅	金剛寺（前橋市苗ヶ島町）	（伝来不明）		①
3	（欠落）	（像貼付）	円版	（裏）箱　根　權　現 弘安二年大才辛巳八月廿一日 大檀那源氏女	一二八一	版径25．0・厚0．4	鉄	榛名神社（高崎市榛名山町）			①②④
4	文殊菩薩渡海図	陽刻	円版	（表・追刻） 小勧進清原 大勧進惟宗入道国包 源大将頼朝 建久八年大才丁巳　十二月二十六日午戊	鎌倉［一五九七］	版径36．3	銅	辛科神社（高崎市吉井町神保）		②版径32．7	①②
5	薬師如来坐像	像蓮座同鋳	円版	（無銘）	鎌倉	像高17．0・版径20．0	銅	熊野神社（安中市松井田町峠）		①に「鏡版欠」	①
6	虚空蔵菩薩坐像	鋳出	（欠失）	（無銘）	鎌倉	像高26．5	銅	長光寺（伊勢崎市境）		群馬県指定重要文化財	①
7	虚空蔵菩薩三尊坐像	鏡版・像蓮座同時鋳	円版	（無銘）	鎌倉末	中尊像高15．7・版径31．1	銅	稲裏神社（吾妻郡中之条町四万）		鈕手耳に蓮華文	①
8	阿弥陀如来坐像	像蓮座同鋳	（欠失）	（不明）	南北朝	像高8．2	銅	慈眼寺（高崎市下滝町）		鏡版欠失	①
9	十一面観音菩薩坐像	像蓮座同鋳	（欠失）	（無銘）	南北朝	像高16．9	鉄	宝林寺（太田市竜舞町）	賀茂神社（太田市竜舞町）		①

10	聖観音菩薩坐像	鋳出	(不詳)	(無銘)	南北朝	像高18・4	銅	菅原神社(みなかみ町小日向)		①に「元来鏡版を持たず。」	①
11	十一面観音菩薩坐像	像蓮座同鋳	(欠失)	(無銘)	南北朝	像高120・	銅	大国神社(伊勢崎市境下淵名)			①
12	大威徳明王像	鏡版・像同時鋳・鍍金	円版	(表)　澁河金屋天王 貞和二戊子七月廿七日　施主 大工□□	一三四八	版径14・8	銅	東京国立博物館(東京都台東区)	三重院(利根郡みなかみ町下津)		①
13	薬師像	鏡版・像同時鋳	円版	澁河閑坊 貞和二戊子年七月日　施主 大工兼泰	一三四八	版径17・0	銅	鎌形八幡宮(埼玉県比企郡嵐山町)	資料4銘文と類似点あり。銘文から渋川市由来と推定。		①
14	蔵王権現坐像	鏡版・像蓮座同時鋳	円版	(無銘)	室町初	像高8・9・版径19・5	銅	稲裏神社(吾妻郡中之条町四万)		天蓋・光背・花瓶別鋳	①
15	(不詳)	(不詳)	(不詳)	大日本國知々夫國古森卿鎮守　養 老二年六月十五日　従四位下縣主 關野　太夫創建　武藏國秩父郡古 森卿末野　栗庄長田鎭守野栗宮 文明三年辛卯二月三日　幡山三郎 藤原資年謹書	一四七一	(不詳)	(不詳)	(所在不明)	野栗宮(多野郡上野村野栗)	①に銘文は『武蔵史料銘記集』によるとする。	①
16	薬師坐像	鏡版・像蓮座同時鋳	円版	(表) 右意趣者為九十九所順礼開白勧進 法界旦那熊野三所権現佛影造所也 願主上野新田庄住人祐珍　作平三 良　龍頭旦那助四郎　永正十一天甲 戊十一月十五日	一五一四	版径41・5	銅	熊野速玉大社(和歌山県新宮市)	銘文願主は新田庄(太田市)住人と読める。	①に銘文は『紀伊国金石文集成』によるとする。	①
17	虚空蔵菩薩坐像	鏡版・像蓮座同時鋳・鍍金	円版	(表)　本願弘心 冨士淺間大菩薩　十法旦那 永禄八年乙丑六月一日 良正作	一五六五	像高6・0・版径29・8・厚0・4・釣手間12・2	銅	冨士浅間神社(利根郡みなかみ町谷川)			①
18	十一面観音立像	鏡版・像蓮座同時鋳・鍍金	円版	(表)　本願弘心 冨士淺間大菩薩　三郎女 永禄八年乙丑六月一日 良正造	一五六五	像高6・7・版径30・3・厚0・3・釣手間14・4	銅	冨士浅間神社(利根郡みなかみ町谷川)			①

No.	像様	技法	鏡版種	紀年銘	年代観	規模(cm)	材質	現存地	由来地	備考	出典
19	二尊(地蔵・十一面観音)坐像	鏡版・像蓮座同時鋳・鍍金	円版	(表) 平塚郷赤城大明神 良金 敬白 永禄十三庚午年八月十五日	一五七〇	地蔵像高9.4・観音像高8.5・版径25.9・釣手間9.5	銅	赤城神社(伊勢崎市境平塚)			①
20	薬師坐像	鏡版・像蓮座同時鋳・鍍金	円版	(表) 平塚郷赤城大明神 永禄十三庚午年八月十五日 良金敬白	一五七〇	像高11.8・版径20.0・釣手間11.3	銅	赤城神社(伊勢崎市境平塚)			①
21	薬師坐像	鏡版・像蓮座同時鋳・鍍金	円版	(像背鉗込み板墨書銘) 天正拾年 七月十三日 大野　藤原 秀滿	一五八二	像高12.5・膝張り9.0	銅	個人(邑楽郡板倉町)	(不詳)	鏡版欠失	①
22	弥勒坐像	鏡版・像蓮座同時鋳・鍍金	円版	(裏)上野刕群馬郡惣社宮所 弥勒廾 奉鑄立　小嶋斧作守定吉 御性躰 天正十四丙戌歳三月一日欽言	一五八六	像高10.6・像幅6.9・版径28.2・厚0.3・釣手間14.0	銅	総社神社(前橋市元総社町)			①
23	普賢菩薩臥牛上像	毛彫・鍍金	円版	(表) 惣社大明神 (裏) 天正十七年己丑二月九日	一五八九	版径9.4・厚0.1・釣手間3.6	銅	総社神社(前橋市元総社町)			①
24	千手観音坐像	鏡版・像蓮座同時鋳	円版	(裏) 天正十八季二月日 本願 相海坊 越中守 大旦那 上州西庄国定村	一五九〇	像高13.0・版径26.0・厚0.3・釣手間19.0	鉄	養寿寺(伊勢崎市国定町)		三つ割れ破損	①
25	十一面観音坐像	鏡版・像蓮座同時鋳	円版	(裏) 二月日　本願 天正十八季　相海坊 上州西庄　越中守 國定村　旦那	一五九〇	像高14.0・版径26.0・厚0.3・釣手間19.0	鉄	養寿寺(伊勢崎市国定町)		五つ割れ破損	①

26	阿弥陀如来坐像	像蓮座同鋳	（欠失）	（不明）	室町	像高10.0	銅	個人（高崎市根小屋町）	（不詳）	鏡版欠失	①
27	阿弥陀如来坐像	像蓮座同鋳	（欠失）	（不明）	室町	像高8.0	銅	来迎寺（高崎市浜川町）		鏡版欠失	①
28	善膩師童子半跏踏坐像	像蓮座同鋳	円版	（無銘）	室町	像高12.0・版径16.5	銅	法楽寺（桐生市広沢町）	賀茂神社（桐生市広沢町）	版に釣手耳無し	①
29	毘沙門天坐像	鋳出	円版	（無銘）	室町	像高18.0・版径22.3	銅	法楽寺（桐生市広沢町）	賀茂神社（桐生市広沢町）	像両手欠損	①
30	吉祥天坐像	鋳出	円版	（無銘）	室町	像高14.3・版径17.5	銅	法楽寺（桐生市広沢町）	賀茂神社（桐生市広沢町）	椅坐像	①
31	阿弥陀三尊坐像	鏡版・像蓮座同時鋳	円版	（裏）敬白　奉　正躰三躰	室町	像高6.3・版径19.5	銅	東禅寺（桐生市川内町）			①
32	馬頭観音菩薩坐像	像蓮座同鋳	（欠失）	（無銘）	室町	像高9.0	銅	長勝寺（太田市高林町）			①
33	薬師如来坐像	像蓮座同鋳	（欠失）	（無銘）	室町	像高16.0	鉄	長勝寺（太田市高林町）		左掌に薬壺	①
34	十一面観音菩薩坐像	鏡版・像蓮座同時鋳	円版	（無銘）	室町	像高9.5・版径20.3	銅	東光寺（太田市新野町）			①
35	阿弥陀如来坐像	像鋳・蓮座毛彫り	（欠失）	（無銘）	室町	像高6.5	銅	光明院（富岡市一之宮）		像背面に鏡版取付突起	①
36	千手観音菩薩坐像	鏡版・像蓮座同時鋳	円版	（無銘）	室町	像高17.6	銅	桂昌寺（渋川市北橘町真壁）		鏡版破損	①
37	観音菩薩坐像	像蓮座同鋳	（欠失）	（無銘）	室町	像高6.7	銅	玉泉院（渋川市北橘町下箱田）			①
38	十一面観音菩薩坐像	像蓮座同鋳	（欠失）	（無銘）	室町	像高8.5	銅	善雄寺（みどり市東町荻原）		被火災痕顕著	①
39	①菩薩坐像・④大日如来座像	像毛彫り	円版	（表）富士山権現	室町	像高7.7・版径19.7	銅	榛名神社（高崎市榛名山町）	伝、榛名富士山頂石室安置	鏡版背面に檜板台補	①④
40	阿弥陀如来立像	鏡版・像岩座同時鋳	円版	（無銘）	室町		銅	水沢寺（渋川市伊香保町水沢）		右釣手欠失	①
41	薬師如来坐像	鏡版・像蓮座同時鋳	円版	（無銘）	室町	像高6.4・版径17.6	銅	普賢寺（高崎市吉井町多比良）		左掌に薬壺	①
42	薬師如来坐像	像蓮座同鋳	（欠失）	（無銘）	室町	像高7.2	銅	天祐寺（安中市松井田町人見）		左掌に薬壺	①
43	阿弥陀如来立像	像蓮座同鋳	（欠失）	（無銘）	（無記載）	像高8.3	銅	天祐寺（安中市松井田町人見）			①
44	千手観音菩薩坐像	鏡版・像蓮座同時鋳	円版	（無銘）	室町	像高5.1・版径7.9	銅	三鳥神社（吾妻郡高山村中山）		薄版	①
45	（欠失）	鋳出	（欠失）	（無銘）	室町	版径13.5	銅	三島神社（吾妻郡高山村中山）		鏡版欠損顕著	①

No.	像様	技法	鏡版種	紀年銘	年代観	規模（cm）	材質	現存地	由来地	備考	出典
46	観音菩薩坐像	鋳出鍍金か	円版か	（無銘）	室町	（無記載）	版木・像銅	月夜野神社（みなかみ町月夜野）		①に「確認できず。」	①
47	三尊仏坐像	鏡版・像同時鋳	円版	（裏・墨書）①に「判読困難。」	室町	中尊像高8.5・版径27.0	銅	日枝神社（みなかみ町羽場）			①
48	釈迦三尊如来坐像	像一木造り	円版	（無銘）	室町	中尊像高23.0・版径45.0	版銅・像木	日枝神社（みなかみ町羽場）		釈迦・阿弥陀・薬師三尊	①
49	薬師如来坐像	鏡版・像蓮座同時鋳	円版	（無銘）	室町	像高7.0・版径17.5	銅	普門寺（太田市世良田町）		左掌に薬壺・釣手銀杏葉形	①
50	不動明王坐像	鏡版・像蓮座同時鋳	円版	（無銘）	室町	像高10.6・版径17.5	銅	南光寺（みどり市笠懸町阿佐美）		釣手孔3か所	①
51	聖観音菩薩坐像	像蓮座同鋳	（欠失）	（無銘）	室町	像高14.9	銅	成満院不動堂（みどり市大間々町小平）			①

〔記事出典〕①群馬県史編さん委員会　一九八八『群馬県史』資料編8　中世4　群馬県、②群馬県立歴史博物館　一九八〇『群馬の古鏡』同館、③神谷佳明　一九九九『下芝五反田遺跡』（財）群馬県埋蔵文化財調査事業団、④唐澤至朗　二〇〇一「榛名山信仰と阿弥陀仏線刻鏡」（『考古聚英』梅澤重昭先生退官記念論文集）所収

第五章　御仏の領域概念

はじめに

わが国民衆の精神生活の主柱をなすものは、希薄になりつつあるとはいえ、神への崇敬と仏への帰依であるとしてよい。恐らくは原始社会を源とする神々への認識に加え、諸仏への認識については、六世紀末の公伝とは別に、唐澤は五世紀以降の絶え間ない異邦からの人々の渡来がその基盤となったであろうことを述べたことがある(1)。また、唐澤は民衆宗教史を考古学的立場から検討する作業を行い所論を公にしてきたところであるが(2)、特に阿弥陀信仰に関わる臨死状況と葬儀の有り様に強い関心を抱いている。

「生者必滅」の理は、あらゆる生命体に該当して漏れることは無い。仏教の教義は今生における霊魂の存在を本来は肯定しない。特有の世界観によって彼の地への葬送を行うのである。しかし現実においては、愛しく親しき者の葬送に際して、わが国のみならずまた古今東西を問わず「愛別離苦」の同一思考上に、今生における霊魂の領域を認めようとしてきたのである。

ところで、日本的解釈における仏教特有の世界観とはどのようなものであろうか。特に浄土信仰に照らして捉えようとすれば『成実論』には「十方有佛」とあり(3)、これを踏まえれば「悉有浄土十方世界」となる。これは仏教の世界観を示す典型的な文言であり、浄土の領域を語るものでもある。十方とは、具体的には東・西・南・北の四方に四維、それに上・下方を加えた立体的な空間認識を伴うものである。そして、それぞれの世界に仏が在り、それぞれが浄土を成すとした。しかし個々の具体性を帯びながらも、それぞれの領域界は漠としているのである。

本章では、このうち今生の釈迦と東方の薬師・西方の阿弥陀の三如来を取り上げ、わが国における民衆が生と死に関わる場面において、仏教の示す世界観をどのように認識し、さらにはどのような形で現代に継承しているかを、舞鶴市松尾寺・京都市金戒光明寺・大阪市一心寺の行事を例として、先学の教導を受けながら領域概念に関わる解釈を試みることとする。

一　釈迦・薬師・阿弥陀三仏の渡来

まず、わが国における釈迦・薬師・阿弥陀の三如来像の出現時期と、その背景について瞥見しておくこととする。

わが国における現存する仏像としては、金銅半跏坐像・立像など頭部に宝冠を戴く七世紀初頭の小型菩薩形像が最も古い例とみられるが、田辺三郎助は『日本書紀』が伝える百済国聖明王贈仏を釈迦誕生仏であったとしている。(4) 本章で主題とする三如来像は、わが国においてはともに早期から造像がみられ、次の諸像が著名な遺存例としてあげられる。

1．釈迦如来像

①銅造釈迦如来坐像（奈良：飛鳥寺安居院）　七世紀初頭

②銅造釈迦三尊像（奈良：法隆寺金堂）　推古天皇三一（六二三）年

③銅造釈迦如来倚像（東京：深大寺）　　七世紀後半

2．薬師如来像

①銅造薬師如来坐像（奈良：法隆寺金堂）　推古天皇一五（六〇七）年

②金銅造薬師三尊像（奈良：薬師寺金堂）　持統一一（六九七）年[5]

②銅造薬師如来坐像（伝・峰薬師胎内仏、奈良：法隆寺）　八世紀後半

3．阿弥陀如来像

①金銅造阿弥陀如来像光背（東京：根津美術館）　斉明天皇四（六五八）年

②金銅造阿弥陀三尊像（伝・山田寺、東京国立博物館法隆寺献納宝物）　七世紀後半

③阿弥陀三尊像磚仏（奈良：法隆寺）　　七世紀後半

ここでは三種の如来それぞれ三例のみを掲げるにとどめたが、これらは諸寺の建立の背景や仏像伝来の経緯から窺えるごとく、いずれも七世紀以降の古代における支配体制の維持強化と密接な関わりを示すものであって、とうてい民衆の帰依を視座に置いたものとは言い難く、いわば古代体制の帰依段階にあるものと考えられよう。

では、民衆宗教史上における三仏への帰依の展開は、どのようなものであったであろうか。

考古学上知りうる民衆帰依の知見は多くはない。群馬県内においては一一〜一三世紀の集落遺跡等から一〇例程度の小像の出土が報告されている。地蔵菩薩のごとく像容明瞭なものを除き種別は不明瞭で、神像を含むなど神仏習合の様相を示す[6]。これらを遡る時代に民衆が手にしえた仏の具体的な像容は明確ではないが、村落部に寺院・小堂の建立が進む八世紀には、例えば沼田市戸神諏訪遺跡（宮田寺）からの堂宇を線刻した石製紡錘車の出土例から、民衆と仏堂との密接な関わりが見えるようになる[7]。他地域の様相については現在資料収集段階にあり詳細には示し得ないが、

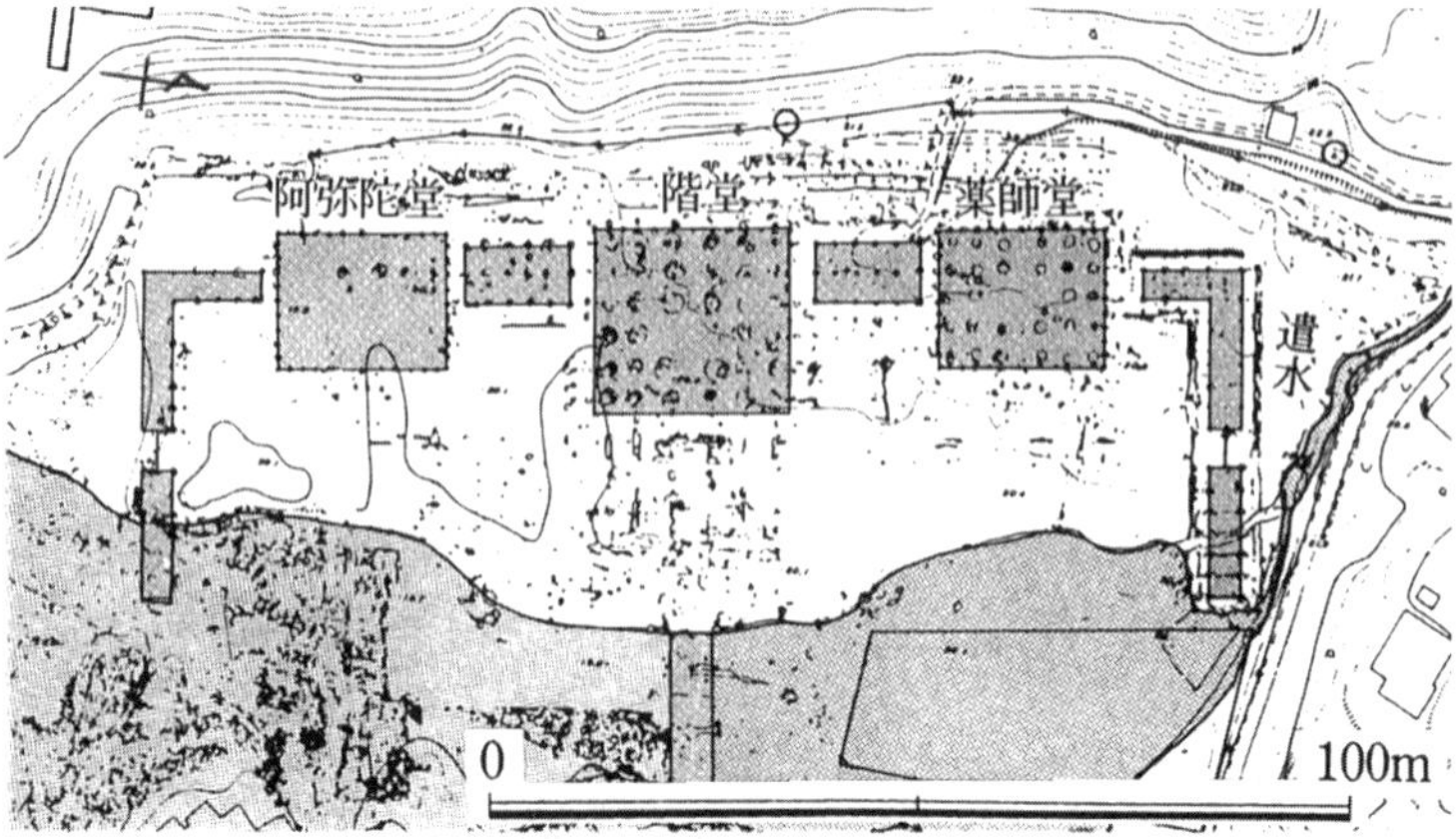

図１　永福寺測量図（鎌倉市教育委員会 1997）

同様な傾向が予察できるであろう。

山折哲雄は、八世紀から一〇世紀にいたる政治変革期に薬師如来の仏力に期待する動きがあったことを示唆している。(8) 国家の形を整えようとしたこの時代にあって、厳しいまなざしを放つ薬師如来の像容は、時代を創造していこうとする息吹に適うものであり、大いに効果を発揮したことであろう。また民衆が知りえた仏もこの薬師であった可能性を強くする。民衆が阿弥陀如来の救済を知りえたのは、社会混乱が顕在化する一二世紀以降であったであろうことは別に論じたところであるが、(9) 奥州平泉中尊寺の二階大堂大長寿院を模したとされる鎌倉永福寺二階堂は、薬師・釈迦・阿弥陀の三仏を奉安しており、(10) 一二世紀後半期になお三仏の領域認識が明確に存在していたとみることができよう。

宗教による精神の救済という機能は、社会不安や集団存亡の危機時に特に強く発揮される。衣食住に満足が得られている平穏期には、個々の深層に埋没しているといってよい。いわば現状是認あるいは維持期の仏として釈迦如来が期待されていたのではあるまいか。仏教伝来後、民衆への流布の背景を考察するに当たっては常に今生擁護の神仏の存在を意識する必要があろう。

二　松尾寺の「仏舞」　平成一七（二〇〇五）年五月八日実査

松尾寺は、京都府舞鶴市松尾の青葉山に所在する真言宗醍醐派寺院であり、広く西国観音霊場第二九番札所として知られ、民衆の崇敬を集めている。同寺の本尊は馬頭観世音菩薩である。宮坂宥勝によれば同寺の開創は慶雲年間（七〇四〜七〇八）唐僧威光により、また和銅元（七一二）年に元明天皇の勅命により馬頭観音像を安置したとあるが、(11)これらはいずれも寺伝の域を出るものではないであろう。しかし、美福門院藤原得子の帰依や所蔵の国宝絹本着色普賢延命菩薩画像等の伝存から、一二世紀末までは遡りうる背景を持つといえよう。注目すべきは同寺の立地であり、青葉山という地理的な目印と若狭から丹波経由で京北にいたる街道の途次にあることが、馬頭観音を本尊とすることから陸運などとの関係を想起させるのである。

この寺の仏舞は毎年五月八日に執り行われているが、挙行の辞においても「卯月八日」と表現しているごとく、この日を四月八日とみなしているのである。これは太陰暦によらず単なる月遅れ行事として特に日本海沿岸地方に見受けられる事象である。卯月八日は釈迦誕生会であり、この特定日を強く意識した行事といえるであろう。山路興造によれば「仏舞は、もと舞楽の菩薩舞に由来するものといわれる。しかし、従来の菩薩舞というものが、どの様な形式をもつ舞楽であったかは中央には残らなかった。」が、これらは「わずかに昔の面影を考えるものとして重用視することが出来る。」としながらも、松尾寺の現在の仏舞については「せいぜい近世初頭のものといわれ、それ以前の姿がどの程度残されているかはよくわからない。」としている。(12)

実査をしたところ、六名の舞い手は大日・釈迦・阿弥陀各二名に当たり、三如来が二組という編成をとる。(13)唯一仏

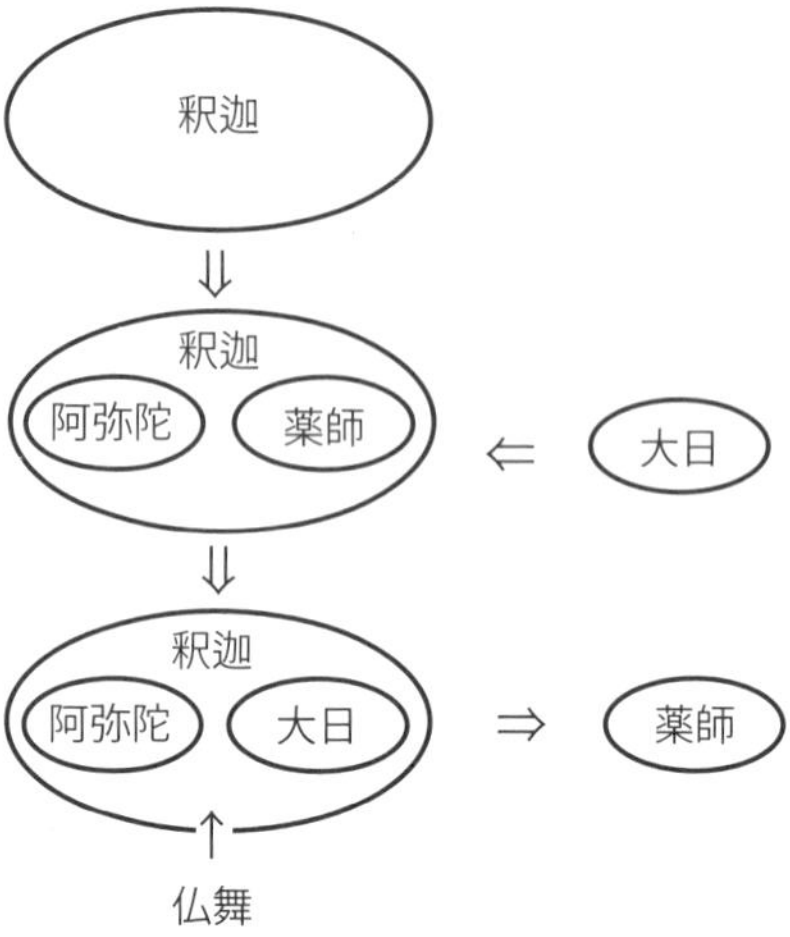

図２　仏舞領域概念図

図３　松尾寺仏舞

図５　即成院練り供養

図４　当麻寺練り供養

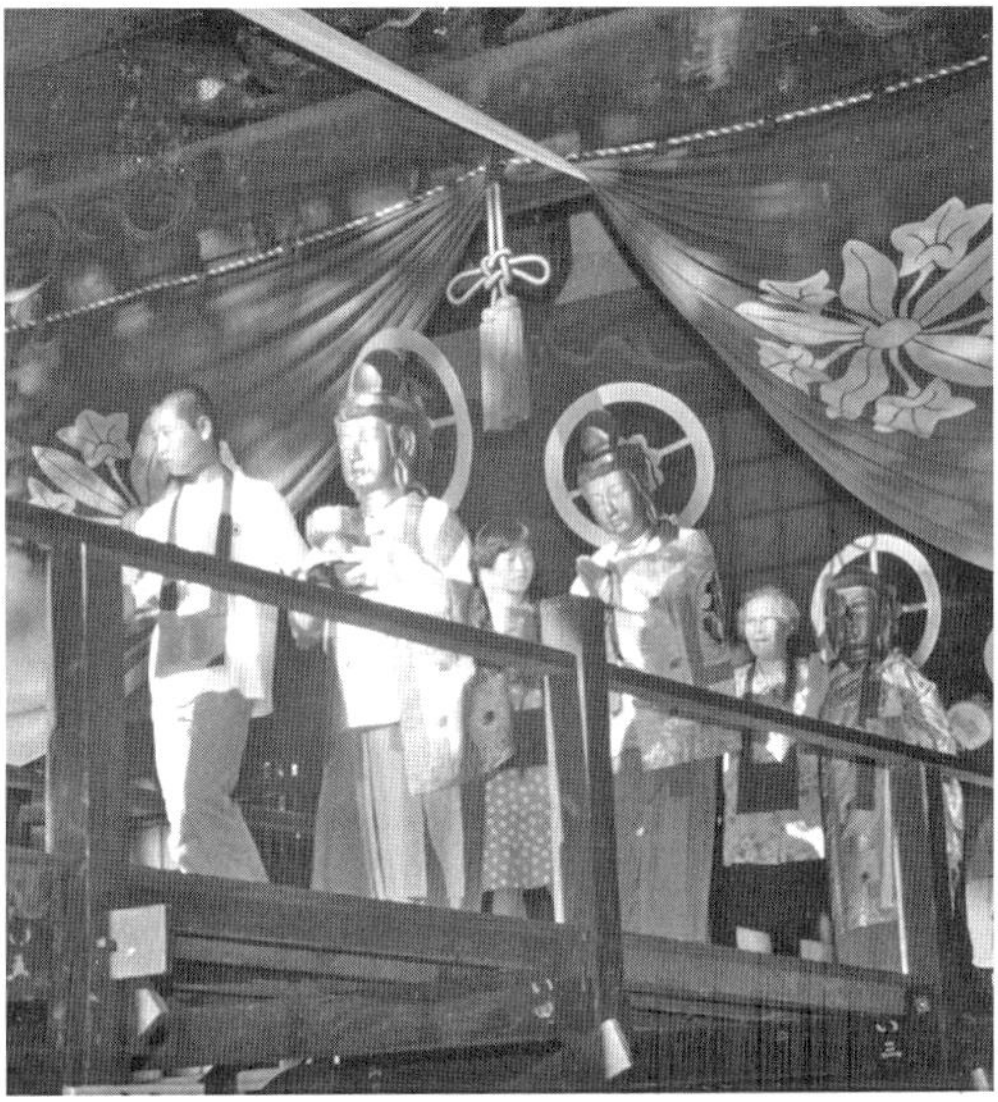

図6　浄真寺練り供養

である如来を複数出現させるこの編成自体が、かなり変則的であると捉えられる。また、六名は山路の指摘のように菩薩面を被るが、宝冠の頂部正面に各如来の種子を小さな円相に示し、これらが如来であることを僅かに示すものとなっている。舞い手の携行具は、釈迦種子面を被る舞方は何も護持せず合掌し、大日種子面を被る舞方は腰鼓を付け右手に撥、左手に小形の振鼓を持つ。また阿弥陀種子面を被る舞方は腰鼓を付けて両手に撥を持ち、それぞれが所作を示す。これらの携行具は、かつて唐澤が論じた来迎図や練り供養における諸菩薩の携行具とは合致しない[14]。

　さて、以下に述べることは推測の域を出るものではないが、この仏舞に関する幾つかの可能性を提示しておきたい。

　まず、この仏舞は山路の記したごとく本来は菩薩舞であり、三如来に拘わる別の行事と、何れかの時期に融合したものではなかったかということである。宝冠上の如来種子を除けば、演じられる仏が如来であることの証左は無いのである。

　次いで、三如来の組合せであるが、古く「薬師・釈迦・阿弥陀」の組合せが、「大日・釈迦・阿弥陀」に変容した可能性である。薬師は東方浄土の如来であり旭日を表すが、大日は同様に太陽を表す如来である。また、松尾寺は真言宗に属しこの宗派の中心仏は大日であることがその背景を成していたのではないかと推測する。また、如来の中で大日のみが普遍的に宝冠を戴く像容を示す。この大日の存在が、菩薩舞との融合を可能にさせたのではないだろうか。

この行事はその趣旨に示されているごとく釈迦誕生会を基本とし、古く今生擁護の仏として認識されてきた薬師と来世を約する阿弥陀を加えたもので、領域認識は常に今生の範囲内にあるものと考えられよう。

三　金戒光明寺の「献体供養大祭」　平成一六(二〇〇四)年一〇月二〇日実査

名刹金戒光明寺は、京都市左京区黒谷に所在する浄土宗四箇大本山の一つで、黒谷といえば本寺をさす。開祖法然房源空(一般に法然と呼称)の面影を残す念仏の寺である。

菊池勇次郎の記述によれば、安元元(一一七五)年、源空が比叡山西塔の黒谷別所を出て、白川の地に庵室を結んだのをはじめとし、念仏と戒律の寺として崇敬を集めてきたとする。[15] 源空自筆とする「一枚起請文」、重要文化財の「山越阿弥陀図・地獄極楽図」などを蔵し、臨終念仏の極限にある空間を広げている。同寺訪問中に側聞した、臨終近い信者が一切の身辺の始末をつけ最後の寝具のみを携え自らの意志で同寺を訪れ、そして最期を同寺においてて迎えるという話は、同寺に対する念仏者の帰依を端的に示すものといえそうである。

毎年一〇月二〇日には、旧制帝国大学以来京都大学医学部を施主とする供

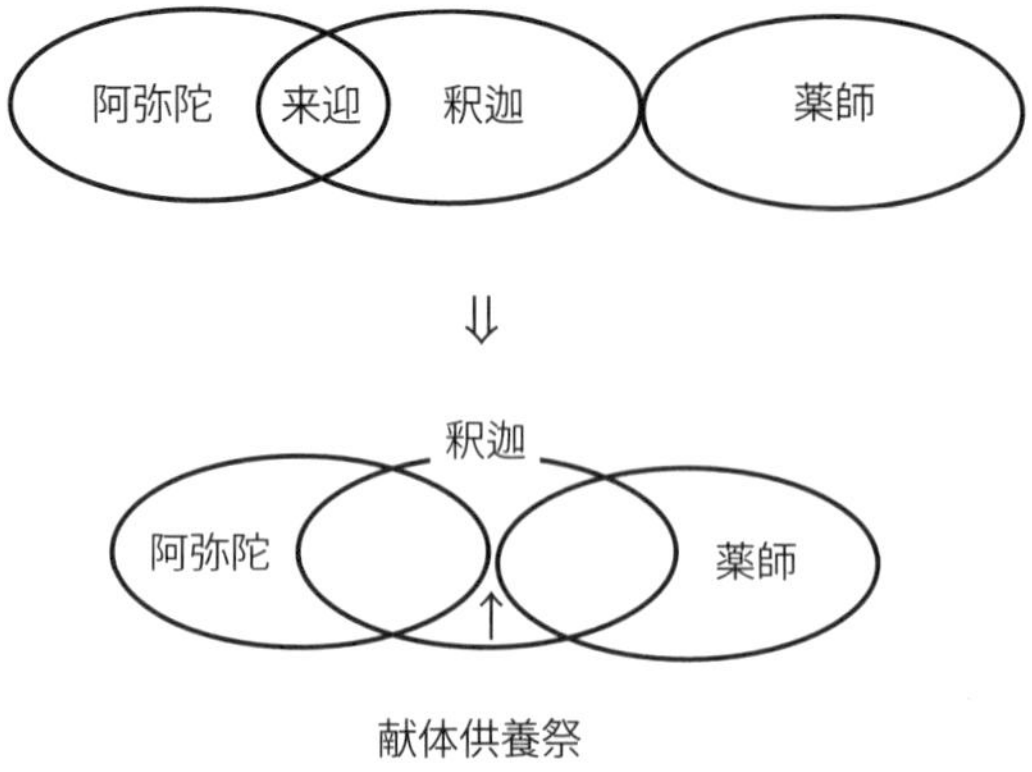

図７　献体供養大祭領域概念図

図８　献体供養大祭

養祭が執り行われている。実査した平成一六(二〇〇四)年は第一〇四回目に当たり、この一年間に医学の発展を期してわが身を供した二〇一霊位に対し、参列者による同唱「十念」が捧げられた。

式を挙行した本堂(大殿)は、京都屈指の規模であるが、一山の僧侶・医学部関係者・遺族等およそ六〇〇名は上回る参列者で埋め尽くされた。式は台風接近による豪雨の中ではあったが、次第に従い淡々と進められた。注目すべきは、焼香に際して医学部等各部署代表者に次いで現役男女医学生代表が香華を手向け、また二〇一霊位を一々呼名し二〇霊位程度を区切りとして、総員により「十念」を繰り返し同唱したところにあろう。

式後は、山内の別所にある京都大学の納骨塔において新たな塔婆の建立供養が執り行われた。

この供養祭への最大の関心事は、医学という生命科学の先端にある世界が、仏教という宗教世界と場を共有してきたところにある。仏の機能に拠れば医事と薬師は同体とみなされるであろうが、今生にある衆生が薬師の手を離れて阿弥陀の手に委ねられるその接点の顕著な一例として、この「献体供養大祭」を位置付けたい。

当日、祭壇に向かって左手の大学関係者席後方に、「白菊会」と称する一団の参列者が席を占めていた。この白菊会は、生前に死後献体を約した人々の団体である。多くは歩行もままならぬ高齢者であり、降りくる雨の中、案内係の医学生に背負われて大殿に入場した会員も一人や二人ではなかった。

生前に自らの死後の肉体を処する行為は、極めて崇高な意識を感じさせる。書面による意思表示のみならず、先に逝った諸人の供養の場に集い、自らの「その時」に向かい合う心情は、若年の唐澤にはとうてい察することのできない高みにある。長くそして確信に満ちた求道の成果なのであろうか。あるいは、本人を取り巻く環境に仏の領域が重層化されているのであろうか。

京都大学白菊会同様の組織は、インターネット情報による限りにおいて、北海道大学・旭川医科大学・札幌医科大学・弘前大学・北里大学・昭和大学・東邦大学・東京医科大学・東京歯科大学・千葉大学・明海大学・防衛医科大学校・日本大学・信州大学・広島大学・大分大学・宮崎大学・宮崎医科大学・鹿児島大学等の医学部や歯学部にあることが知られているが、この他にも自治体などによる地域的な組織も認められる。

このような広がりは、アイバンクや各種臓器の提供を生前に約する行為とともに、死を自然の理とする科学的な知識の定着と、究極の奉仕に当人を向かわせる宗教観が相俟って背景を成しているものと観たいところである。

四　一心寺の「骨仏」　平成一六（二〇〇四）年一〇月二一日実査

一二世紀末葉、四天王寺の在る大阪市天王寺区逢阪の地一帯は荒稜と呼ばれ、水野正好の研究によって「観無量壽

図 9　一心寺骨佛

経」で説かれた日想観が競って修される場となっていた[16]。すなわち四天王寺西門を極楽門と呼び、この門前で日想観を修すればすなわち西方浄土への道が開かれるとし、証空に至ってはこの落日を想観して目を覆い、西門より逢坂を下って入水をはかっている[17]。その師である法然房源空も先にこの地に庵を結び、行幸なった後白河法皇と落日を拝したとされ[18]、そ

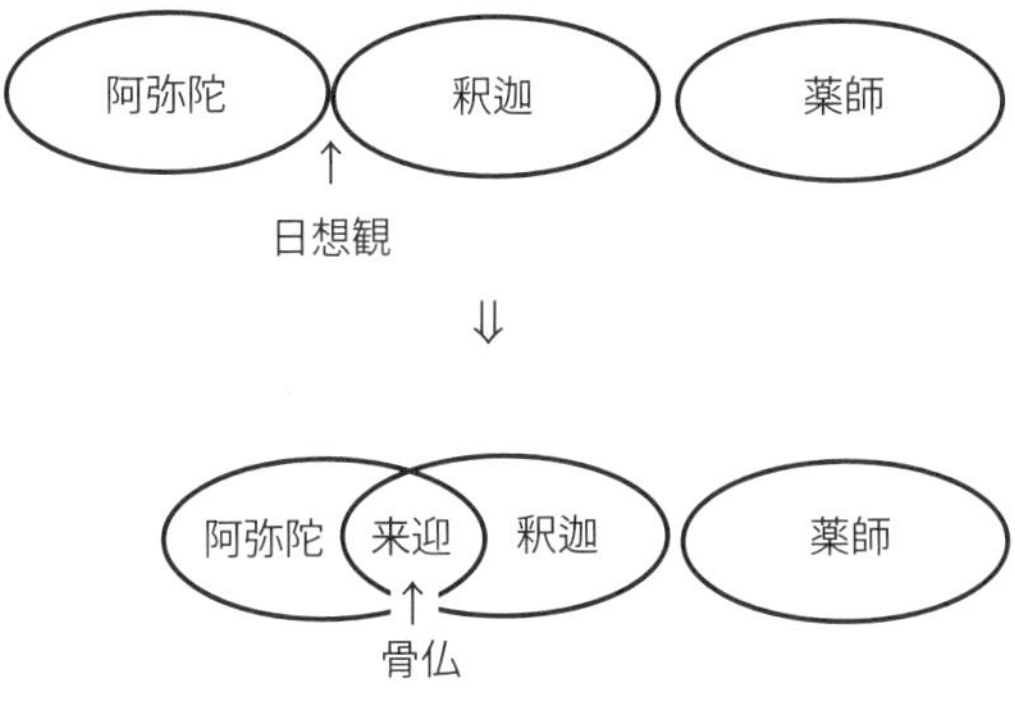

図 10　骨仏領域概念図

の庵「荒稜の新別所」を草創とするのが浄土宗一心寺であるというが、別に四天王寺の別当慈円の創建とする見解もある。[19]いずれも文治元(一一八五)年の事績と伝える。

一心寺境内の一角には、大本堂の南に隣接して納骨堂が在る。この堂内には阿弥陀如来坐像が安置されているが、この坐像は納骨を集めて造立した「骨仏」である。明治二〇(一八八七)年、嘉永年間からの納骨約五万体をもとに造立を成して以来、一〇年目ごとにその間の納骨を集めて造立供養が執り行われてきた。それら六体の骨仏は先の大戦により堂宇とともに焼失したが、その志は戦後も変わることなく維持され、かつての残片残灰に二二万体分の納骨を合わせて昭和二二年に新造し、現在六体の「骨仏」を造立安置するに至っている。[20]

図 11　一心寺納骨堂

図 12　一心寺骨佛大法要(一心寺提供)

毎年四月二七日には、「骨佛大法要」が営まれ、骨仏となった故人の遺族・縁者が境内に集いそして祈る。このほか、時々に応じて遺族は納骨堂に参ずるが、これは故人が阿弥陀如来そのものに変じたことにより往生を遂げたことの確認となろう。遺族は、骨仏を介して西方浄土の存在と阿弥陀来迎を想起する位置関係にあると考えてよいであろう。そうであるならば、日想観と来迎の双方が境内に展開されているとみることもできようし、本寺においては、今生と来世の認識が常に複合的に存在しているとすることができよう。

おわりに

十分に論を尽くし得なかったことを遺憾に思いつつ、以下に所論を整理して結言としたい。

まず、松尾寺の「仏舞」の原形は知りえなかったが、釈迦を中心に薬師・阿弥陀との三如来の共同場面の存在を想起させるものであることを知りえた。金戒光明寺の「献体供養祭」からは、医事と仏事が今生の同一場面で展開される、すなわち三如来共同の領域を認識できるとした。また、一心寺の「骨仏」の造立と供養の有り様からは、死者の阿弥陀への包摂と、来迎を今生において現実のものとしようとする、願望を観て取ることができよう。

この度事例とした三件は、変容を遂げながらも、いずれも民衆の渇望を背景として創始・継続されてきた仏事といえる。しかして、その場には漠としながらも仏と民衆とをつなぐ領域認識が存在してきたと観るのである。

およそ現代民衆の意識の中には、前世への認識は極めて希薄であるものの、今生と来世への認識は常に存在するものであるといいうるであろう。

わが国においては、仏教の主要な論理である「生者必滅」と「輪廻転生」を、一年の毎に訪れる四季の移ろいのま

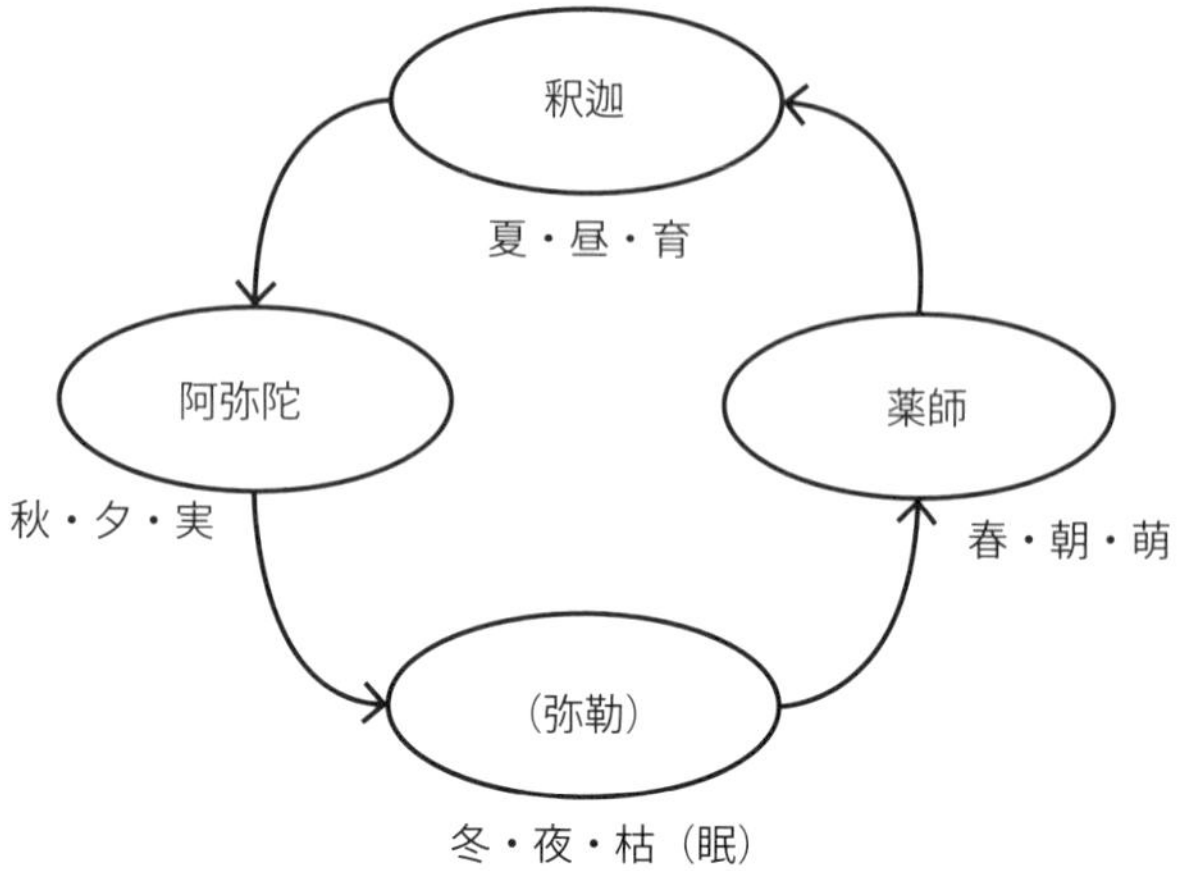

図13　四季と如来の領域図

まに発芽・生育・結実・そして枯死は再生と同義として捉え、同様に人の一生に四季を、そして一日の中の朝・昼・夕・夜という変化にさえも四季を認識しうる生理を整えてきたのであろう。三如来は春・朝に東方の薬師を、夏・昼に今生の釈迦を、秋・夕に西方の阿弥陀をそれぞれなぞらえ、さらに古くは冬・夜に再生を期する弥勒を当てることがあったのではなかろうか。こうした発想は、極めて温帯地域的な生産サイクルとも合致するものであり、自然と信仰と生産の密接な関係及びその継承を考えさせる。[21] 日本における民衆宗教の領域認識は、移ろいゆく四季を背景に、神仏という形をかりつつ宗教現象から生理現象へ昇華されてきたものであると考えられるのではないだろうか。

　さて今日、科学的な知見と広がる世界観は、単なる衣食住に止まらない多くの物質的欲求の充足と相まって、民衆の信仰心の維持を困難にしつつあると喧伝される。このような時勢にあって、幾多の先師が示し伝えてきた仏の領域は、日本的な「生理現象」化を考慮しつつも、どのように捉えられるべきであろうか。

　本来、「十方浄土」は「十方に衆生の世界が無量無辺に存する」とする「十方世界」と重複するものであるから、決して今生と遊離し隔絶した領域ではない。浄土創造の今日的な意味に思いを致せば「この地を含むあらゆる世界に理想の地を建設し、あるいは発見していくべき」と解すべきであろう。仏の示す領域概念は固定的であってはならない。時代とともに広がる世界観の中に、「自覚・平等・平和」という釈尊説諭の普遍性を理解しながら、発展を遂げていくべきものではないかと考える。

伝来以降の日本仏教の成立と独自の変容を学びながら、さらに現代の民衆生活に関わる仏教文化を考察し続けることは、生活様式の多様化とその広範化を思えば、なかなか容易ではない。こうした中、今後も同様な事例を各所に求め、民衆史の中で捉えられる浄土観に注意をはらっていきたいと考えている。

本章にかかわる調査・取材にあたり、次の各位にお力添えを頂いた。厚く御礼申し上げる。

当麻寺・松尾寺・即成院・一心寺・金戒光明寺・浄真寺・京都大学医学部・唐澤昂史(順不同)

註

(1)　唐澤至朗「天空散華考　—往生環境の共有認識に関する一試論—」『群馬県立歴史博物館紀要』第二三号　群馬県立歴史博物館　二〇〇二年

(2)　唐澤至朗『民衆宗教遺跡の研究』高志書院　二〇〇三年

(3)　訶梨跋摩『成実論』(鳩摩羅什訳)『大正新修大蔵経』三二　所収

(4)　田辺三郎助『釈迦如来像』日本の美術二四三　至文堂　一九八六年

(5)　製作年代には諸説があるが、諸史料との照合を行った松浦正昭の説に拠った。松浦政昭『飛鳥白鳳の仏像』日本の美術四五五　至文堂　二〇〇四年

(6)　渋川市有馬条里遺跡・同有馬遺跡・榛名町巌山遺跡・高崎市宿大類村西遺跡・同剣崎稲荷塚遺跡・前橋市宇通遺跡等がある。

(7)　㈶群馬県埋蔵文化財調査事業団『戸神諏訪遺跡』群馬県教育委員会　一九九〇年

(8)　山折哲雄「浄土の彼方へ」『人間の美術5』学習研究社　一九九〇年

（9）唐澤至朗「雲中妙音考―阿弥陀聖衆来迎場面の復原―」『群馬県立歴史博物館紀要』第二一号　群馬県立歴史博物館　二〇〇〇年
（10）鎌倉市教育委員会『永福寺跡―国指定史跡永福寺跡環境整備事業に係る発掘調査概要報告書・平成8年度―』一九九七年
（11）宮坂宥勝「松尾寺」『國史大辞典一三』吉川弘文館　一九九二年
（12）山路興造「松尾寺の仏舞」『日本民俗芸能事典』第一法規　一九七六年
（13）山路前掲によれば、このほかに予備として各一名が決められており合計九名の舞い手がいるとある。現地での確認済みである。
（14）前掲（9）
（15）菊池勇次郎「金戒光明寺」『國史大辞典六』吉川弘文館　一九八五年
（16）水野正好「日想観」『考古学論考―小林行雄博士古稀記念論文集―』平凡社　一九八二年
（17）『紙本著色証空上人絵伝』巻一　浄橋寺蔵
（18）『絹本著色日想観之図』一心寺蔵
（19）菊池勇次郎「一心寺」『國史大辞典一』吉川弘文館　一九七九年
（20）一心寺『お骨佛の寺　一心寺』（一心寺資料）
（21）唐澤至朗「民衆の中の仏教」『かみさま　ほとけさま』高崎市観音塚考古資料館　二〇〇二年

第六章　「縁友」のいる場景

はじめに

夫婦とは、単なる男女の結びつきではなく、最小の社会単位である。このことは人類発生以降、古今東西に別なきことであり、わが国中世社会においても、全く異ならない普遍性をもつものである。

ところで、わが国の中世をどのように性格づけるかについては諸論があるが、集約的には「一所懸命」に表現される武士層の土地領有と開発の時代であったと理解されている。本章ではそれを踏まえながらも、中世社会を立体的に復原しようとする継続的な作業の一つとして、武士層の宗教意識を夫婦という社会単位から確認することとしたい。

一　「縁友」の記録

中世社会における夫婦の仏縁を示す語句について、納経資料は仏教考古学上の基本的な知見を指し示してくれている。「大檀越・女檀那」・「大施主・女施主」などについては多くの類例をみることができるが、こうした諸例の中にあって妻との夫婦関係を「縁友」と記した次の資料を認めることができる。

ちなみに「縁友」とは「御仏の縁に因って後生の志を同じくした者」と解することができようか。「後生」とは阿弥陀浄土への往生を示すものであることは言うまでもない。

(一)金山経塚出土石櫃　大治五(一一三〇)年

福島県喜多方市慶徳町松舞金山出土。総高三七・四センチ。本例は源俊邦が妻源某を縁友と位置付けたものである。[1]

(蓋裏刻字)

大檀越財主平孝家
散位源朝臣俊邦
縁友同氏

(身上面刻字)

大治五年歳次
庚戌
四月二日□□

(二)下黒谷経塚出土銅経筒　保元二(一一五七)年

福井県大野市下黒谷出土。現高一七・六センチ。東京国立博物館蔵。本例は高岳國友が妻秦某を縁友としたものと推定される。「秦氏女」以下の欠字が惜しまれる。[2]

(筒身刻字)

高岳國友□・・
縁友秦氏女□・・
保元兩年三月

(三)金仙寺経塚出土銅経筒　嘉応二(一一七〇)年

新潟県西蒲原郡巻町竹野町菖蒲塚出土(現、新潟市)。高二三・〇センチ。金仙寺蔵・重要文化財。本例は藤原正宗が妻草加部某を縁友としたものである。銘文の当該箇所について、「縁文草加部代」等とする報告があるが、類例や異体字の検討を踏まえると、これらは当たらない(3)。

(筒身刻字)
嘉應二年歳次庚寅三月十一日
如法経供養
藤原正宗
縁友草加部氏

図1　下黒谷経塚出土銅経筒 下部欠損
(東京国立博物館蔵)

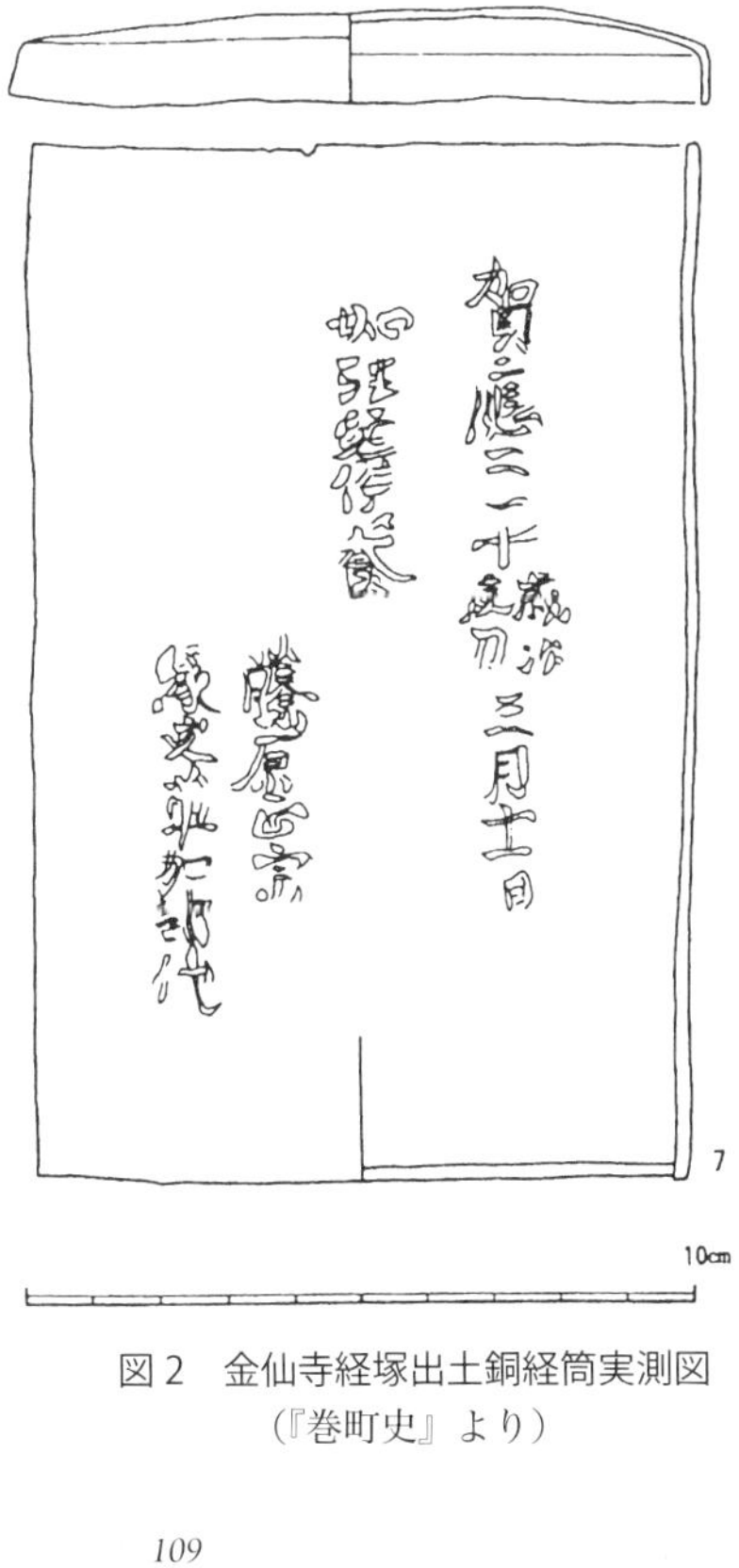

図2　金仙寺経塚出土銅経筒実測図
(『巻町史』より)

（四）寺山経塚出土陶経筒　承安元（一一七一）年

福島市飯坂町寺山出土。高二五・七センチ。天王寺蔵・重要文化財。銘文中、縁友とされた女性が五名記されているが、明瞭に夫婦関係が看取されるのは藤原貞清と妻源某である。本例の銘文についても「縁友源代」とする異読があるが、「代」は「氏」の異体字であるとともに、他の文字にも「丶」を付するいわば「書き癖」が認められるため、これは当たらない。拓影は福島県立博物館所蔵複製による部分である。(4)

（筒身刻字）

敬白

　奉施入

信夫御荘天王寺如法堂銅一口

大勧進聖人僧定心

大檀主藤原眞年縁友作者氏

同姓氏同姓氏

小勧進白井友包糸井國氏

藤原貞清縁友源氏

藤井末遠日田部貞家

小太郎殿

佛子僧宴海僧慶勢

　僧龍鍳

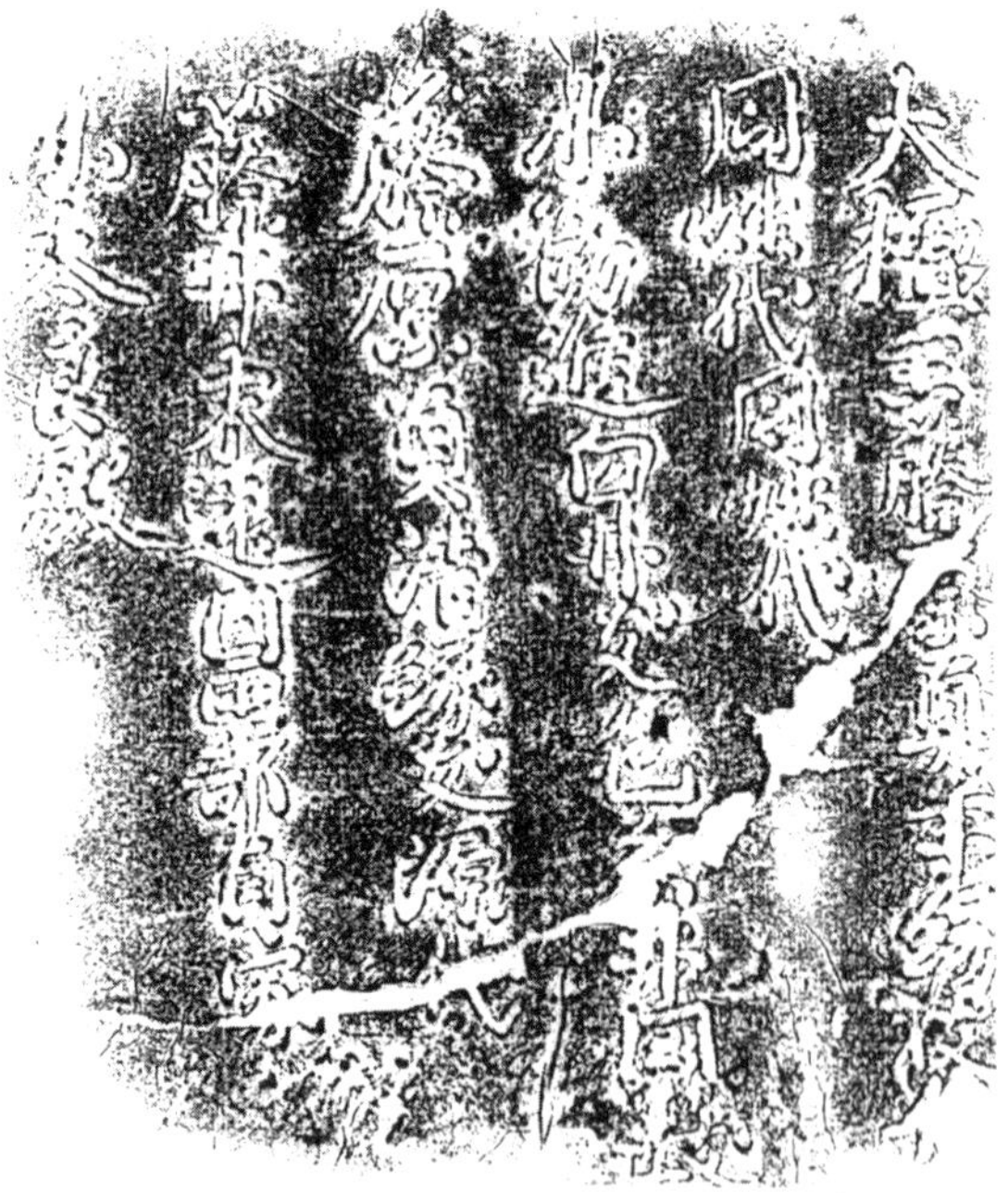

図３　寺山経塚出土陶経筒（原品天王寺蔵）銘文拓影

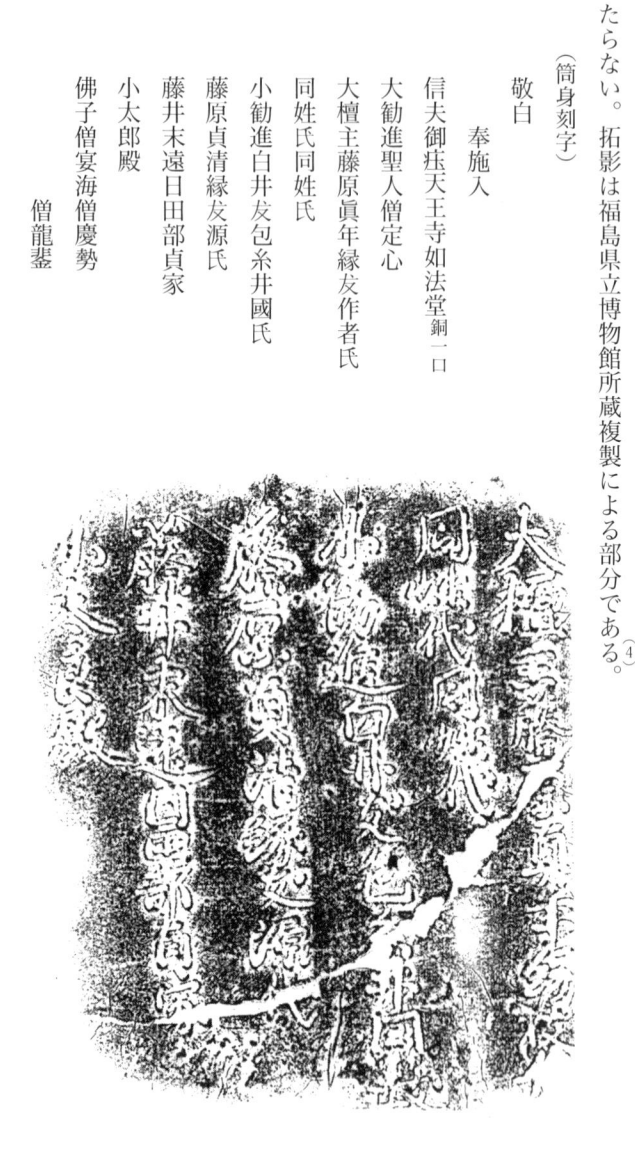

稲石丸犬子丸
源長宗縁友
右志者為慈尊三會之晄同令
一佛浄土往生也
承安元年歳次大歳辛卯八月十九日
取筆僧長釜

（五）伝・金剛山経塚出土銅経筒　承安五（一一七五）年

大阪府河内長野市天野町出土。本例については「三因」が「坂合部俊成」と縁友関係にあることは理解できるが、夫婦関係を肯定できない。天台教学を背景とした人名あるいは複数の人員の総称に代わるものであろうか。(5)

（筒身刻字）
奉納妙法蓮經　一部
我今弟子彌勒
龍花會中得解脱
願以此功徳
普及於一切

僧　圓然
僧　春朝
僧　相祐
僧　永道
僧　永俊
僧　嚴智

我等與衆生　　　僧　教辨
皆共成佛道　　　僧　定西
　　　　　　　　僧　長尊
承安五年乙未九月辛卯日願主朝尊
　　　　散位坂合部俊成
　　　　縁友三因
　　　　工名米正

(六)三明寺経塚出土四号銅経筒　建久七(一一九六)年

静岡県沼津市岡一色三明寺出土。総高二三・四センチ。東京国立博物館蔵。三明寺経塚は、僧忠圓の勧進に応じ延べ百組の武士夫婦が納経を果たしたものであるが、「大施主・女施主」とする中で、この一例のみに「大施主・縁友」関係が認められる。(6)

（筒身刻字）
奉施入如法銅筒一
大施主散位藤原貞宗
　縁友藤原氏

図4　三明寺経塚出土四号銅経筒
（東京国立博物館蔵）

建久□二日

五〇〇例を超える在銘経塚出土資料に比すれば、六例という数字は稀少であり、顕著な普遍性を示すものではないが、これらが一例を除き東日本の特に東国に偏在し、一二世紀後半期に集中することは看取できよう。また、東国に偏在する諸例が妻を縁友と位置付けていることに注意しておきたい。

この他、一四世紀前半ではあるが、夫婦の信仰上の等位を示唆する遺物として、次の板碑を認めることができる。今後の参考までに例示する。

(七)圓佛妙蓮逆修板碑　正和四(一三一五)年

群馬県新田郡尾島町岩松(現、太田市)出土。金剛寺蔵・市指定重要文化財。本例は、緑泥片岩製の阿弥陀三尊種子逆修板碑であり「圓佛碑・妙蓮碑」と通称されている。二基は素材・型式・規模・願主を除く銘文のしかも「菩提」の合字「井」も共通であり、しかも同一地に並立していたと伝えられているものである。(7)

(イ)圓佛碑　総高一四七・五センチ、幅三四・〇センチ

(阿弥陀三尊種子)正和四季乙卯八月時正敬白
右志者為沙弥圓佛逆修
善根出離生死證大井也

(ロ)妙蓮碑　総高一四五・〇センチ、幅三四・〇センチ

(阿弥陀三尊種子)正和四季乙卯八月時正敬白
右志者為沙弥妙蓮逆修

図5　圓佛（上）妙蓮（下）逆修板碑（金剛寺蔵）

二　東国の保証システムと妻への委託

中世における土地の領有とその相続は、武士層にとって最も重要な関心事であり、それこそが中世社会の成立と存続との基盤をなすものであった。このような時代にあって、土地の保持をめぐる夫婦の関係はいかなるものであり、それをどのような史資料からみとめることができるであろうか。以下、上野国新田荘を領した源義重の二通の書状を手がかりに論を進めてみたい。

（一）「新田義重譲状」　仁安三（一一六八）年

群馬県新田郡尾島町世良田（現、太田市）に所在する長楽寺蔵、重要文化財。同寺に伝存する長楽寺文書中にあり、新田氏の祖義重が子とされる世良田義季に宛てた書状の一つである。長楽寺は、この義季の開創である。これに拠れば、義重は新田荘内の女塚・押切・世良田・上平塚・三木・下平塚の六郷を義季に譲渡するとある。

ゆつるこかんのかう〳〵の事
をうなつか　をしきり
せらた　かみひらつか
みつき
しもひらつか
こせんのこかんなり　たの
さまたけあるへからす
このむねおそんして
百そうさたのものあんとす
へし　たしかに〳〵ゆつりおハぬ
仁安三年六月廿日
源（義重）（花押）
（義重）（花押）

（二）「新田義重置文」　仁安三（一一六八）年［図7］

前記同様、長楽寺文書の一つであり、「譲状」と同年同日付けで認められた書状であり、「譲状」と補完関係にある一通と考えられる。「譲状」に示されたごとく、

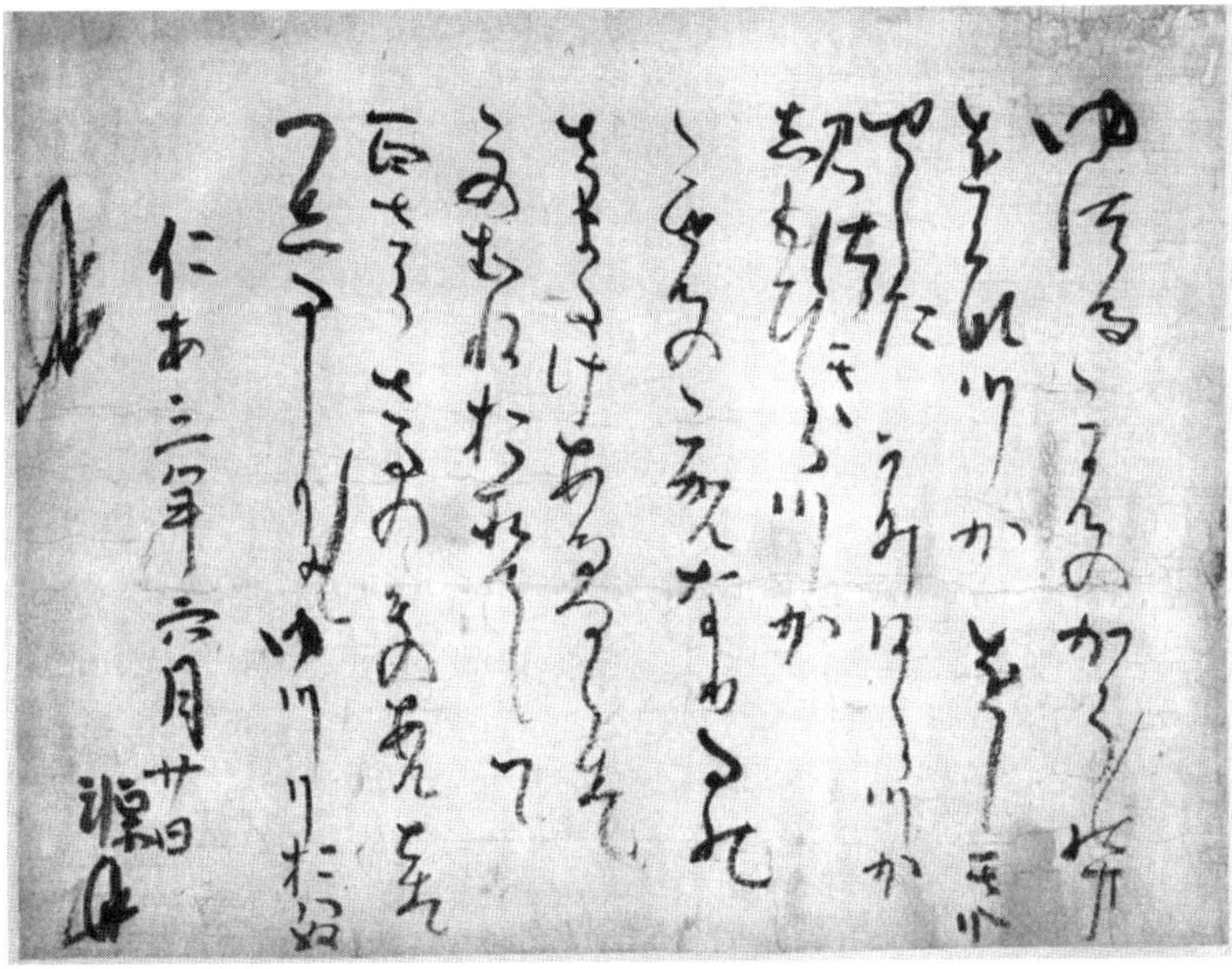
図6　新田義重譲状（長楽寺蔵・群馬県立歴史博物館写真提供）

義重は所領を継承すべき子等の中から義季（らいおうこせん）に新田荘の一部を譲ることを決定したが、その前提として、まず義季の母に女塚・上江田・下江田・田中・大館・粕川・小角・押切・出塚・世良田・三木・上今井・下今井・上平塚・下平塚・木崎・長福寺・多古宇・八木沼の一九郷を譲り、その中から当座は六郷の再譲渡を受けるよう義季に指示している。戦時下における妻の将来を思い、義季が母に孝養を尽くすよう相続の条件設定を行うとともに、未だ幼い義季の養育を妻に託したものとみられるのである。

（源義重）
（花押）

下

こあまたあれと　らいおうこ
せのハヽの事をゝもへハ　にたの
みさうハゆつりたるなり
ハヽの事らいわうこせんをろか
に　あるへからす　それにとりて
もこかんとてハ　らいわうこせん
かハヽにみなゆつるなり
ハヽかため二おろか二あるへからす
こかんのかす
おうなつか　えたかみしも

たなか　おゝたち　かすかハ　こすみ
をしきり　いてつか　せらた　みつき
かみいまい　しもいまい　かみひらつか
しもひらつか　きさき　丁ふくし
たこう　やきぬま　このかう〳〵
したいにゆつりわたす　たのさま
たけあるへからす　あなかしこ〳〵
仁安三年六月廿日　（源義重）（花押）

このような処世のあり方が、義重固有のものであったとはとうてい考え難く、東国に広く共通していた事柄ではなかっただろうか。次に瞥見する『平家物語』の記述からは、このような共通認識の存在を読み取ることができるであろう。

（三）『平家物語』巻五　富士川(8)

（前略）又大将軍権亮少将維盛、東國の案内者とて、長井の齋藤別當實盛をめして、「やゝ實盛。なんぢ程のつよ弓勢兵、八國にいか程あるぞ」ととひ給へば、齋藤別當あざ

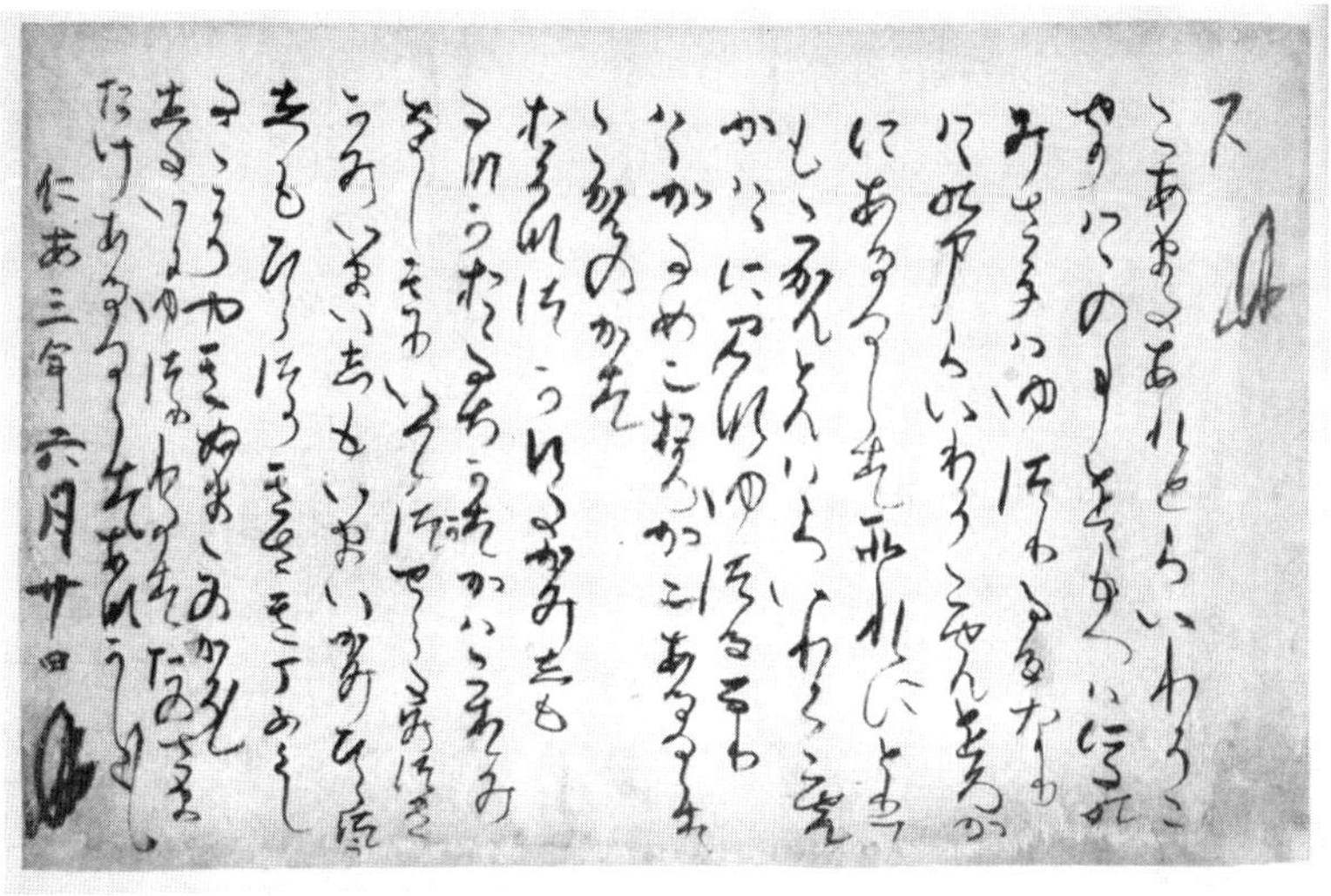

図7　新田義重置文（長楽寺蔵・群馬県立歴史博物館写真提供）

わらて申けるは、「(中略)いくさは又おやもうたれよ、子もうたれよ、死ぬればのりこえ〳〵たゝかふ候。西國のいくさと申は、おやうたれぬれば孝養し、いみあけてよせ、子うたれぬれば、そのおもひなげきによせ候はず。(中略)東國にはすべて其儀候はず。(中略)」と申ければ、平家の兵共これきいて、みなふるいわなゝきあへり。(後略)

『平家物語』は戦記文学として分類されているが、一三世紀前半と推定される成立年代や社会の受容状況から察すれば、脚色を勘案しても登場人物やその言動には妥当性があるものと考えてよかろう。とするならば、実盛の誇張はあるにしろ、東国武士社会には親が子が討死しても、その所領が維持される保証システムが既に成立していたことを暗示させるのである。貞永元(一二三二)年に成立した「御成敗式目」は既存の慣習を追認する形をとるもので、所領の相続に関わる「悔返権」などは、この保証システムの根幹をなすものであったといえよう。

(四)「御成敗式目」悔返権(第一八・二〇・二六条)[9]

一譲與所領於女子後。依有不和儀其親悔返一作還否事。

一得譲状後其子先于父母令死去跡事。

一譲所領於子息給安堵御下文之後悔還其一有所字領譲與他子息事。

先に掲げた新田義重の「ハゝの事らいわうこせんをろかにあるへからす」・「ハゝかため二おろか二あるへからす」と繰り返した後、「このかう〳〵したいにゆつりわたす」とした「置文」の行間には、悔返権の実態が垣間見えるのである。また、妻の領有と経営を体制として認めた事例も、史書には散見する。下野国の御家人・小山朝光の母の地頭職補任は『吾妻鏡』と『皆川文書』の一致を見る好例である。

（五）『吾妻鏡』と『皆川文書』

（イ）『吾妻鏡』第七　文治三年十二月一日条[10]

今日。小山七郎朝光母（下野大掾正光入道後家）給下野國寒河郡并網戸郷。是雖為女姓依有大功也。

（ロ）『皆川文書』地頭職補任下文[11]［図8］

（源頼朝）（花押）

下　下野國并阿志土郷

可早以小山七郎朝光母堂為地頭

職事

右件所早以朝光之母可令執行

地頭職住人宜承知勿違失

以下

文治三年十二月一日

『吾妻鏡』の「是雖為女姓依有大功也。」という記述は、戦時にあっては所領の安定経営を通じて

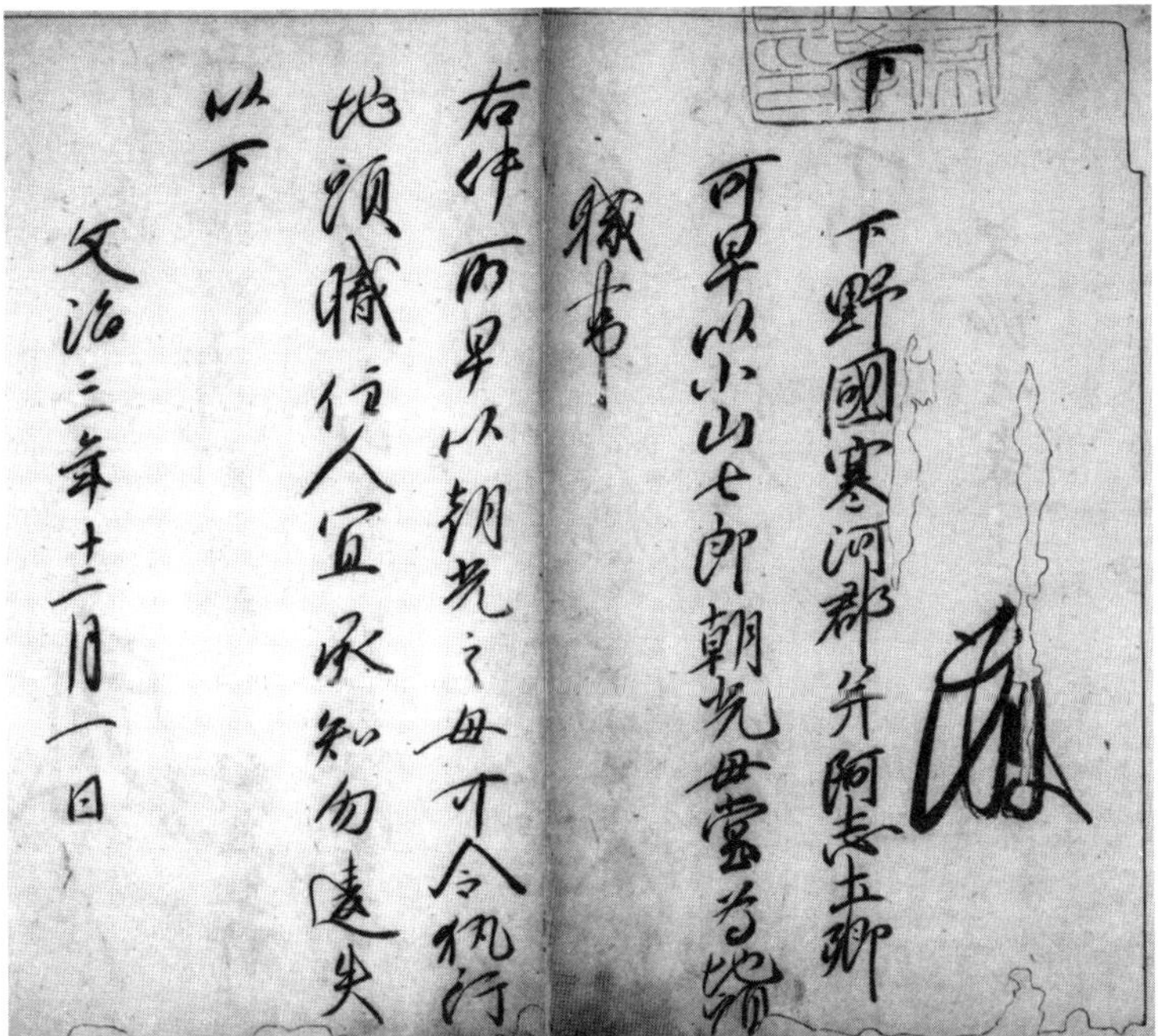

下

下野國寒河郡并阿志土郷

可早以小山七郎朝光母堂為地頭

職事

右件所早以朝光之母可令執行

地頭職住人宜承知勿違失

以下

文治三年十二月一日

図8　小山朝光母地頭補任下文（東京大学史料編纂所蔵・影写本）

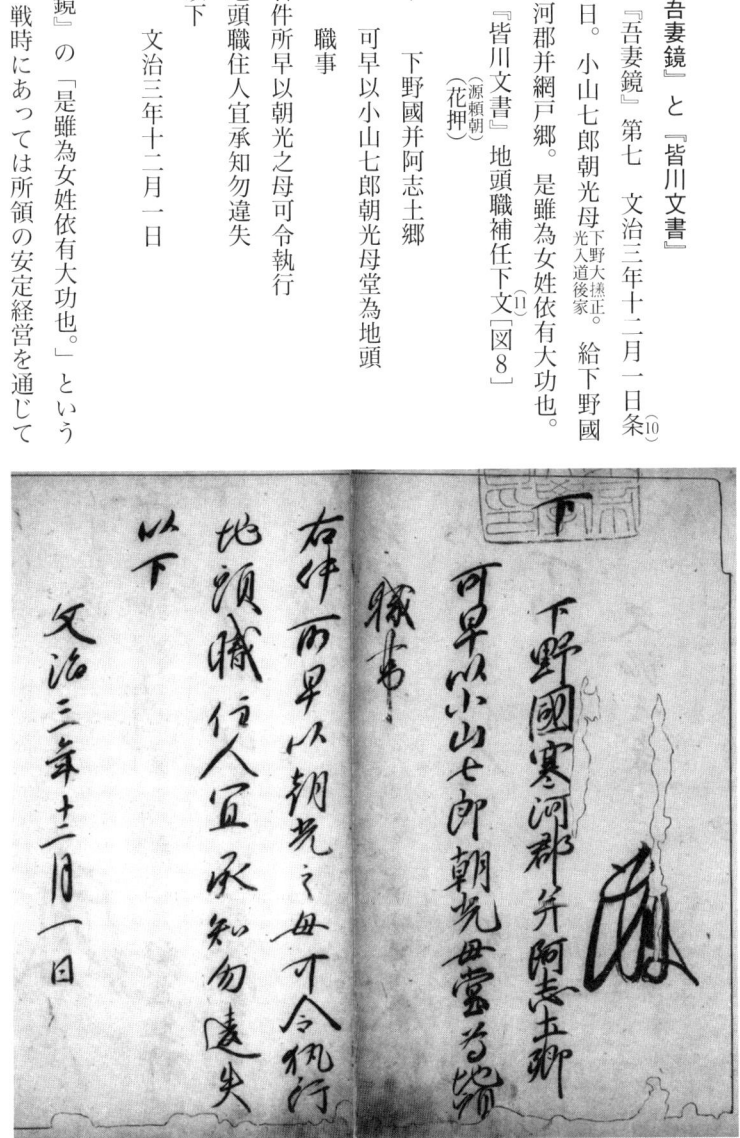

夫小山正光に鎌倉開幕への貢献をなさしめ、さらにその後は代わって子息等を督励する母の姿を彷彿とさせる。

おわりに

冒頭に記したごとく、本章は中世社会を立体的に復原しようとする継続的な作業の一つとして、仏教考古学資料と史料等とを合わせて武士層の宗教意識の様相を検討したものである。極めて雑駁な展開であったが、以下に論旨を整理してまとめとしたい。

中国的法治国家の理想を倣いとしたわが国の律令体制は、荘園の増加によってその財政的な基盤を失い、自立・自衛農民層＝武士層の出現とその増大をもたらした。このような社会変化は、宗教生活の側面においても、経塚の造営や納経供養・阿弥陀信仰の隆盛をもたらしている。

ここで取り上げた史資料は、いわば中世という時代の胎動期といえる一二世紀後半に属するものを主体としているが、経筒の銘文に認められる妻をして「縁友」と呼ばしめた夫の存在は、所領の相続に行使する「悔返権」とともに、この時代が個人の生存と一族の存続にとって極めて厳しい時代であったことの証左といえよう。建久七(一一九六)年、三明寺経塚に納経した延べ百組の夫婦は、戦乱を生き抜いた喜びとともに、今生のみならず後生も共にできる果報を得ようと、供養に励んだに違いない。生死の狭間に生きたこの時代の夫婦は、このような意味において、最も仏との縁に近い存在であったやも知れない。「一所懸命」の語に代表される所領の確保と経営には、仏との縁を今生の「理」として頼みとした、彼らの存在を思うべきであろう。このような夫婦関係は、今日の社会状況に照らしてみても、なかなか味わい深いものがあるように思うのである。

註

（1）関秀夫「経塚遺物の紀年銘文集成」『東京国立博物館紀要』第一五号　東京国立博物館　一九八〇年

（2）前掲(1)

（3）『資料新潟県史』は「縁文草加部氏」、関秀夫及び文化庁は「縁支草加部代」、『新潟県史』は「縁支草加部氏」とし、『巻町史』は読みについて触れていない。新潟県教育庁文化行政課に寄せられた巻町教育委員会の情報によると腐朽顕著のため現状では判読困難とあり、唐澤は『巻町史』掲載実測図によって「縁友草加部氏」と読むべきであると判断した。「支」と見える文字は「友」の草体。「代」の形をとる文字は「氏」の異体である。
新潟県高等学校教育研究会社会科部会編『資料新潟県史』野島出版　一九七二年。関秀夫前掲(1)。文化庁監修『新指定重要文化財一〇』考古資料　毎日新聞社　一九八一年。新潟県史編纂委員会編『新潟県史』資料編2　新潟県　一九八一年。巻町編『巻町史』資料編1　新潟県西蒲原郡巻町　一九九四年。

（4）『福島市史』は「代」、『福島県の文化財』は「氏」、関秀夫は「代」としているが、類例・文脈・異体字の故をもって「氏」と読むべきである。また、願文の書き手と刻み手が同一ではあるまい。福島市史編纂委員会編『福島市史』原始・古代・中世　福島市教育委員会　一九七〇年。福島県教育委員会編『福島県の文化財』国指定文化財要録　福島県教育委員会　一九八九年。関秀夫前掲(1)。

（5）前掲(1)

（6）前掲(1)

（7）「圓佛・妙蓮」の夫婦関係は推定の範囲である。妙蓮は新田庶流岩松時兼の孫「藤原土用王御前」として『正木文書』弘安五(一二八二)年一一月一二日条、建武元(一三三四)年一二月二一条に見えている。板碑は新田荘歴史資料館にて保管。群馬県史編さん委員会編『群馬県史』資料編5　群馬県　一九五三年。尾島町誌専門員会編『尾島町誌』通史編上巻　尾島町　一九九三年。

（8）高木市之助他『平家物語』上　日本古典文学大系三二　岩波書店　一九五九年

(9) 塙保己一篇『群書類従』第二二号 続群書類従完成会(再) 一九三二年
(10) 黒板勝美篇『新訂増補国史大系』第三三巻 同刊行会 一九三二年
(11) 竹内理三編『鎌倉遺文』古文書編 第一巻 東京堂出版 一九七一年

第七章　上野聖の足跡

はじめに

釈尊入滅の後その教えは時を経るごとに変容し、正法・像法の世を経て、末法の世において衰滅するとされた。こうした所謂末法論は、仏教をとりまく社会的混乱の中で中国で発生し、飛鳥時代にはわが国にもたらされたとされている。そして『扶桑略記』によれば、わが国においては永承七(一〇五二)年が末法第一年であると記されている。

平安時代後期にあたるこの時期は、摂関政治・荘園制度の絶頂期であるとともに、次代の胎動・混乱の萌芽期でもあり、浄土希求の理念が末法論と相まって急激な拡散傾向をみせることになるのである。写経と経塚の造営はこうした世相を反映して為されていったといえよう。

具体的な年号の知りうる最古の埋経例が、寛弘四(一〇〇七)年の藤原道長による金峰山経塚の造営であることは、あまりにもよく知られている。そして、経塚造営と埋経がこの平安時代後期を盛期として行われ、世に名品とされる遺物がこの時代に製作されているためか、それ以降の経塚研究は等閑視されがちである。これは、遺物資料の研究に終始し、それを支えた集団・社会研究が多くの場合欠落しているためかと推察される。一方、かかる状況を打開するに必要な地方における考古資料としての集成はなかなか進まなかった。こうした中にあって、二〇〇一年から継続して実施された国立歴史民俗博物館による経塚データベース調査は、大きな学術的貢献をなすものである。(1)群馬県内においては、『群馬県史』(2)や津金澤吉茂の研究(3)が集成作業として重要であり、唐澤もこれらの学恩を得ている。これらによれば経塚の造営と納経は、中世後半の室町時代に盛行が認められ、納経の担い手と依頼者双方に積極的な関与が認められる。その双方はともに土の香りのする民衆の一群と捉えられる存在であることは言うまでもない。

本章では、まず各資料情報を初出稿に加除を行って再録紹介する。草津白根山の「柿経」・太田市牛の塔の「竹経」と、高崎市稲荷台の「木版経」については今後の展開に供するため掲載した。次いで、別に報告した上野国一ノ宮ゆかりの経筒資料と赤城山山頂大沼に所在する小鳥が島経塚資料について、後段に掲載することとした。礫石経納経遺跡については、調査継続中であるので別に一書を準備することとした。

なお、市町村合併を踏まえて所在地は改め、個人所蔵者については初出時とは社会状況が異なるため個人情報保護の立場から氏名・詳細居所を明示していない。

註

(1) 唐澤は当該調査に群馬県調査委員として従事し、悉皆調査に当たっている。
(2) 群馬県史編さん委員会『群馬県史(資料編8)』群馬県 一九八八年
(3) 津金澤吉茂「群馬県沼田市内出土の天文4年銘銅経筒」『考古学ジャーナル』二一〇 ニュー・サイエンス社 一九八二年

一　上野聖と納経資料

1　経容器を出土した上州の経塚

(1) 本郷別所の経塚

・経塚所在地　群馬県藤岡市本郷字別所
・経塚の現状　不詳。堂山古墳（胴塚）に隣接する首塚かと推定
・資料保管地　東京国立博物館
・資料の年代　平安時代後期
・文　献
①東京国立博物館『東京国立博物館図版目録　経塚遺物篇』（東京国立博物館　一九六七年）、②唐澤至朗「群馬の経塚」（『群馬県立歴史博物館紀要』第一九号　群馬県立歴史博物館　一九九八年）
・資料の概要　銅経筒　二点（写真・東京国立博物館）
計測値　①総高二二・四センチ
径一一・八センチ

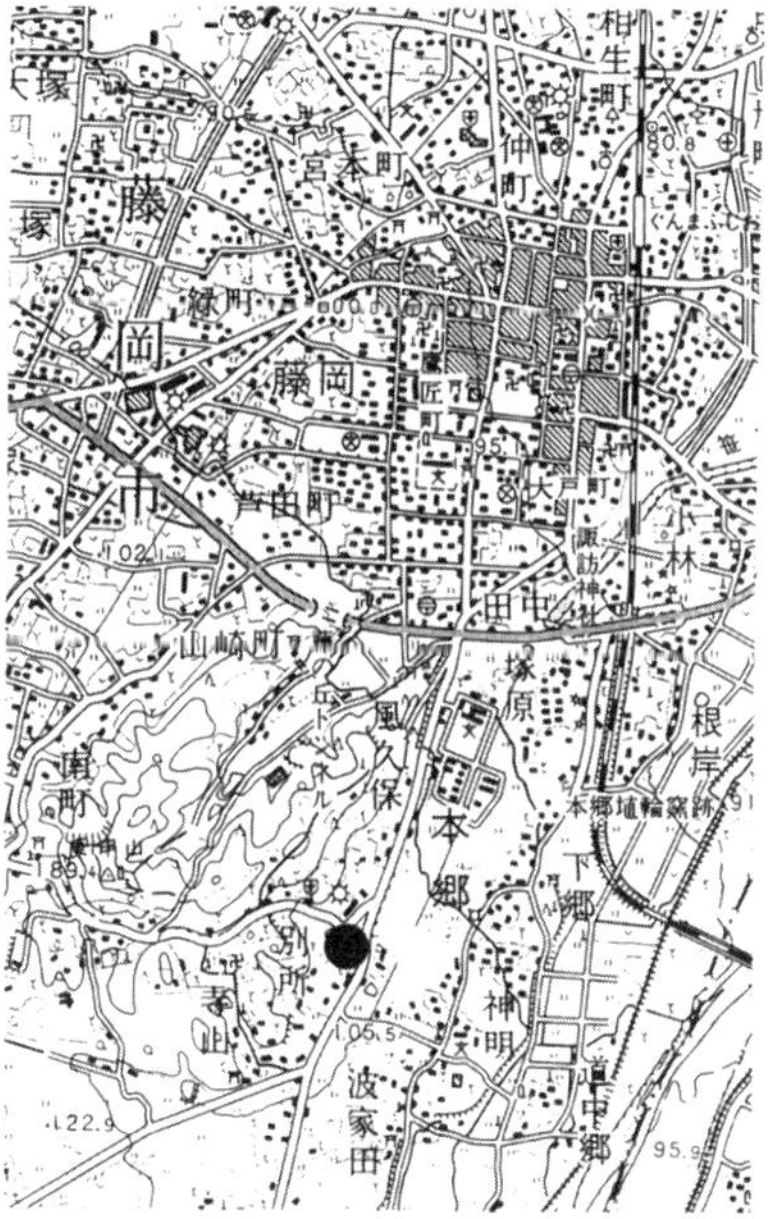

図1　本郷別所経塚の位置

②総高二三・三センチ
径一一・八センチ
鋳銅製・円筒状有蓋・無銘・
底部に湯口痕有り。

(2) 水沢の経塚

・経塚所在地　群馬県渋川市伊香保町水沢宮前
・経塚の現状　全壊　水沢寺付近の畑地から出土の由。
・資料保管地　個人蔵（伊香保町水沢）
・資料の年代　室町時代　応永十五（一四〇八）年
・文　献

①相川龍雄「経塚関係遺蹟に就いて」（『上毛及上毛人』一七〇　一九三一年）、②群馬県史編さん委員会『群馬県史（資料編8）』（群馬県　一九八八年）、③伊香保町教育委員会『伊香保誌』（伊香保町　一九七〇年）、④北毛の史蹟と文化財刊行会『北毛の史蹟と文化財』（同会　一九七三年）、⑤唐澤至朗「群馬の経塚」（『群馬県立歴史博物館紀要』第一九号　群馬県立歴史博物館　一九九

図2　本郷別所経塚出土経筒（東京国立博物館写真提供）

八年）

•資料の概要

銅経筒　一点

計測値　総高三三・一センチ　径一二・〇センチ

鋳銅製・円筒状有蓋（蓋・底欠失）

在銘

「甲午歳　玄光五十五

癸巳歳　玄堯五十六

應永十五年戊子四月日　」

•備　考　渋川市指定重要有形民俗文化財

図3　水沢経塚の位置

図4　水沢経塚出土経筒

(3) 上高雄の経塚

・経塚所在地　群馬県富岡市上高雄

・経塚の現状　原位置・現状ともに不詳

・資料保管地　群馬県立歴史博物館　個人蔵（富岡市上高尾）

・資料の年代　室町時代　大永五（一五二五）年

・文　献

①池田秀夫「経筒（表紙解説）」（『群馬県立博物館報8』群馬県立博物館　一九六五年）、②関秀夫『経塚とその遺物（日本の美術二九二）』（至文堂　一九九〇年）、③唐澤至朗「群馬の経塚」（『群馬県立歴史博物館紀要』第一九号　群馬県立歴史博物館　一九九八年）

・資料の概要

①銅経筒　一点

計測値　総高一六・四センチ　径七・五センチ

鋳銅製有蓋

在銘

「　十羅刹女　上野国甘楽郡高尾村

奉納頓写女如法經六十六部之内

図5　上高尾経塚の推定位置

図6　上高尾経塚出土経筒

三十番神　法願寺法印叡尪

大永五天乙酉今月吉日　敬白」

②石櫃　一点（写真・群馬県立歴史博物館）

計測値　総高三三・九センチ　底辺長三五・〇センチ

砂岩製・有蓋方形櫃

在銘

「大永五年乙酉□白

三月□日」

③紙本経　文献①によれば、昭和十年の開封時に遺存していたが廃棄された由。

・発見の経緯

文献①によれば「所蔵者（故人）の旧住宅の裏庭から発見。屋敷稲荷の台石になっていた。当初の状況は一切不明。」とある。文献②には、①と同様のことが記されている。①を引用したものと考えられるが、当初から屋敷稲荷の台石の位置にあったことを肯定的に捉えている。しかし津金澤吉茂の教示によれば、かつて同資料の追跡調査をした際（結果は不明であったという）、所蔵者の隣人（故人）に、次のような話しを聞いている。「ⓐ経筒は最初から屋敷稲荷の

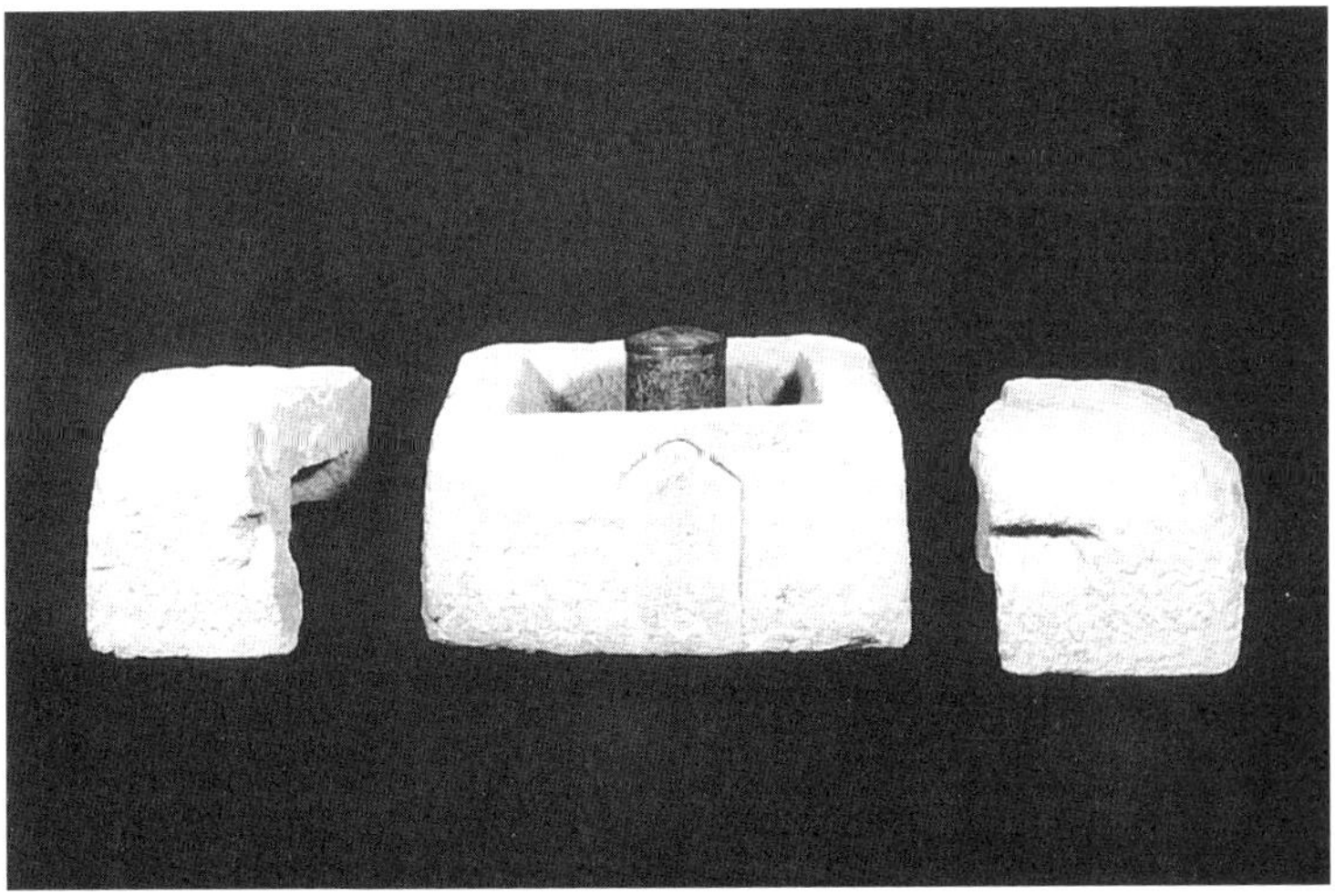

図７　上高尾経塚出土石櫃（群馬県立歴史博物館写真提供）

ところにあったのではない。ⓑ上高尾と間仁田境の山の上から出たものだ。ⓒ間仁田のものではないかとの話も出たが、銘文に高尾村とあったので、落着した。ⓓそれから所蔵者（故人）の旧住宅の裏庭へ運んだのだ。」ということである。上高尾には、字名に銘文にある法願寺の他、寺谷、山寺があり、山の名前として山寺山・法願寺山がある。この証言と字名・山名を検討し、現地確認をする必要があるが、住持僧が境内に埋経する諸例が多くあり、この視点からは法願寺山が有力と考えられよう。安中市間仁田との境はそのまま寺域境となっており、いわば仏界との境との認識もあったものと推察している。

(4) 野殿の経塚

- 経塚所在地　群馬県安中市野殿
- 経塚の現状　原位置の詳細は不明　石碑現存
- 資料保管地　個人蔵（安中市野殿）
- 資料の年代　室町時代　大永六（一五二六）年
- 文　献

①群馬県史編さん委員会『群馬県史（資料編8）』（群馬県一九八八年）、②唐澤至朗「群馬の経塚」（『群馬県立歴史博物館紀要』第一九号　群馬県立歴史博物館　一九九八年）

- 資料の概要

①銅経筒　一点

図8　野殿経塚石碑の位置

在銘
「　十羅刹女　上野國住大貳
　奉納大乗妙典六十六部
　三十番神　大永六歳丙戌
　　今月」

②石碑　一件
計測値　高約八四㌢　幅約七〇㌢　厚み約三二㌢
・備　考　経筒現存せず、記念碑のみ残る。『県史』は、江戸時代の経筒発見の際、記念碑に銘文を記録・建立を推測。碑は自然割石の表面のみを加工したもの。『県史』の「上野國任」は誤記。

(5) 川内の経塚
・経塚所在地　群馬県桐生市川内一丁目青木沢六五五五番地
・経塚の現状　全壊
・資料保管地　群馬県立歴史博物館蔵
・資料の年代　室町時代　大永八（一五二八）年
・文　献

図9　野殿経塚石碑

図10　川内経塚の位置

①粟田豊三郎「桐生川内の経筒」（『群馬文化』五九　群馬文化の会　一九六一年）、②群馬県史編さん委員会『群馬県史（資料編８）』（群馬県　一九八八年）、③唐澤至朗「銅経筒」（『群馬文化』二四七　群馬県地域文化研究協議会　一九九六年）、④唐澤至朗「群馬の経塚」（『群馬県立歴史博物館紀要』第一九号　群馬県立歴史博物館　一九九八年）

・資料の概要

①銅経筒　一点　円筒状有蓋

在銘

「　　逆修　妙隆禪定尼
十羅刹女　上刕山田郡小倉村
奉納大乗妙典六十六部供養塔
三十番神　大永八年戊子二月晦日
為現世安穏後生善処」

計測値　高一〇・七センチ　径四・七センチ

・発見の経緯

文献①と前所蔵者の証言によれば、昭和三五年、同地の「稲荷塚」を削平した際に出土。塚所有者（故人）、古物商の某氏を経て、購入したもの。文献②と前所蔵者の証言に基づき現地調査をした。しかし、前所蔵者の指摘は後日の伝聞によるもので、該

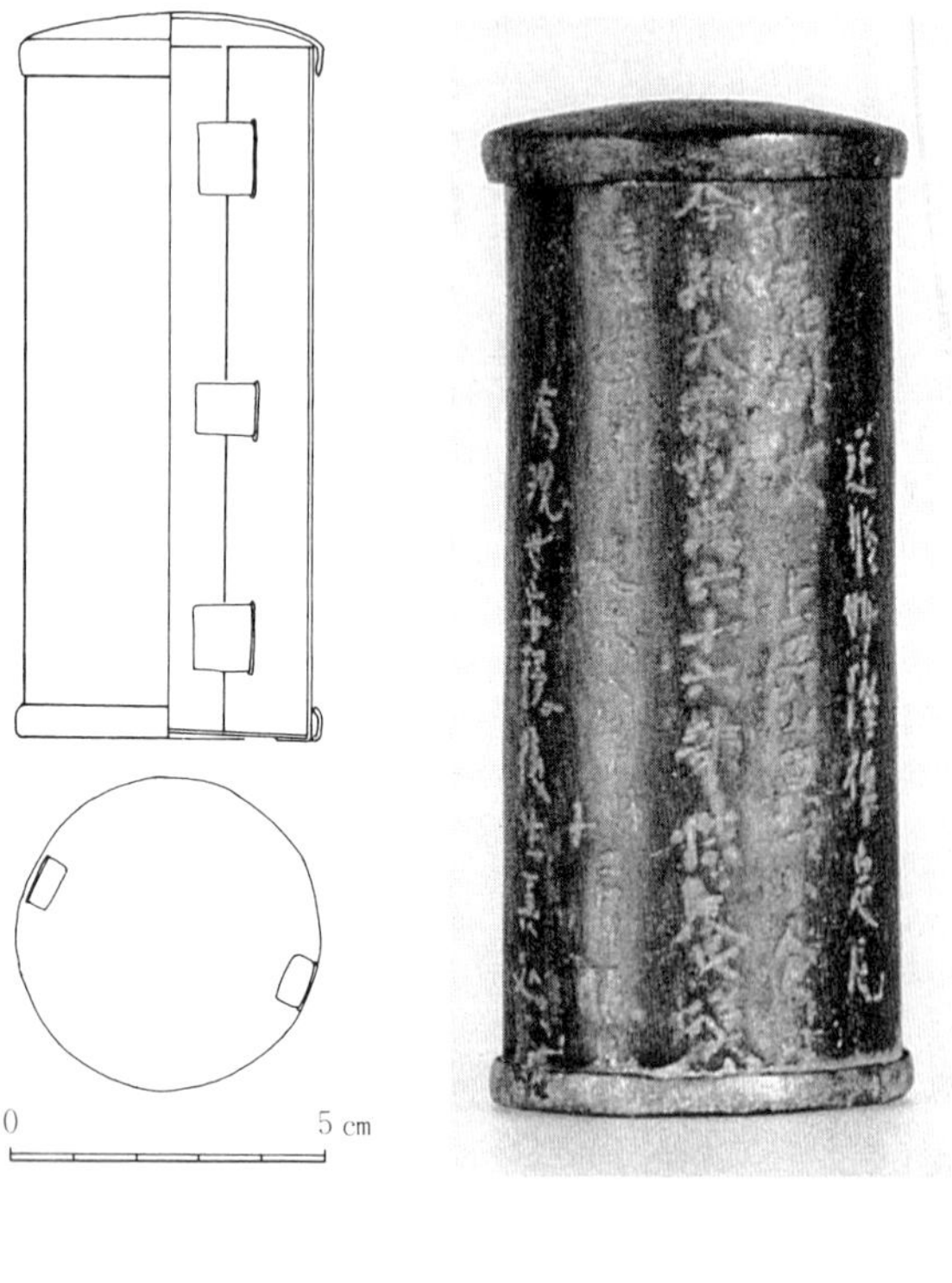

図11　川内経塚出土経筒

当地南の居住者の発見当時の実見記憶によれば、隣接せる東の地点であるとの現地指摘があった。

・備　考

銘文に「供養塔」とあるため塚上に石塔があった可能性があるが、現存せず確証がない。銘文の「山田郡小倉村」は現桐生市河内であり、「妙隆禪定尼」の在地埋経であることが看取される。当地からは真西に谷を隔てて通称「経塚山」をのぞむことができる。この「経塚山」にも納経遺跡が発見される可能性があるが報告例はない。その通称山名から、この経塚は先行する「経塚山」を極楽浄土と見なして真東の地に造営されたものとも考えられる。関係諸地の悉皆調査が必要である。

⑹　三原赤羽根の経塚

・経塚所在地　群馬県吾妻郡嬬恋村三原赤羽根

・経塚の現状　全壊

・資料保管地　常林寺蔵(吾妻郡嬬恋村応桑小宿)

・資料の年代　室町時代　享禄三(一五三〇)年

図12　三原赤羽根経塚の位置

・文　献

①相川龍雄「経塚関係遺蹟に就いて」(『上毛及上毛人』一七〇　一九三一年)、②北毛の史蹟と文化財刊行会『北毛の史蹟と文化財』(同会　一九七三年)、③嬬恋村誌編集委員会『嬬恋村誌　下巻』(嬬恋村　一九七七年)、④群馬県史編さん委員会『群馬県史(資料編8)』(群馬県　一九八八年)、⑤関秀夫『経塚とその遺物(日本の美術二九二)』(至文堂　一九九〇年)、⑥唐澤至朗「群馬の経塚」(『群馬県立歴史博物館紀要』第一九号　群馬県立歴史博物館　一九九八年)

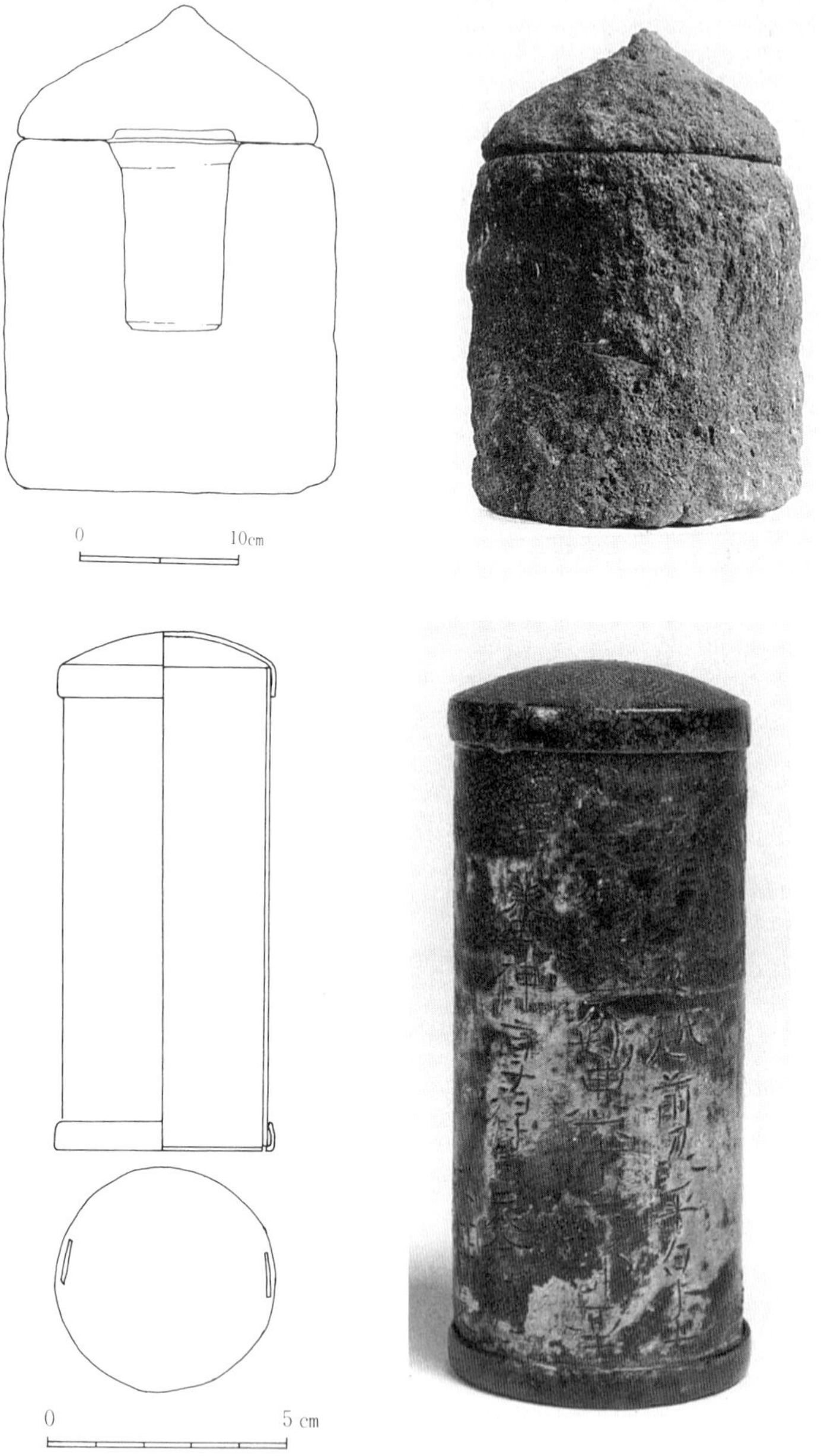

図 13　三原赤羽根経塚出土の　石櫃（上）・経筒（下）

・資料の概要
①金銅経筒　一点　円筒状有蓋　蓋に五重蓮弁文毛彫り
在銘
「　十羅刹女　越前劦平泉寺
　奉納大乗妙典六十六部垩
三十番神　享禄三天今月
弘朝之」
計測値　高一〇・二センチ　径四・六センチ
②石櫃　一点　安山岩（淺間石）円筒状
蓋は円錐形
計測値　高二七・五センチ　径一九・三センチ
・備　考　銘文の「越前劦平泉寺」は、現在の福井県勝山市の平泉寺白山神社に当たる。平泉寺旧境内として残る。
嬬恋村指定重要文化財。

⑺　沼田市旧沼田町内某所の経塚

・経塚所在地　群馬県沼田市旧沼田町内　以下不詳
・経塚の現状　不明
・資料保管地　埼玉県立嵐山史跡の博物館（長瀞綜合博物館旧蔵）

・資料の年代　室町時代　天文四（一五三五）年

・文　献

①石田茂作「経塚年表」（『経塚』（考古学講座二〇）雄山閣　一九二七年）、②津金澤吉茂「群馬県沼田市内出土の天文4年銘銅経筒」（『考古学ジャーナル』二一〇　ニュー・サイエンス社　一九八二年）

・資料の概要

①銅経筒　一点　銅板造り円筒形　鍍金　蓋上面に七弁蓮華文を線刻

在銘

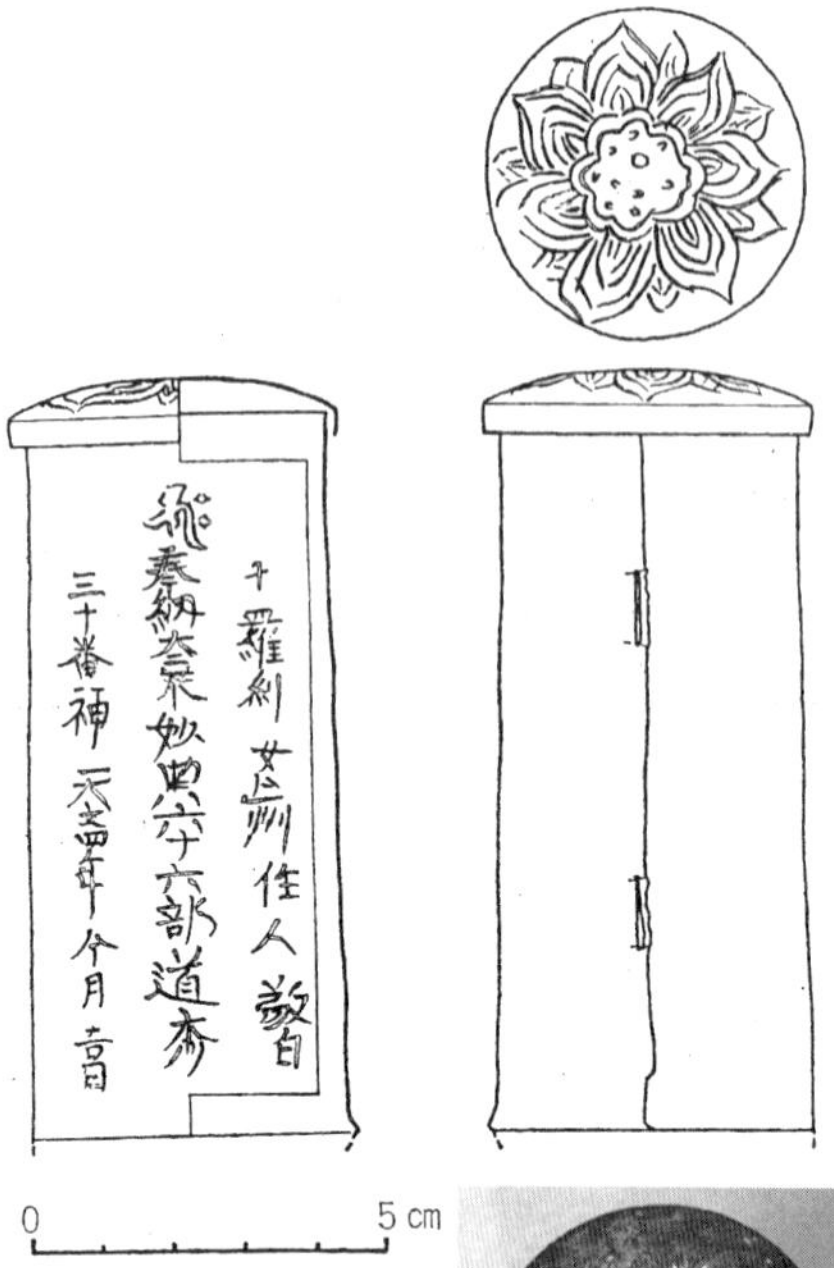

（津金澤吉茂 1982）

図14　沼田町経塚出土経筒

「　十羅刹女　上州住人　敬白
奉納大乗妙典六十六部道秀
三十番神　天文四年今月吉日」
計測値　高一〇・五㌢

・備　考　両文献に掲載されているが、遺跡地は不明である。群馬県内では長らく所在不明となっていたが、津金澤の調査により埼玉県内施設での収蔵が確認され、同氏により報告されたもの。

⑻　吾妻郡内某所の経塚

・経塚所在地　群馬県吾妻郡内　以下不詳
・経塚の現状　不明
・資料保管地　不明
・資料の年代　室町時代　天文二四(一五五五)年
・文　献
①相川龍雄「経塚関係遺蹟に就いて」(『上毛及上毛人』一七〇　一九三一年)、②関秀夫「経塚遺物の紀年銘文集成」(『東京国立博物館紀要一五』東京国立博物館　一九八〇年)、③唐澤至朗「群馬の経塚」(『群馬県立歴史博物館紀要』第一九号　群馬県立歴史博物館　一九九八年)
・資料の概要
①銅経筒　一点　銅板造り円筒形

在銘
「　十羅刹女　常劦小田住眞賢坊
　奉納大乗妙典六十六部聖
三十番神　天文廿二年今月今日」
計測値　不明
・備　考　両文献に掲載されているが、遺跡地・遺物ともに不明である。戦時下供出を含め、今後再発見される可能性があり、注意が必要である。銘文にある「常劦小田」は、現在の茨城県つくば市小田であろう。

(9) 野反湖の経塚

・経塚所在地　群馬県吾妻郡中之条町入山野反湖
・経塚の現状　全壊
・資料保管地　中之条町歴史と民俗の博物館「ミュゼ」　個人蔵（吾妻町泉沢）
・資料の年代　江戸時代
・文　献
①唐澤至朗「群馬の経塚」（『群馬県立歴史博物館紀要』第一九号　群馬県立歴史博物館　一九九八年）
・資料の概要
①陶外容器　一点　橙褐色長胴壺
計測値　高二一・九センチ　口径九・八センチ

底部に三行の墨書ある紙片を貼付。

墨書

「吾妻郡六合村野反池より發見す昭和二十九年ダム工事の時池中より經筒と思はる丶ものである」

・発見の経緯　現所蔵者談「父が、野反湖を造る(野反湖は人造湖)際の工事の時、出土したらしい。位置や詳細は聞いていない。あるいは、K氏・W氏・M氏あたりが知っているかもしれない。」とのこと。郷土史研究に貢献された三氏に確認したところ、何れも承知していないとのこと。その後、三氏は逝去。

・備　考　別に礫石経があったとの話もあるが、共伴関係は不明である。仮に本資料が経筒もしくは外容器であったとするならば、旧野反池に臨む地に経塚が築かれていたものと考えられる。礫石経との共伴関係は不明であるが、共伴していた場合は経容器となる。もちろん別に礫石経を納めた経塚も考慮すべきである。

図15　野尻湖位置図(上)(詳細地点は不明)、同出土外容器(下)

2　上州ゆかりの経容器を出土した経塚と資料

(1) 因幡金上ノ谷の経塚

・経塚所在地　鳥取県鳥取市（旧、気高郡六郷村金上ノ谷）

・経塚の現状　全壊か

・資料保管地　東京国立博物館

・資料の年代　室町時代　大永三（一五二三）年

・文　献

①群馬縣『上毛金石文年表』（群馬縣史蹟名勝天然記念物調査報告書四　群馬縣　一九三七年）、②蔵田蔵「経塚論　十」（『ミュージアム一七八』東京国立博物館　一九六六年）、③亀井熙人「鳥取県の経塚遺物」（『鳥取県立科学博物館研究報告9』鳥取県立科学博物館　一九七一年）、④関秀夫「経塚遺物の紀年銘文集成」（『東京国立博物館紀要一五』東京国立博物館　一九八〇年）、⑤群馬県史編さん委員会『群馬県史（資料編8）』（群馬県　一九八八年）、⑥関秀夫『経塚とその遺物（日本の美術二九二）』（至文堂　一九九〇年）、⑦唐澤至朗「群馬の経塚」（『群馬県立歴史博物館紀要』第一九号　群馬県立歴史博物館　一九九八年）

・資料の概要

①銅経筒　一点　銅製鍍金・円筒状有蓋　（写真・東京国立博物館）

在銘

「　大永三天癸未

図16　金上ノ谷経塚の位置

代聖兵了之
上野國住　本願正珎
十羅刹女
奉納大乗妙典六十六部之内一部
三十番神
旦那上州刄澤之住坂上
卯月吉日　敬白
」

計測値　総高一〇・〇センチ

②外容器　陶製短頸壺（写真・東京国立博物館）
計測値　総高二一・二センチ

•備　考　文献②によると、大正三年三月八日、開墾中の発見。小丘上に三尺程の盛土あり。地下約一尺五寸から壺が出土。壺の周囲は小石を詰め、扁平な石蓋を伴う。壺の中に経筒と古銭があった由。占地と経塚の外形・構造が看取できる。「上州刄澤」は現甘楽郡南牧村羽沢の戦国期までの地名か。

図17　金上ノ谷経塚出土の外容器（上）・経筒（下）
（2点とも東京国立博物館提供）

(2) 越後明神の経塚

•経塚所在地　新潟県魚沼市堀之内町明神字居平

・経塚の現状　全壊
・資料保管地　個人蔵（新潟県魚沼市小出町小出嶋）
・資料の年代　室町時代　天文二四（一五五五）年
・文　献

①関秀夫「経塚遺物の紀年銘文集成」（『東京国立博物館紀要一五』東京国立博物館　一九八〇年）、②新潟県史編さん委員会『新潟県史（資料編5）』（新潟県　一九八四年）、③群馬県史編さん委員会『群馬県史（資料編8）』（群馬県　一九八八年）、④堀之内町『堀之内町史（資料編上巻）』（新潟県堀之内町　一九九五年）、⑤唐澤至朗「群馬の経塚」（『群馬県立歴史博物館紀要』第一九号　群馬県立歴史博物館　一九九八年）

・資料の概要

①銅経筒　一点　銅製鍍金・銅板造り円筒状・宝珠摘まみ付き有蓋（実測図・『堀之内町史』）

計測値　総高一一・五センチ　径四・四センチ

在銘

「　十羅刹女　上州住歓喜坊
奉納　一乗妙文六十六部聖

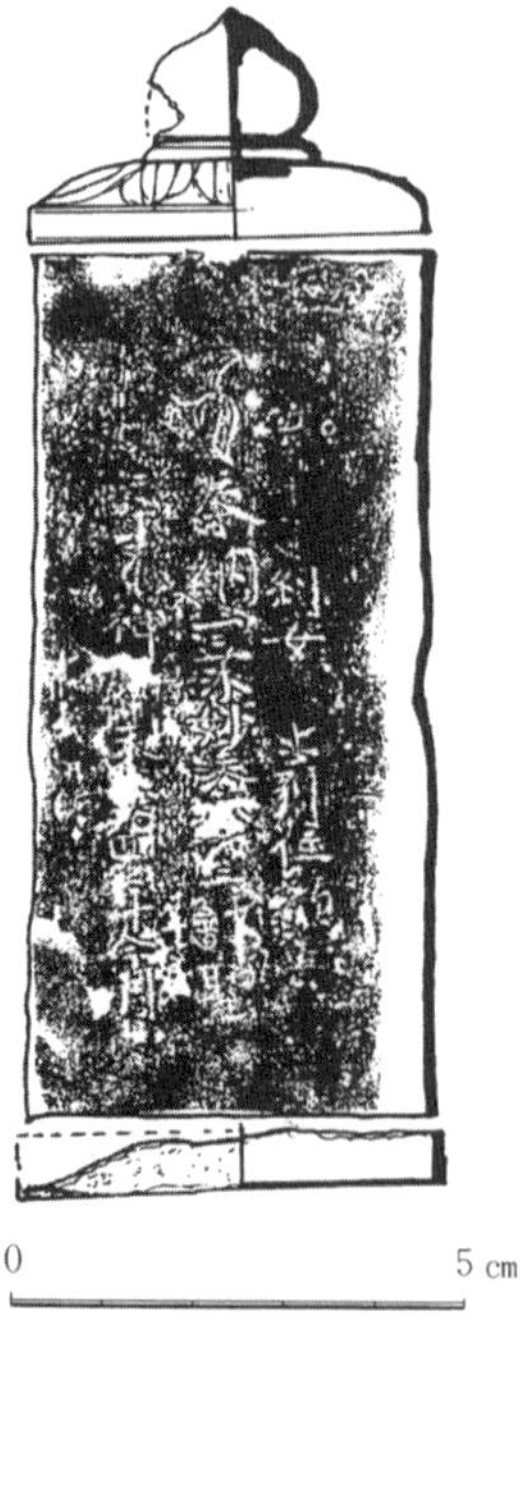

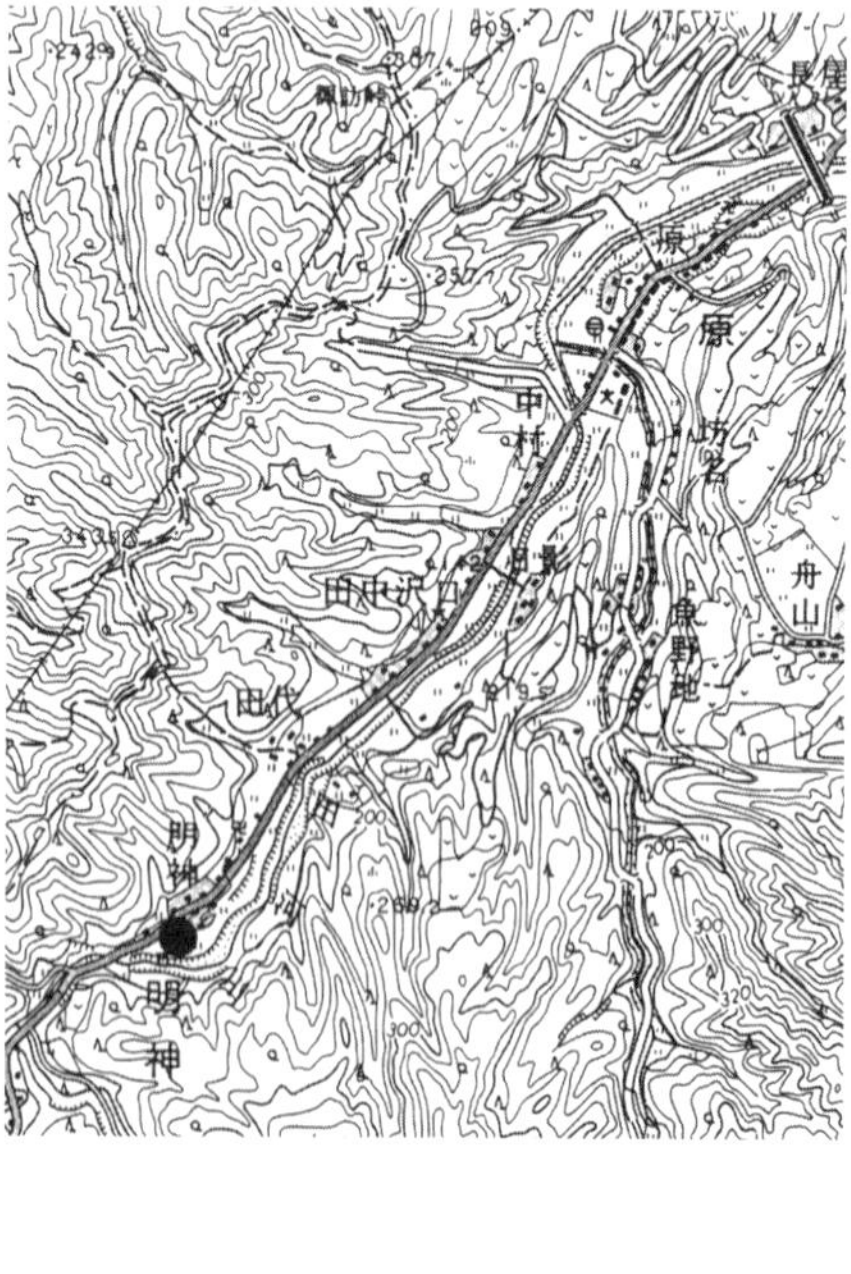

図18　明神経塚の位置（右）、経筒（左）（堀之内町　一九九三）

三十□神　天文廿四年今月日　」

②紙本経　一巻　炭化して詳細不明

・備　考　現地に熊野社があり、経塚はこの境内の旧道近くにあったものと推定される。道路拡幅により全壊の由。文献④では「紙本経六巻伴出」とあるが、炭化した軸木片のみ残存。

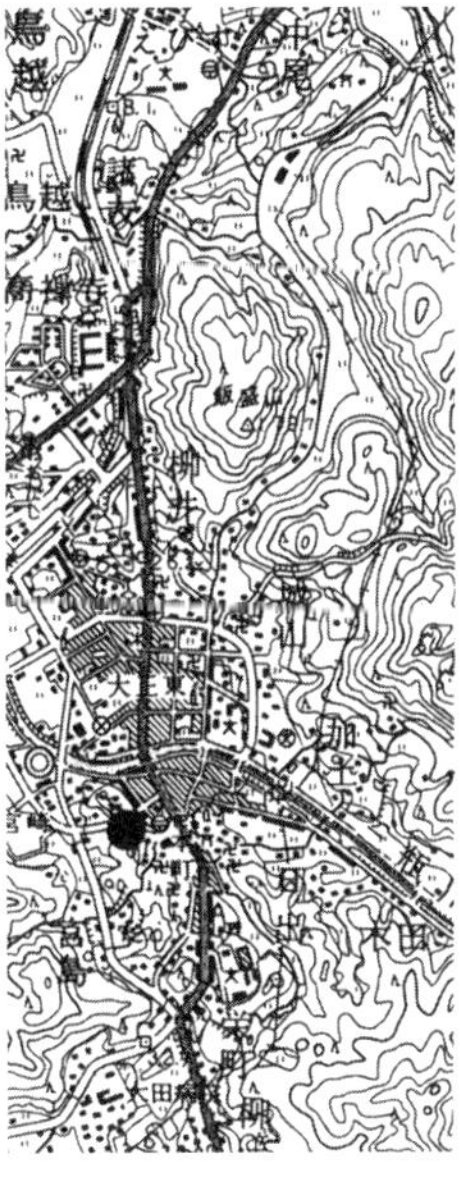

図19　鶴岡南八幡宮納経鉄塔の位置

(3)　石見大田鶴岡南八幡宮の納経鉄塔

・経塚所在地　島根県大田市大田町大田ノ九五四

・経塚の現状　現存（納経塔）

・資料保管地　大田鶴岡南八幡宮蔵・島根県立博物館

・資料の年代　室町時代　①永正一五（一五一八）年・②大永七（一五二七）年・③大永七（一五二七）年・④天文二（一五三三）年・天文一一（一五四二）年

・文　献

①近藤正「大田市南八幡宮の鉄塔と経筒について」（『島根県文化財調査報告書一』島根県　一九六五年）、⑦関秀夫『経塚とその遺物（日本の美術二九二）』（至文堂　一九九〇年）、⑧唐澤至朗「群馬の経塚」（『群馬県立歴史博物館紀要』第一九号　群馬県立歴史博物館　一九九八年）

・備　考　鉄塔は南北朝時代、貞治元年（一三六二）の造塔在銘。木造覆屋中に保存。

・資料の概要

①銅経筒　一点　銅製・銅板造り円筒筒身残欠・銘文打刻
計測値　現高一二・〇センチ
在銘
「　　　本願（以下欠）
（十羅刹）女上〻群馬郡室田（以下欠）
（以上欠）典六十六部之内
（□□番神永正十五戊□）
※（銘文）は文献①による。残存せず。「群馬郡室田」は現高崎市榛名町室田。

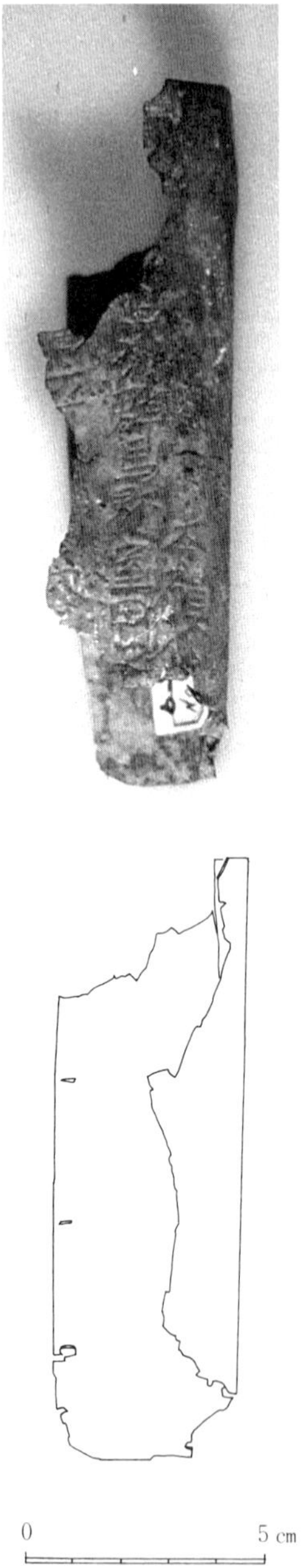

図20　鉄塔内発見経筒①

・資料の概要
②銅経筒　一点　銅製鍍金・銅板造り円筒状・完存・銘文毛彫り・蓋に阿弥陀三尊種子を毛彫り
計測値　総高一〇・六センチ　径四・六センチ
在銘

「　十羅刹女上冈高山荘白塩
梵　奉納一乗妙典六十六部
三十番神本願心淳
大永七天今月今日　」

※文献①には蓋が欠失とあるが、現状では付いている。蓋と身及び底の腐食状況は酷似しているが、①調査時の錯誤か調査後の追認か判然としない。納経資料全体の検討結果からの装着と思量する。「上冈高山荘白塩」は、現藤岡市高山白塩。

図21　鉄塔内発見経筒②

•資料の概要
③銅経筒　一点　銅製鍍金・銅板造り円筒状・蓋及び上端の一部を欠失・銘文毛彫り
計測値　現高九・七センチ　径四・五センチ
在銘

「　十羅刹女上〻住智教
（種子不明）奉納大乗妙典六十六部聖
三十番神大永七天今月日
智藝逆修　」

※銘文から「智教」が「智藝」の生前供養を期して奉じたものとわかる。法名から二人は同門・親族等かなり近い関係にあったことが看取される。

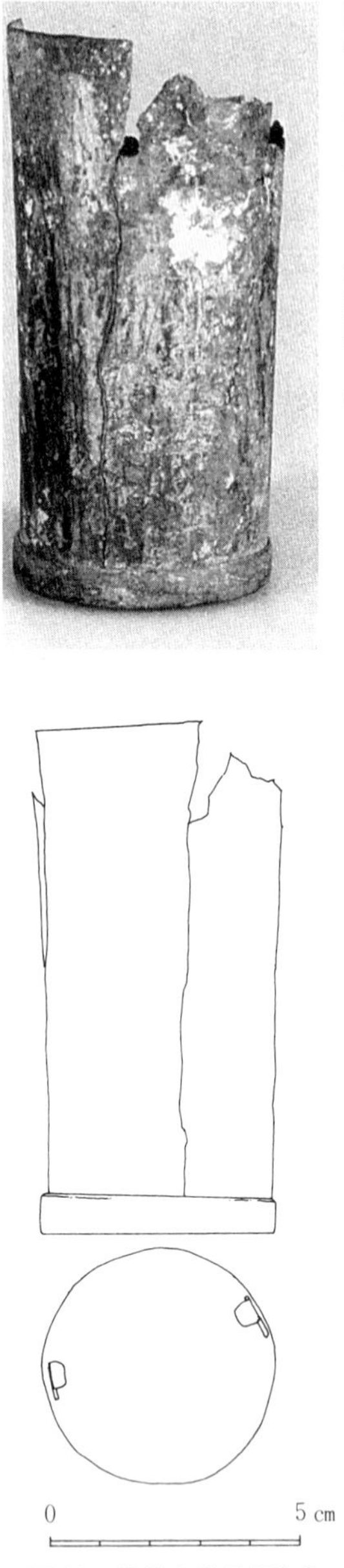

図22　鉄塔内発見経筒③

・資料の概要
④銅経筒　一点　銅製鍍金・銅板造り円筒状・蓋を欠失・銘文毛彫り
計測値　現高一一・四センチ　径四・二センチ
在銘
「　上州山田郡桐生住人
新左衛門尉藤原惣繁

十羅刹女　　　聖青海

奉納大乗妙典六十六部

三十番神　天文二年癸巳十一月吉日　」

※銘文は、文献①に拠らず、唐澤が新規に判読。「上州山田郡桐生」は、現桐生市。

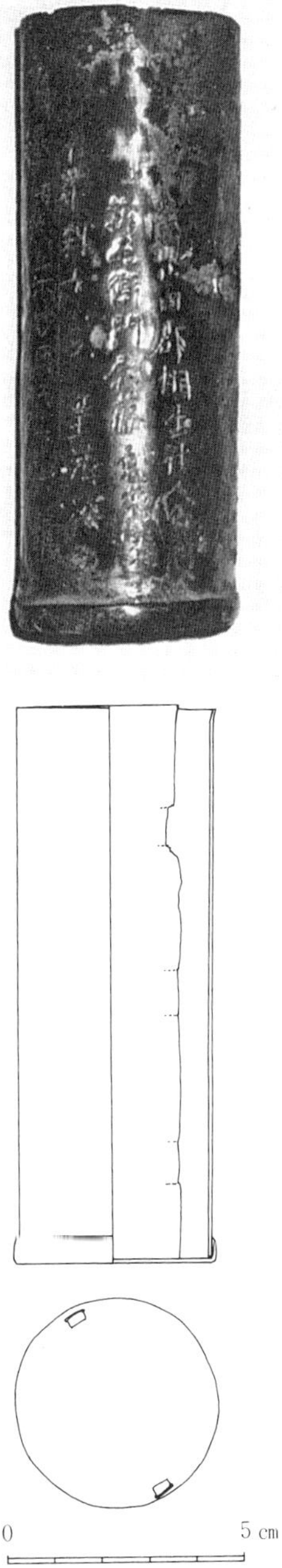

図23　鉄塔内発見経筒④

・資料の概要

⑤銅経筒　一点　銅板造り円筒状・筒身の一部残存・銘文毛彫り

計測値　現高一一・四センチ　径四・二センチ

在銘

「　十羅刹女

奉納法花妙典一部

三十番神

上野國之住呂行（以下欠失）　」

※文献①計測値「高さ一〇・五㌢」は誤記。

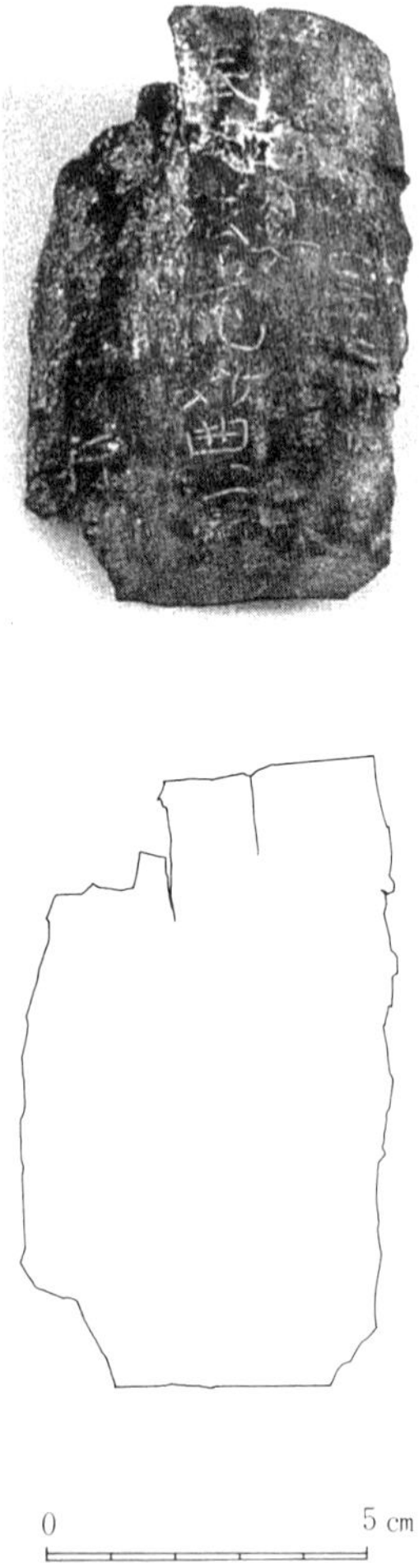

図 24　鉄塔内発見経筒⑤

(4) 伝・上州国内経塚出土資料

・経塚所在地　不明

・経塚の現状　不明

・資料保管地　東京国立博物館　個人蔵（東京都）

・資料の年代　室町時代　一六世紀

・文　献

①三宅敏之「六角宝幢式経筒について」（『東京国立博物館紀要四』東京国立博物館　一九六九年）、②群馬県史編さん委員会『群馬県史（資料編8）』（群馬県　一九八八年）、③唐澤至朗「群馬の経塚」（『群馬県立歴史博物館紀要』第一九号　群馬県立歴史博物館　一九九八年）

•資料の概要
①金銅経筒　一点　六角形　宝珠摘まみ付き有蓋　瓔珞・板金欠失　六面の各一面おきに釈迦坐像と銘文を配する。
計測値　現高一五・〇センチ
在銘
「　十羅刹女　上野之住延順坊
（画　像）　奉経経王六十六部聖
三十番神　当年今月吉日敬白　」
•備　考　銘文からは上州聖の埋経経筒であることはわかるが、上州国内出土であったか否か不明。

(5) 草津白根山出土の柿経

•経塚所在地　群馬県吾妻郡草津町白根山湯釜
•経塚の現状　火口湖（立入制限区内）
•資料保管地　草津町温泉図書館　東国古文化研究所蔵
•資料の年代　室町時代　一五世紀（投納時期は一九世紀後半までの間か）
•文　献
①尾崎喜左雄「草津白根山湯釜出土の笹塔婆」（『信濃』一八―一　信濃史学会　一九六六年）、②時枝務「中世東国

図25　草津白根山湯釜の位置

における血盆経信仰の様相」（『信濃』三六―八　信濃史学会　一九八四年）、③時枝務「草津白根山湯釜出土柿経の再検討」（『立正大学考古学研究室彙報』二三　立正大学考古学研究室　一九八六年）、④群馬県史編さん委員会『群馬県史（資料編8）』（群馬県　一九八八年）、⑤唐澤至朗「群馬の経塚」（『群馬県立歴史博物館紀要』第一九号　群馬県立歴史博物館　一九九八年）、⑥時枝務『修験道の考古学的研究』（雄山閣　二〇〇五年）、⑦藤巻幸男「草津町白根山湯釜出土の柿経をめぐって」（『ぐんま地域文化四五』（一財）群馬地域文化振興会　二〇一五年）

・資料の概要

①柿経　残片二四点　経種は「血盆経」

計測値　残片最長一三・五㌢　幅一・五㌢

厚さ〇・一未満

・備　考　昭和三〇年（一九五五）、湯釜北西部での硫黄採掘中に発見されたもの。発見当初は束を成していたとされるが、現存はわずかである。

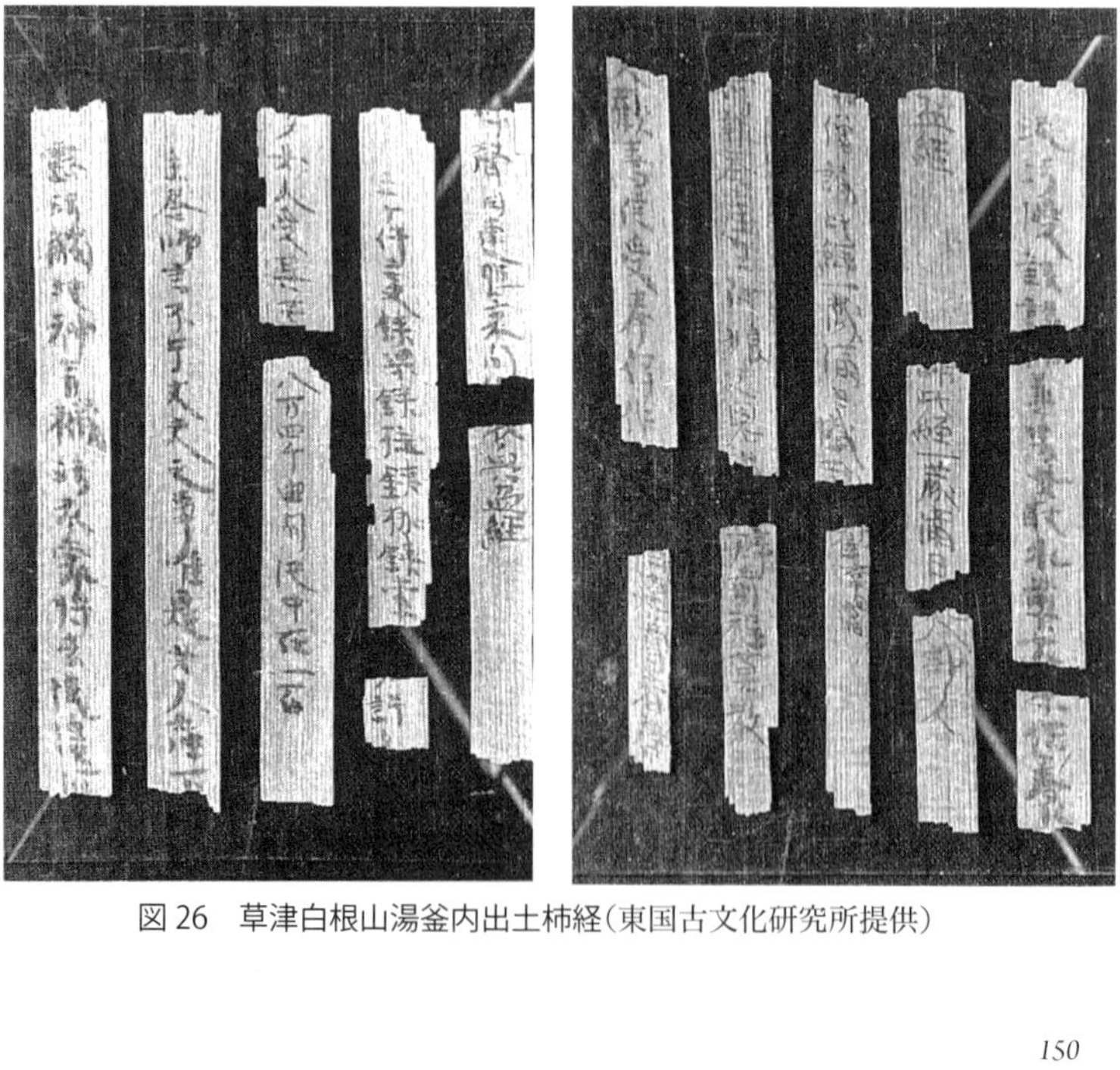

図26　草津白根山湯釜内出土柿経（東国古文化研究所提供）

(7) 太田市石之塔の「牛之塔」と竹経

・経塚所在地　群馬県太田市藪塚町石之塔一九八九—二番地
・経塚の現状　塚ではない。宝篋印塔（隣地移転現存）
・資料保管地　太田市薮塚本町歴史民俗資料館
・資料の年代　鎌倉末〜室町・江戸時代　享保二〇（一七三五）年
・文　献
①唐澤至朗「「牛之塔」再考」（『群馬県立歴史博物館紀要』第一六号　群馬県立歴史博物館　一九九五年）、②唐澤至朗「群馬の経塚」（『群馬県立歴史博物館紀要』第一九号　群馬県立歴史博物館　一九九八年）、③唐澤至朗『民衆宗教遺跡の研究』（高志書院　二〇〇三年）
・資料の概要
①宝篋印塔　一基
計測値　移転時の補台を除く総高二八五・〇センチ
⑨竹経　一件　経種は「一切如来秘密全身舎利宝篋印陀羅尼」。下端腐食・二つに割れている。
計測値　総高　一七・〇センチ　係五・八センチ
縦墨書
「一切如来秘密全身舎利宝篋印陀羅尼

図27　牛之塔の位置

図28　牛之塔

（真　言）

爲阿遮黎耶法印祐慧　全圭春超信士　白應柳泉禅□

海琳妙果善尼　菩提」

上端横転墨書「○享保二十丁卯年七月七日房宿水曜」

・備　考　宝篋印塔は基礎部と笠部のみ当初と推定され、他は後補である。昭和三九年（一九六四）、道路拡幅に際して直脇移転。竹経は移転解体時に塔身から発見。当初の資料名称は「竹筒写経文」、「竹経」は文献①において命名。唐澤は、享保二〇年当時に塔身修理がなされ、その際朽ちた経巻が発見され、それを墨書せる竹筒に納めて塔身に戻したものと推定する。

⑼　高崎市稲荷台の近世紙本経納経

・経塚所在地　高崎市稲荷台町　墓地

・経塚の現状　塚ではない。宝篋印塔

・資料保管地　稲荷台区民センター

・資料の年代　江戸時代　宝暦九（一七五九）年

・文　献

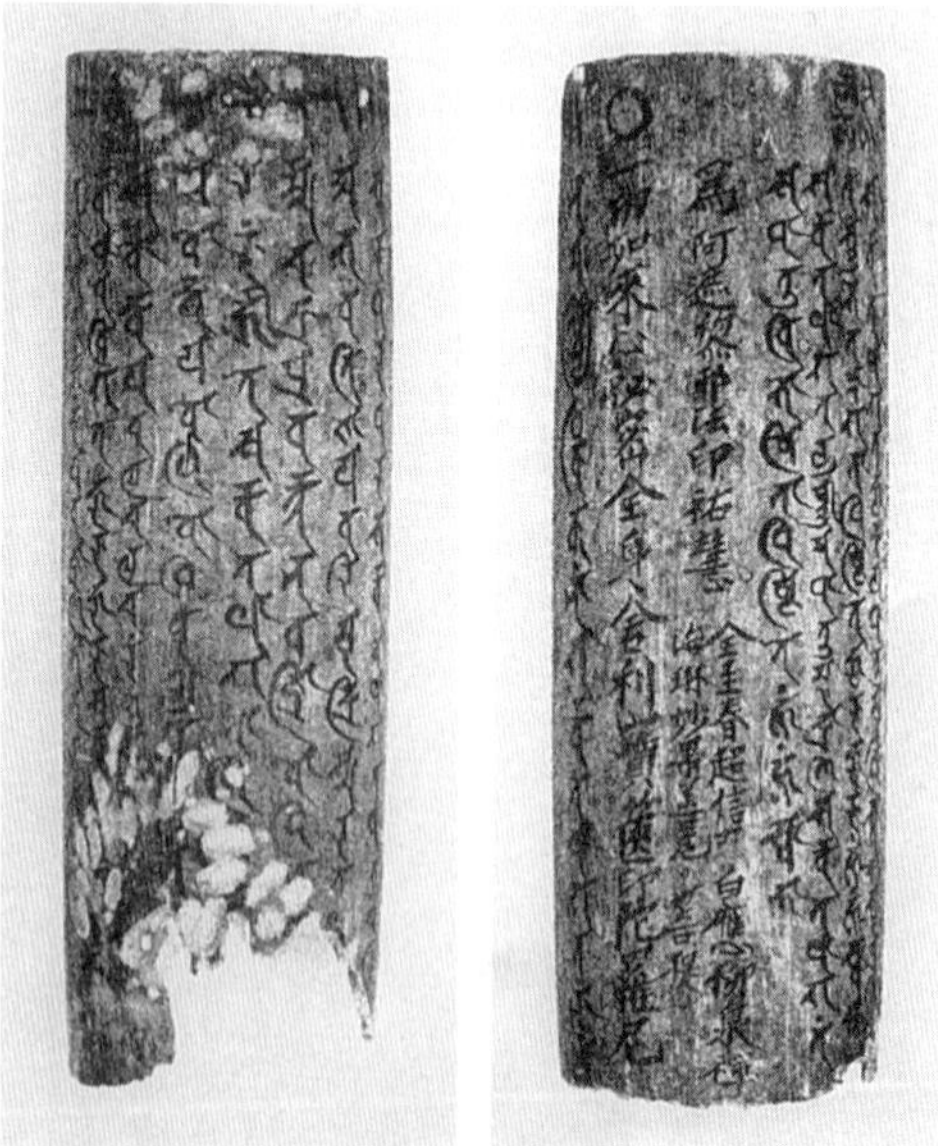

図 29　牛之塔発見の竹経

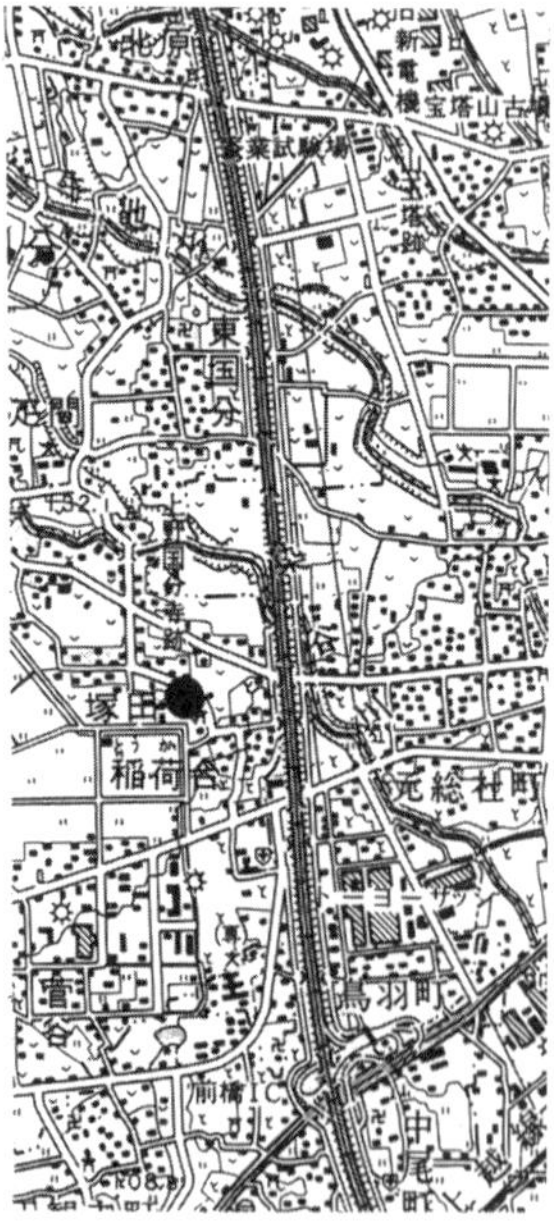

図 30　稲荷台塔の位置

①唐澤至朗「群馬の経塚」（『群馬県立歴史博物館紀要』第一九号　群馬県立歴史博物館　一九九八年）

・資料の概要

①宝篋印塔　一基

計測値　総高一二三五センチ

⑩紙本木版刷経　一部　経種は「一切如来秘密全身舎利宝篋印陀羅尼」

刷文

「一切如来秘密全身舎利宝篋印陀羅尼

真言一四行）

願以此功徳　普及於一切

我等與衆生　皆共成佛道」

計測値　紙幅二五・六センチ　紙長三二・六センチ

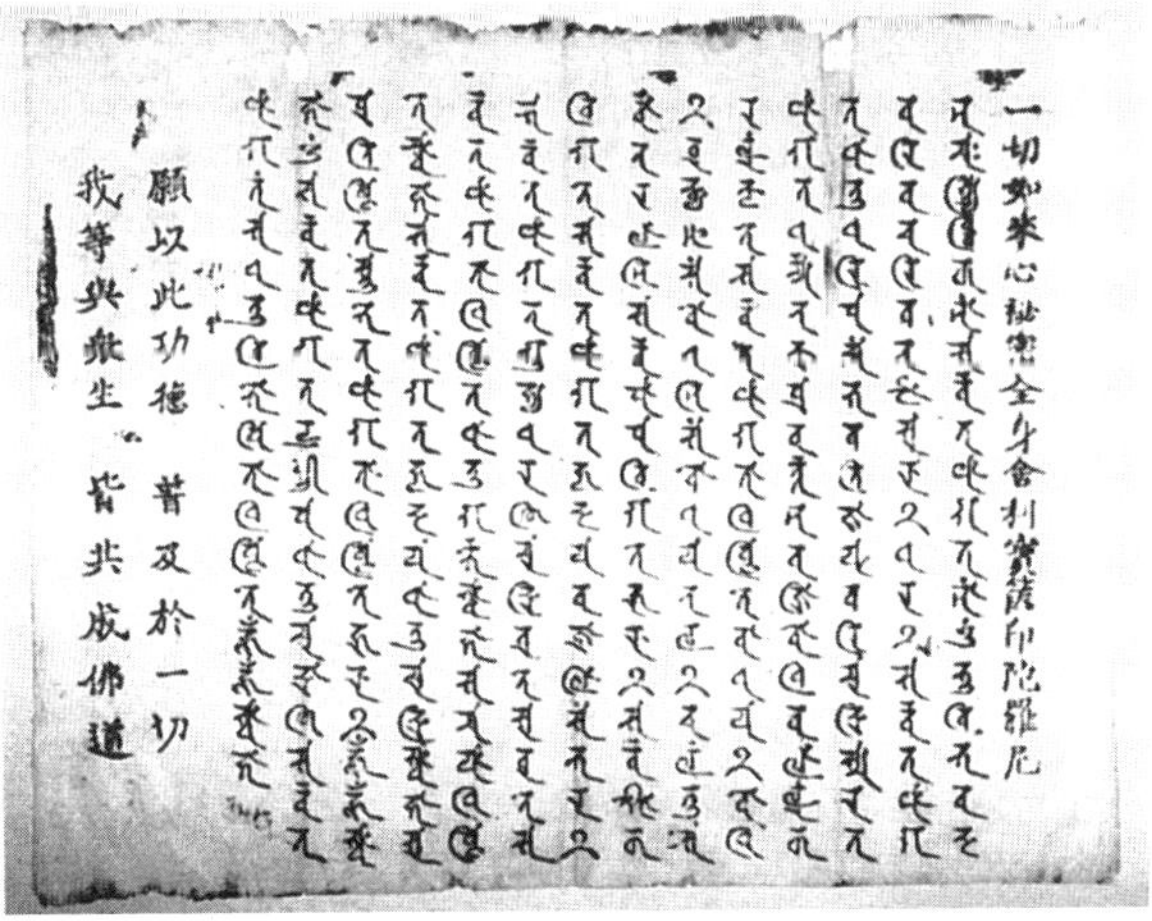
一切如来心秘密全身舎利寳篋印陀羅尼

願以此功徳　普及於一切
我等與衆生　皆共成佛道

図31　稲荷台塔（上）・木版刷経（下）

・備　考　同墓地内移設に際し、塔中から木版経一〇〇部余りを納めた木箱が発見された由。現在一部のみ観察できる。近世における納経供養の様相を示す好例といえよう。

小　結

上州地域においては、平安時代の経塚が一例あるが、鎌倉時代に該当する経塚は報告されていない。ただし、新田氏などの鎌倉幕府の有力御家人が数多く在住し、また太田市薮塚町に所在する「牛の塔」のように鎌倉末まで遡ることのできる宝篋印塔が存在するので、この時代のものも今後発見される可能性がある。その後はいずれも室町時代以降のもので、しかもその数は後述する二例を含め一〇例に過ぎず、分布も希薄で特徴を明らかにするには至っていない。このことは、経塚造営の歴史的背景を考察していく上で興味深い事実である。しかし一方では、「川内の経塚」の項で指摘したように、桐生市の経塚山のような、埋経特定地が確認される可能性が高く、こうした特定地の顕在化が、それを方向づけるものとなるであろう。

江戸時代の経塚資料としては、各種宝塔・一字一石塔など包蔵が予想されるが、知られる推定地のすべてについて、出土が確認されているわけではない。これらについては、近世村落における宗教的側面での合力体制のありかたを念頭に置きつつ、検討を加えるべきものであろう。また、中世民衆と近世民衆には当該地域の支配構造の変化に伴い信仰という一面においても変化・断絶があるのではないかと考えている。調査を継続し後日の検証に備えることとしたい。

初出を含め本節をまとめるにあたり、調査成果を引用させていただいた方々のほか、次の諸氏の協力を得た。末文ながらここに記し御礼申し上げる。

(敬称略・順不同)
原田一敏・時枝　務・松嶋栄治・津金澤吉茂・福田義治・関晴彦・栗田豊三郎・浅野辰雄・青木義則・白石良一・大河原ヨシ・高橋邦光・石崎俊朗・的野克之・吉川光子・尾池真司・藤井英雄・山口逸弘・加藤光男

二　上野国一ノ宮ゆかりの経筒をめぐって

(1)聖の居住地と検討課題

わが国仏教界における中世後半は、回国聖による納経供養が盛行する時代であった。このことは、平安時代後期を初現とする経塚の造営が地方の中小領主や在家出家者へと広まり、彼らの世界観が一地方から全国的なものへと拡大していったことを示していよう。そして、その世界観の基点は常に「一所懸命の地」であり、回国納経の基点と回帰点もまた、その地であったとしてよいのである。

一方、この担い手であった回国聖の地元における実体は、『日新菩薩記』にみられる薩摩国井尻神力坊[1]のほかには驚くほど知られておらず、多くの場合居住地すらも知られてはいない。平成一〇年度に群馬県立歴史博物館に収蔵された「上野国一ノ宮ゆかりの経筒」は、その一端を知りうる好例であると思われ

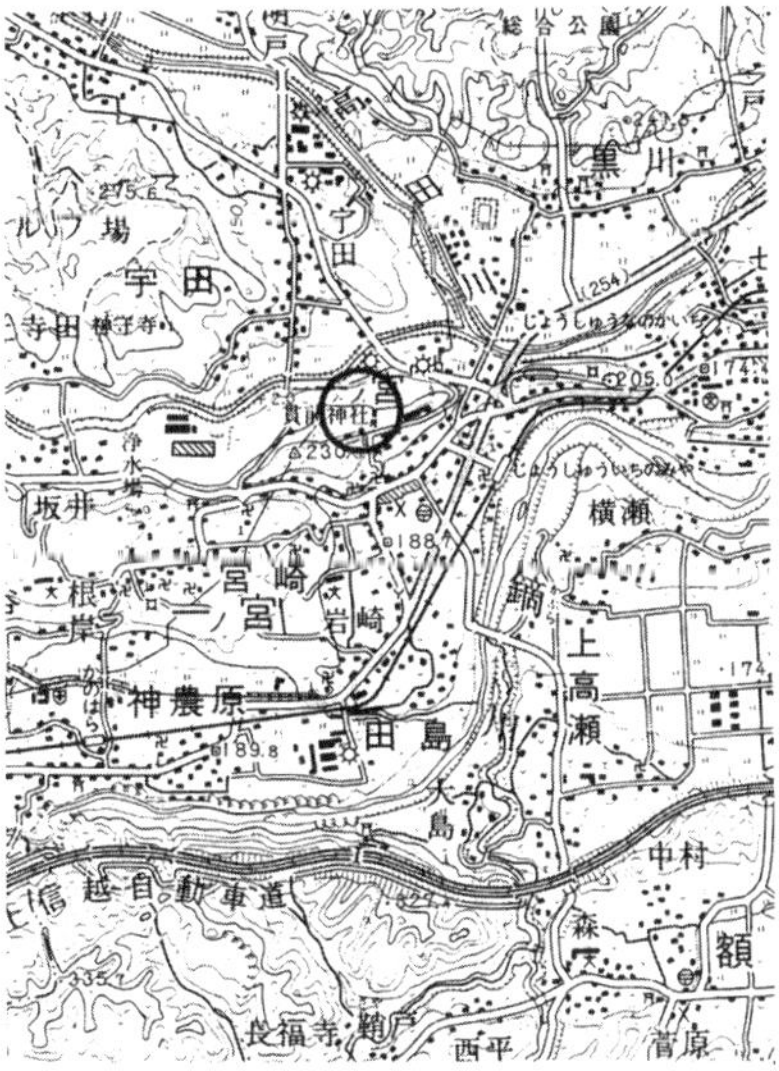

図32　貫前神社の位置

るのでここに紹介し、[2] 大方のご教示を得たいと思う。

(2)上野国一ノ宮への納経

この経筒の構造は、銅板を筒状に丸めて爪折り止めとし、鎚起による底を伴うものであり、各所に見られる室町時代の典型的なもののひとつである。蓋は欠失し、筒部上辺には蓋をこじ開けた際の損傷痕がある。現高一〇・七センチ、底径四・八センチを測る。

鍍金を施した筒部に、以下の五行の銘文が認められる。

田篠住僧
十羅刹女　上州一宮
奉納大乗妙典六十六部之内
三十番神　平成藝
大永五年乙酉九月吉日

いうまでもなく「上州一宮」は貫前神社を指す。

関秀夫によれば同社が回国納経地になっていたことは知られているが、[3] 未だかつて境内地からの納経資料は確認されていなかった。また三宅敏之によれば、この時期の社寺納経の際には、例えば「上州一宮御奉前」等と刻まれることが多くなり、岩見大田八幡宮などにその納経例が報ぜられている。[4] したがって銘文のみからは、一ノ宮が聖の帰属地なのか納経地なのかは、判然としないこととなるのである。「田篠に住せる僧にて、上州一ノ宮に属せる成藝」と解すべきか、「田篠に住せる僧で、上州一ノ宮に納経せし成藝」なのか。

図33　貫前神社納経経筒

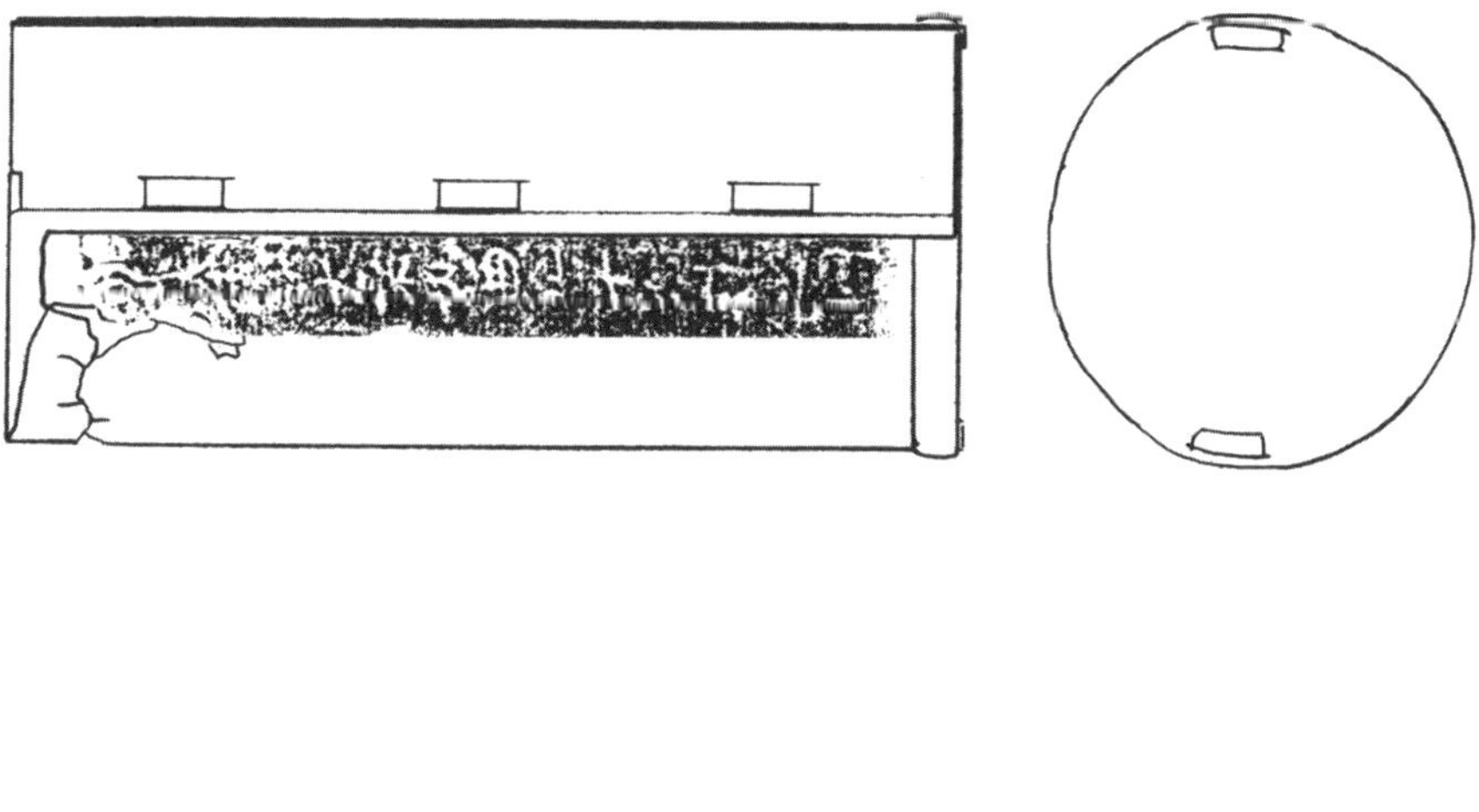

図 34　貫前神社納経経筒

(3)「田篠」と石造物

次に銘文中の「田篠」について検証してみることとするが、これは現在の富岡市田篠を当てることがもっとも穏当なところではなかろうか。田篠は一ノ宮の地より鏑川の対岸東方にあり、現在も一ノ宮貫前神社の氏子中である。また田篠には上田篠・下田篠・原田篠の三つの字があり、上田篠には明治初年に廃寺となって墓地のみが残る地があり、下田篠には現住の寺院があるものの、いずれも寺伝や境内に散在する遺物類には近世中頃以前まで遡りうるものは見いだせない状況である。

一方、原田篠には寺跡とは明確に伝えられてはいないが、中世石像物の現存するところがある。『群馬県史』によれば、室町時代に属する安山岩製の阿弥陀如来坐像・像種不明の菩薩坐像・推定観音菩薩坐像の三基で、阿弥陀三尊と推定できそうである。ただし、現地での状況は風化が著しく詳細を確認することはできない。なお、これらは、富岡市指定重要文化財となっており、現地に掲げられている富岡市教育委員会の表示によれば、南北朝時代に属する牛伏砂岩製の「石造如

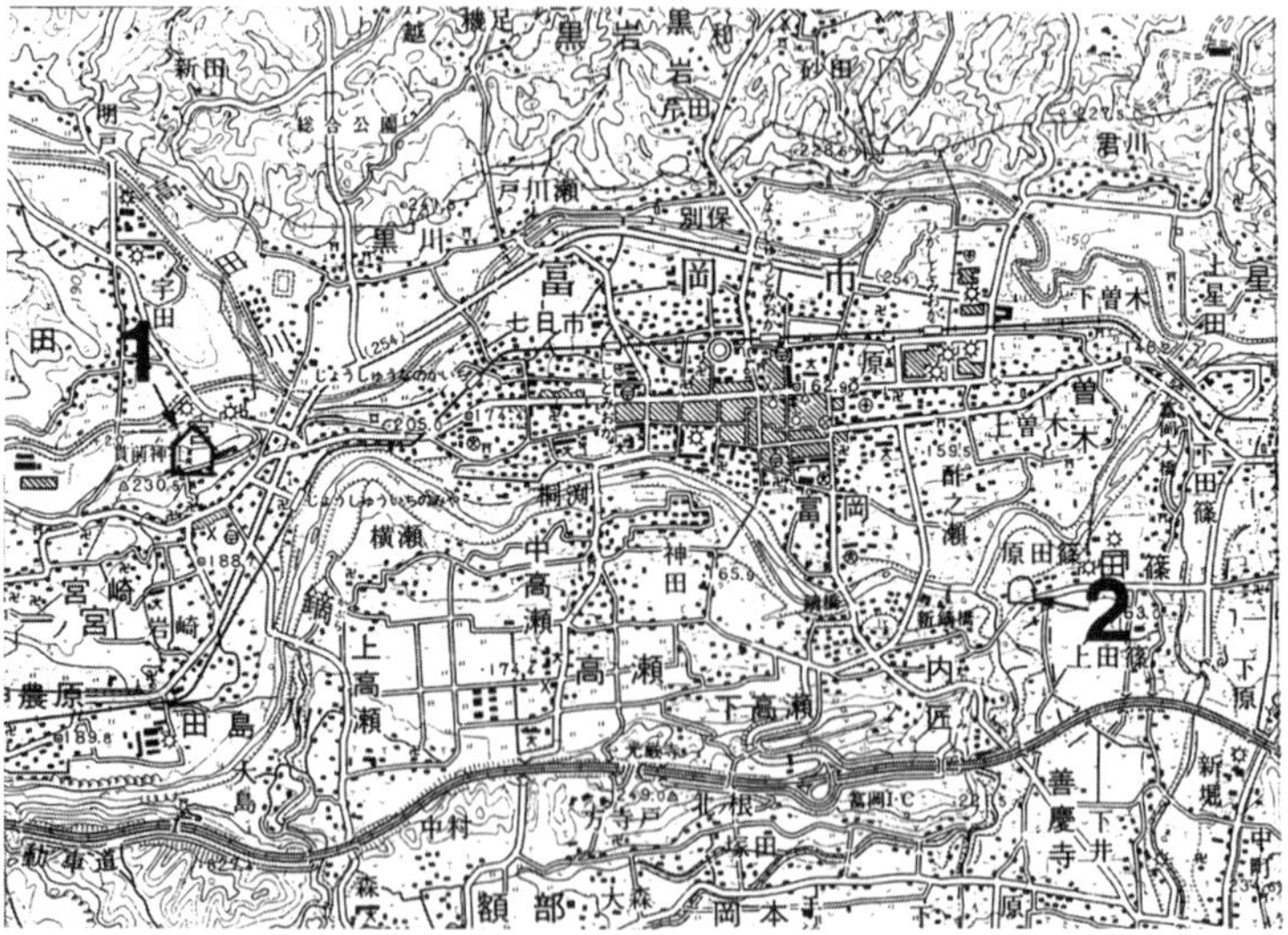

1. 貫前神社　2. 石造物

図35　貫前神社と田篠の位置

来三尊像」で、向かって右から阿弥陀如来坐像・胎蔵界大日如来坐像・弥勒菩薩坐像としており、見解を異にしている(5)。

この三つの田篠は現在でも静かな佇まいをみせているが、上・下田篠に比し、原田篠の地は旧い住宅は少ない。現在工場が誘致され、道路整備も最も進んでいるが、以前はその地名のように「原」そのものであったに違いない。

現段階では想像の域を出るものではないが、「成藝」を含む聖集団が庵をむすんだ地として、当時の田篠地内でも縁辺部の原田篠であった可能性を指摘しておきたい。石造物はその痕跡の一つとして捉えうるものなのではあるまいか。

（4）「成藝」と「智藝」

さて、上州を拠点とする回国聖や納経供養を行った僧としては、先の各項で示したごとく各所から出土した経筒から次の名前が知られている(6)。

住僧・聖名	紀年銘	経筒出土地
①玄光・玄堯	応永一五(一四〇八)年	群馬県渋川市伊香保町水沢
②俊□	永正一五(一五一八)年	島根県大田市鶴岡南八幡宮
③正弥	大永　三(一五二三)年	鳥取県鳥取市金沢上ノ谷

図36　田篠の石造物

④叡尪　大永　五（一五二五）年　群馬県富岡市上高尾
⑤成藝　右同　右同　一ノ宮か
⑥心淳　大永　七（一五二七）年　島根県大田市鶴岡南八幡宮
⑦智教・智藝　右同　右同
⑧妙隆　大永　八（一五二八）年　群馬県桐生市川内
⑨清海　天文　二（一五三三）年　島根県大田市鶴岡南八幡宮
⑩道秀　天文　四（一五三五）年　群馬県沼田市
⑪呂行　天文一一（一五四二）年　島根県大田市鶴岡南八幡宮
⑫歓喜坊　天文二四（一五五五）年　新潟県魚沼市堀之内町明神

このうち②俊□、③正球、⑤成藝、⑥心淳、⑦智教・智藝、⑨清海、⑩道秀、⑪呂行、⑫歓喜坊の一〇名が回国聖と考えられ、②俊□は群馬郡榛名町室田、⑥心淳は藤岡市高山白塩を在所としていたことが刻まれているものの、その他詳細は不明である。

「成藝」がこの経筒を納めた二年後の大永七年（一五二七年）、岩見大田八幡宮に、上州聖「智教・智藝」が納経しているが、この三者の法号から同じ集団に属していた可能性が考えられよう。

小　結

結局のところ、この「成藝」の手になる経筒は上州一ノ宮ゆかりの納経資料ではあるものの、一ノ宮境内を納経地としたものなのか否か確定的な証左を得るまでには至らなかったのである。しかし、一ノ宮と田篠の地縁関係・田篠地内の中世遺物の確認状況から、「田篠に住せる成藝、一ノ宮に納経す」と上州一ノ宮に奉ぜられたものとしておきたいところである。いささか地元びいきの解釈ではあろうが、後日類例の増加をまって結論を得たいと考える。

初出稿においても記したことであるが[7]、境内や田篠地内の考古学的調査の実施成果の集積に待つ他はなく、その機会があることを望み注視していきたいと考えている。

なお、本節に関わる調査に際し、三宅敏行・時枝務・河野一也・江崎武・巌素道の各氏の援助を受けた。改めて御礼を申し上げる。

註

(1) 『島津史料集』第二期戦国史料叢書6所収。井尻神力坊は島津忠良の庇護と命を受け、忠良の代参として回国納経を達成しているが、出身地・墓所も確認されている希有な例である。

(2) かつて概要を紹介したことがある。唐澤至朗「銅鍍金経筒―上州一ノ宮ゆかりの納経資料―」『群馬文化二五七』群馬県地域文化研究協議会　一九九九年

(3) 関秀夫『経塚とその遺物』日本の美術二九二　至文堂　一九九〇年

(4) 三宅敏行氏ご教示。近藤正「大田市南八幡宮の鉄塔と経筒について」『島根県文化財調査報告書一』島根県教育委員会　一九六五年。関秀夫「経塚遺物の紀年銘文集成」『東京国立博物館紀要一五』東京国立博物館　一九八〇年

(5) 群馬県史編さん委員会『群馬県史(資料編8)』群馬県　一九八八年。富岡市教育委員会解説文　現地掲示

(6) 唐澤至朗「群馬の経塚」『群馬県立歴史博物館紀要』第一九号　群馬県立歴史博物館　一九九八年

(7) 唐澤至朗「上州廻国聖と納経資料」『考古学論究六』立正大学考古学会　一九九九年。唐澤至朗「群馬の経塚(二)」『群馬県立歴史博物館紀要第二二』群馬県立歴史博物館　二〇〇一年

三　赤城山頂大沼の小鳥が島経塚の再検討

(1)再検討課題の所在

図37　小島が島経塚の位置

関東平野の北端に位置する赤城山は、群馬県を代表する名山の一つであり、古来信仰の山として崇敬の対象となってきた。考古学界における赤城山にかかわる信仰研究の成果としては、故尾崎喜左雄博士の研究が著名であり、博士は『富士見村誌』において、小鳥が島の宝塔は「銘文によって経塚として建てられたものである」とされた[1]。その後集大成された「赤城神社の研究[2]」においては、「小沼系統の神社 付赤城塔」の項中、宝塔の地域的形態を示す赤城塔の分布が、小沼を水源とする粕川流域を中心に集中する傾向のあることを示し、南北朝時代の天台僧の法華経信仰を背景となすものであること、さらに赤城神との関連について論じられている。ただし、この宝塔が経塚造営にかかわるものであるとの見解は、おそらく自明のこととして

図38　小鳥が島遠景（上）・経塚の位置（下）

触れられなかったものと拝察する。また『群馬県史』においても宝塔と経塚は全く別項として扱われ、赤城山頂小鳥が島の宝塔の下からの経筒の断片の発見を記すにとどまっている[3]。この経筒の出土は後述するように昭和四三（一九六八）年のことであり、尾崎博士の見解を裏付けることになったのであるが、赤城塔自体に注意がはらわれ[4]、伴出鏡の美術史的な評価[5]が先行する中で、経塚としての評価は等閑視され、遺跡そのものの位置づけは必ずしも明確ではなかった[6]。

よってここでは、遺物の出土状況を検討し、この遺跡の経塚としての構造・性格を再確認することとしたい。

（2）埋納品の発見

勢多郡富士見村大字赤城山字大洞所在の赤城神社は、もともと大沼の南東湖岸に鎮座していた。社伝では、大同年間の勧進という[7]。

昭和四三（一九六八）年、安永四（一七七五）年の再建社殿の腐朽により、旧地の対岸の小鳥が島に遷座となった。

小鳥が島は現在では湖岸から半島状に突出しているが、これは大沼の湖面低下によるもので、もともとは孤島であったようである。その島のほぼ中央に、一基の宝塔が存し、社殿の設計上その正面にあたることから、宝塔を移設したものである。

故今井善一郎翁の著作(8)や宮司塩原行雄氏・同禰宜塩原康弘氏の教示によれば、移設に際し何らかの出土を期待してか、神社の承知せざる間に機械によってその地が掘削され、鏡などの品々が発見されたという。発見当初それらは掘削業者によって持ち去られたが、以前から工事の動向に注意を払っていた今井翁の尽力により、可能な限り回収され神社に帰することとなったのである。

なお、出土品のうち鏡一〇面（附　宝塔及び経筒残欠）は、昭和五二年に群馬県指定有形文化財（重要文化財）となっている。

（3）経塚遺跡の構成

当時の状況は、今井翁の著作によってもつまびらかではない。しかし、宝塔が埋没せずに早くから知られていたことから基壇状の盛土があった可能性が高い。塔の下一㍍ほどから、鏡が二枚ずつ背あわせになって出土したと今井翁は記しているが、このような整然とした埋納からは何らかの施設を考えてよいのではあるまいか。すなわち、塚と宝塔からなる上部遺構と、埋納品を蔵する槨の下部遺構とからなる構成を示す、通

図39　宝塔

常の経塚と同様の形態を示すものであったとみるべきであろう。

宝塔は、尾崎博士の命名による赤城塔と称される一群に該当し、小沼を源流とする粕川流域を中心に分布するもので、[9] 塔身部の下半が細くなる形態のものである。小鳥が島のそれは、輝石安山岩製で、下方から基礎・塔身・笠＋露盤・請花＋九輪＋請花＋宝珠で構成されており、総高一〇九・三センチを測る。基礎正面(現状では南面)に次の銘文が認められる。

奉納頓寫　一百三十六
部内四十
六部
應安五年八月日

(4)埋納品の構成

今井翁の尽力により保護された出土品は次のとおりであり、経筒片と鏡のみが神社に現存する。

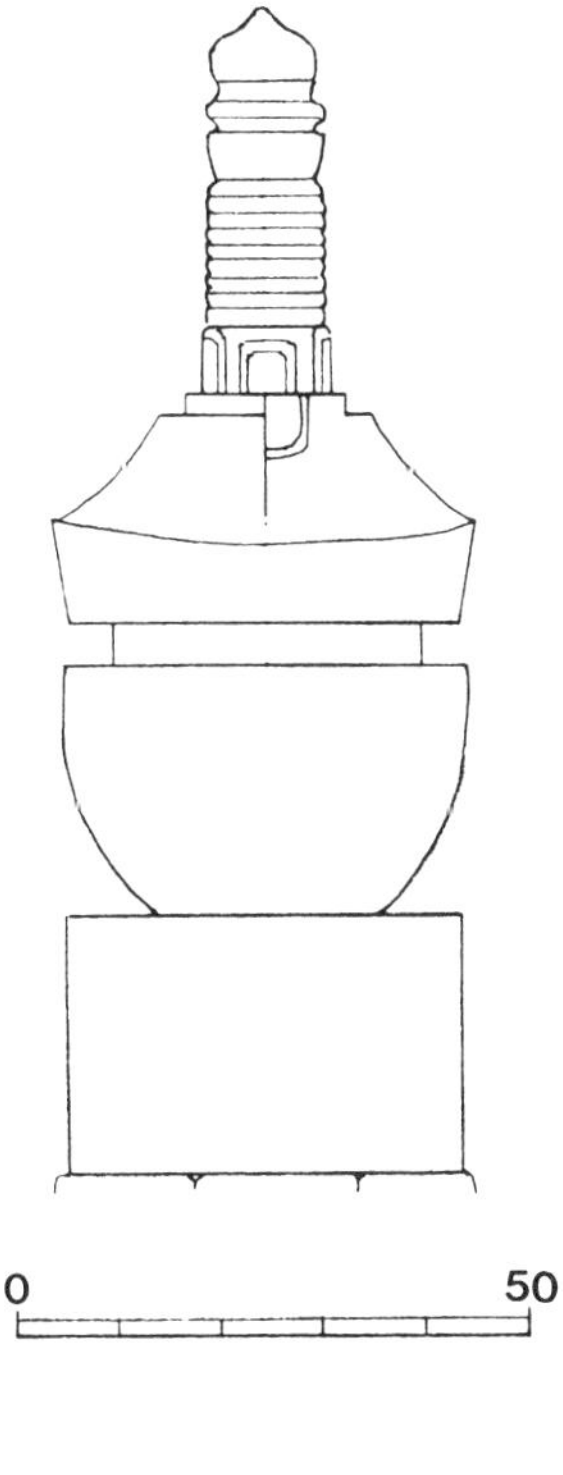

図40　宝塔銘文(上)・宝塔実測図(右)

【経　筒】　今井翁が経筒という認識ではなく「銅板の破片一枚」と記録していたものがこれであろう。現状は、筒状破片二・板状破片一・細片三となっている。金銅製で等質であるので一個体と思われる。蓋と底はともに欠失している。筒部は両端の一部がかろうじて残存しており、長さ一三・九センチを測る。端部に径〇・四センチ程の小孔が一カ所認められ、孔の周縁外側が突出している。底部を内側から固定した痕跡と考えられる。筒側面の接合方法は該当部分が無く明らかでない。厚みは〇・五ミリを測り、径は六～七センチ程度と推定される。遺存状態は芳しくなく、現状のままでの実測図の作成は不適当な状態にある。銘は認められない。

【鏡】　一〇面が遺存している。内訳は、平安末期の網代文鏡(径八・七センチ)、鎌倉期の野草菊花双雀文鏡(径一一・五センチ)・垣内薄花双雀文鏡(径一〇・五センチ)・梅花双鳥文鏡(一〇・四センチ)・蓬莱鴛鴦文鏡(径一一・三センチ)・蓬莱千鳥文鏡(径一〇・五センチ)・亀甲地双雀文鏡二面(径一〇・六センチ・径一一・五センチ)、南北朝期の唐花双雀文鏡(径一一・五センチ)・牡丹双鳥文鏡(径一一・五センチ)である。なお梅花双鳥文鏡の背面には左右二行にわたる墨書がある。一見、

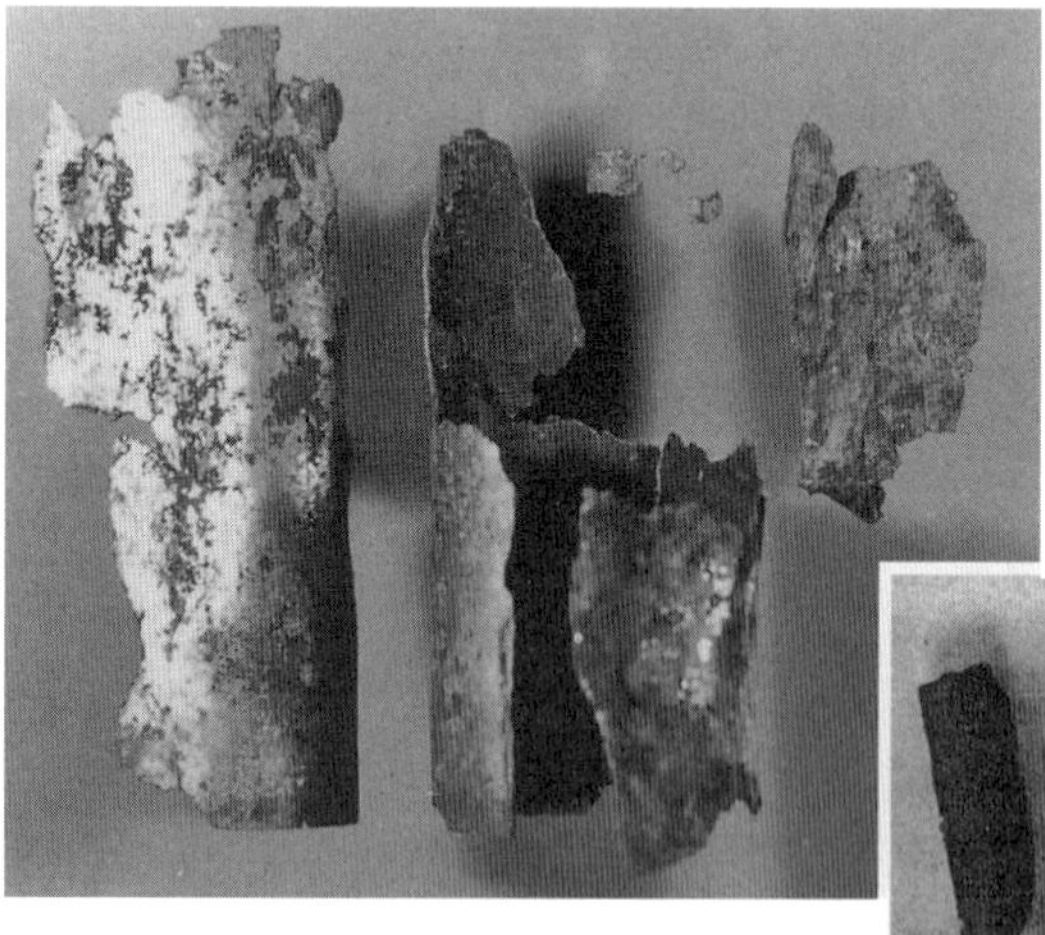

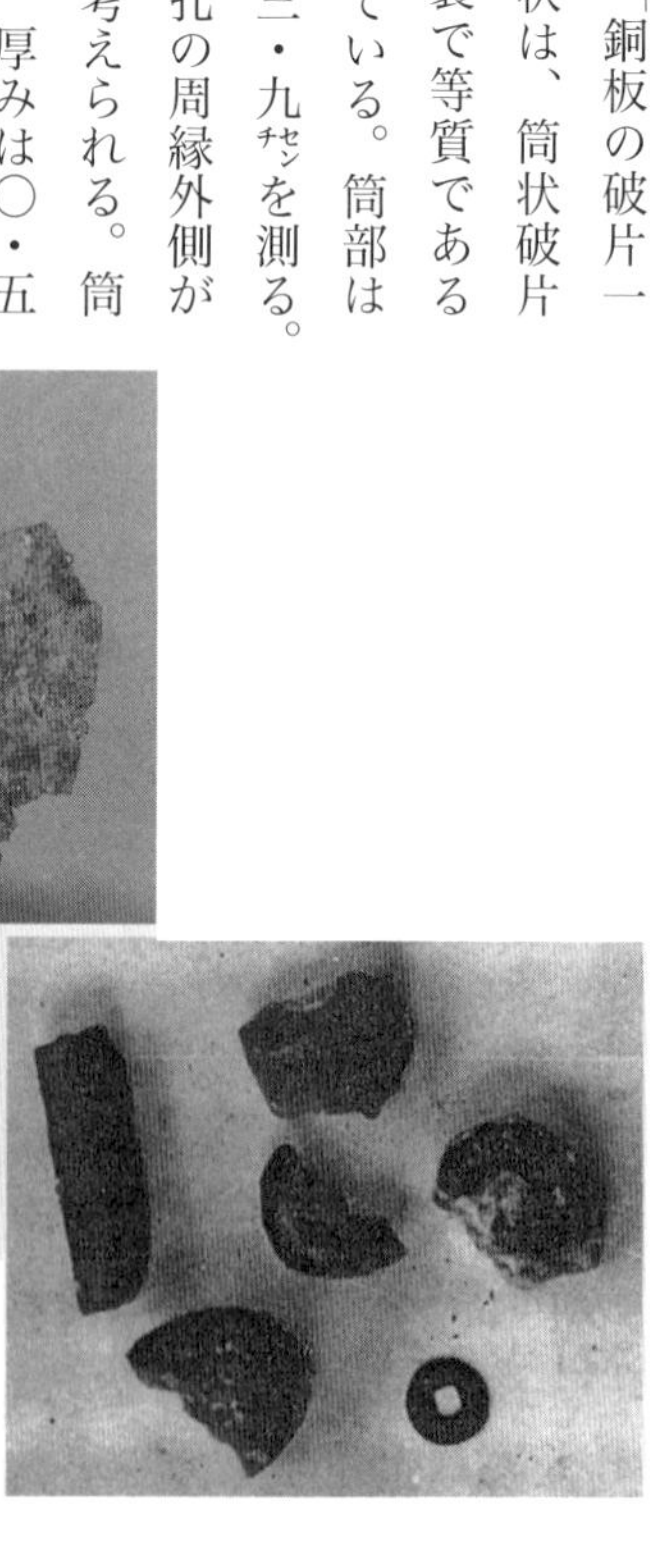

図41　経筒残片と銭貨等
(銭貨等のみ、今井善一郎 1974)

梅花双鳥文鏡(径 10.4㎝)

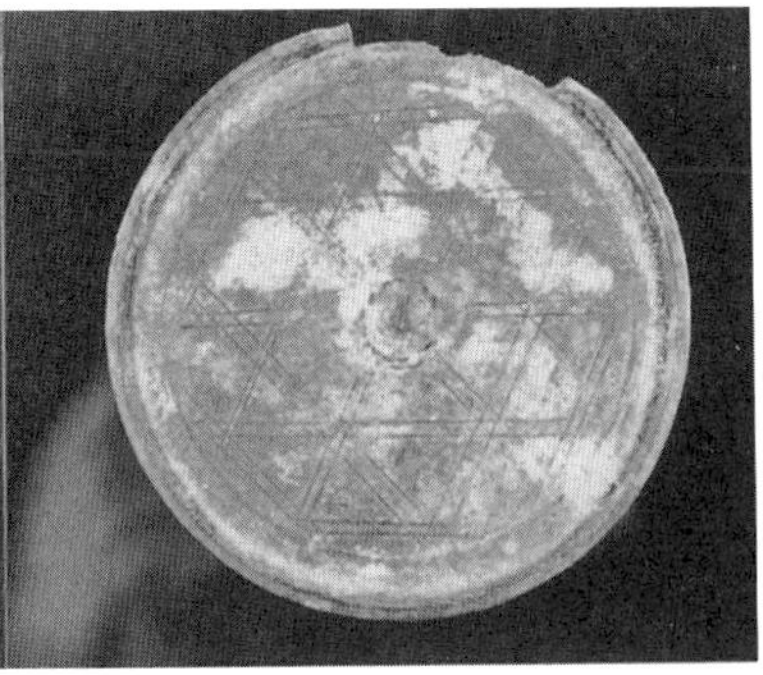

網代文鏡(径 8.7㎝)

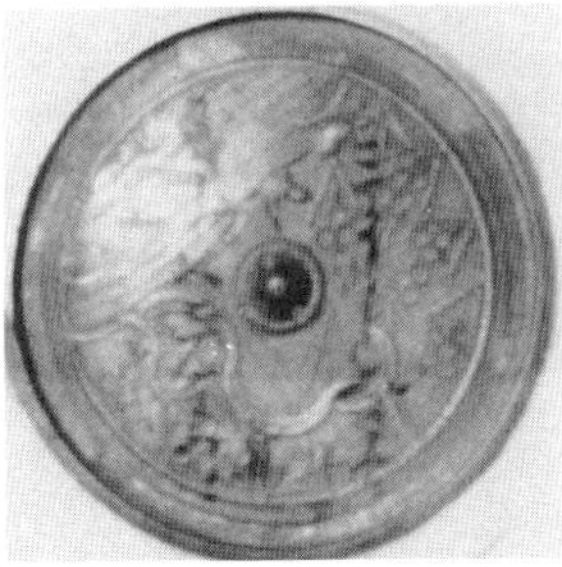

同上　赤外線映像

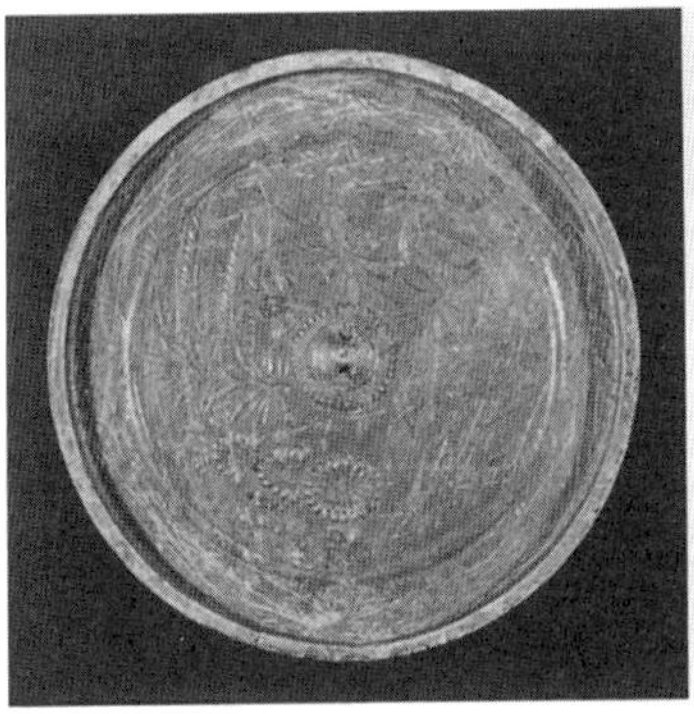

野草菊花双雀文鏡(径 11.5㎝)

同上　推定「花押」部分

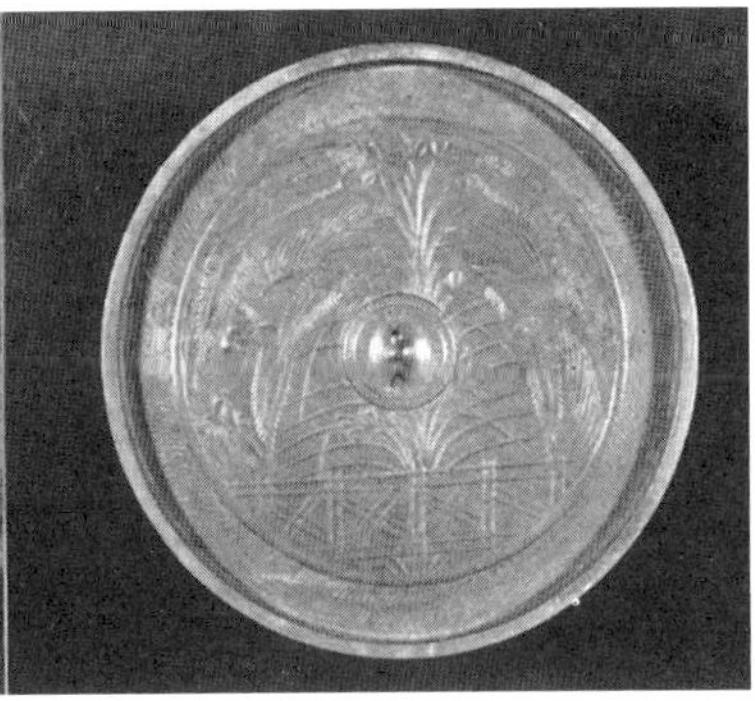

垣内薄花双雀文鏡(径 10.5㎝)

図 42　鏡(鏡背面)①

亀甲地双雀文鏡(径 10.6㎝)

蓬莱鴛鴦文鏡(径 11.3㎝)

唐花双雀文鏡(径 11.5㎝)

蓬莱千鳥文鏡(径 10.5㎝)

牡丹双鳥文鏡(径 11.5㎝)

亀甲地双雀文鏡(径 11.5㎝)

図 43　鏡(鏡背面)②

願文のようにも見えるが判読できない。行間下方の一字は花押であろう。

【銭　貨】一枚。今井翁の著作中の写真によってのみ確認できるもので、不鮮明なため銭種不明である。

【その他】今井翁が「蠟状の塊数個」と記した五点。これも銭貨と同じ図版中に認められるものである。あるいは封蠟であったかもしれない。

この他、経筒の蓋・底が残っていないなど、掘削時に採集されなかったもの、今井翁の回収から漏れたものも、念頭に置いておく必要がある。

また、鏡の製作年代が多岐にわたるため即断は危険ではあるが、これらが単一同時埋納によるものであるとするならば、南北朝同時期の他の経塚出土品と比べ、鏡の埋納数が極めて多く特異である。

小結

以上の検討を省みれば、遺構の構造の面に伝聞に基づく部分が多く、考古学的な研究手法というにはあまりにも稚拙である。しかし、現存する出土品等の構成のみから推しても、この遺跡が紛れ

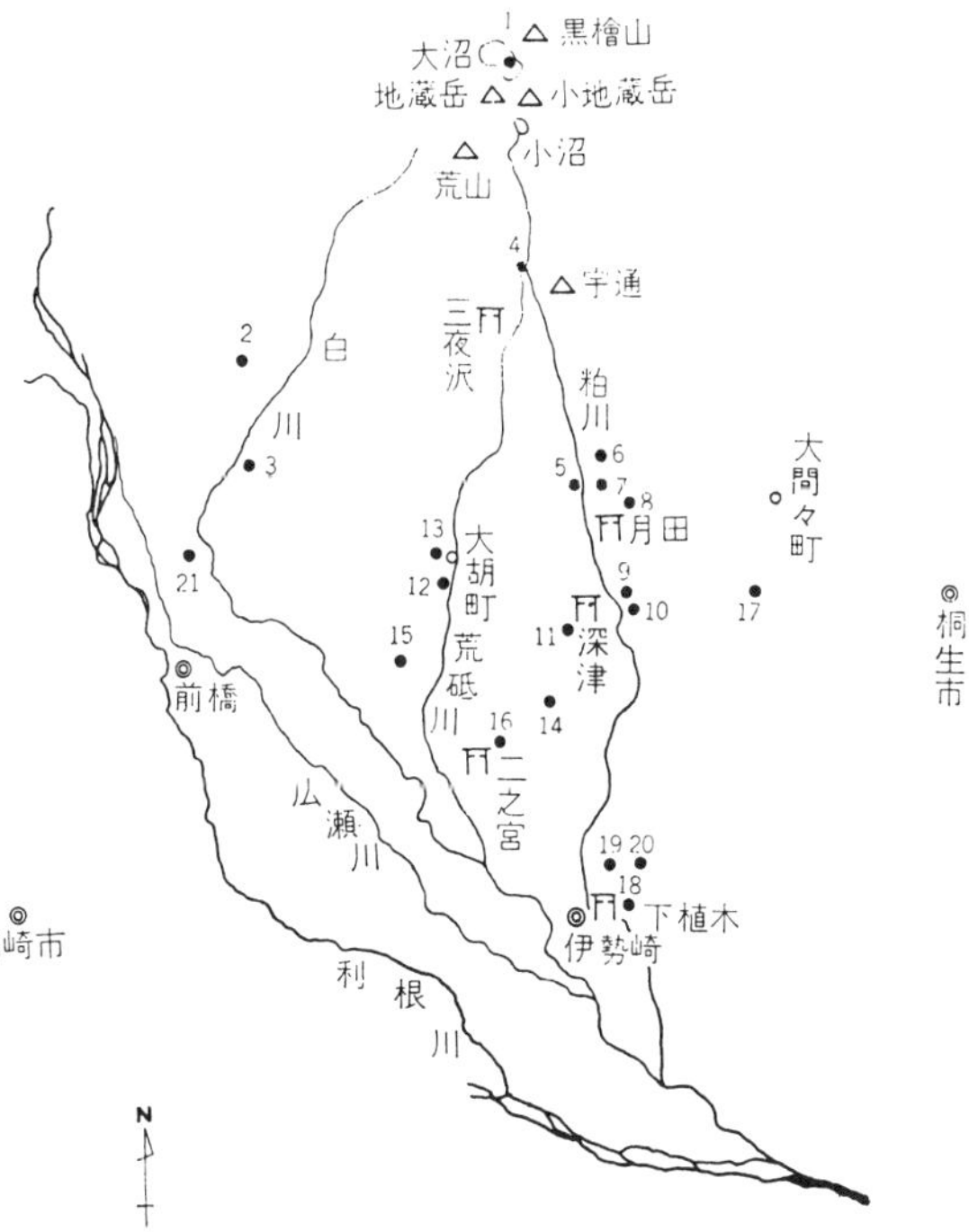

図44　赤木塔分布図(尾崎喜三雄 1970)

もなく経塚遺跡であることに異論の生じる余地はないように思われる。しかるに、これが等閑視されてきた最大の背景としては、宝塔が単なる宝塔としてではなく、赤城塔という地域名称を付されたことにより、後学によってあたかも独立した特殊な石造物として扱われてきたためかと推察する。宝塔はあくまでも地上遺構に付随する「標(しるし)」であって赤城塔にあってもそれは同様であること、また、他の赤城塔で原位置を保っているものにあっても、地上遺構の確認とともに地下遺構の存在も想定しておくべきこと、そしてそれらが経塚の高い可能性を有することを指摘しておきたい。

なお、本節にかかわる当時の調査に際し、赤城神社(塩原行雄宮司氏・禰宜塩原康弘禰宜)には、宝物調査のお許しをいただいた。厚く御礼申し上げる次第である。

註

(1) 富士見村誌編纂委員會『富士見村誌』富士見村役場　宗教関係の遺物の項(尾崎喜左雄)一九五四年

(2) 尾崎喜左雄『上野国の信仰と文化』尾崎先生著書刊行会　一九七〇年

(3) 群馬県史編さん委員会『群馬県史(資料編8)』群馬県　一九八八年

(4) 前掲(3)・他

(5) 群馬県重要文化財指定以来、鏡のみが各所に出陳されてきた。

(6) 唐澤至朗「群馬の経塚」『群馬県立歴史博物館紀要』第一九号　群馬県立歴史博物館　一九九八年。唐澤至朗「小鳥が島遺跡」㈶群馬県埋蔵文化財調査事業団『群馬県遺跡大事典』上毛新聞社 一九九九年

(7) 前掲(1)

(8) 今井善一郎『赤城の神』煥乎堂　一九七四年

(9) 前掲(2)

おわりに

先に述べたとおり、わが国室町時代に盛行した納経供養は、回国聖と称された半僧半俗の宗教者によって担われていた。これらの聖は回国そのものを修行とし、前代の貴族や上流武家層によるものとは異なり、地方の在俗知識人に写経を勧め、供養者に代わって不自由な納経の旅路を辿ったのである。唐澤は、前著のあとがきに紹介した新聞連載記事において、これらの聖を現代的な視点から代参業の先駆者とみた。すなわち「一所懸命」の地から容易には離れがたい在俗知識人を、写経とその納経供養を通じて仏の道へと誘ったのであろう。その仕組みには些か俗的な営業行為も含まれていたであろうが、かえって生気に満ちた中世社会の一面を見る思いがするのである。

またこれらの納経は、聖を通じた遠国ばかりではなく、在地の境内や自らの生活領域内でも行われ、造塔を含む展開を見せていった。こうした自らの活動範囲における行為は、次代の江戸時代における造塔供養に、しかも多くの民衆の結縁による形を作り出していったと考えるのである。本章で記した諸例は上州と上州関連地域のものに限られ、ことに聖の在地拠点の検証、礫石経や近世の造塔に関わる調査などは緒についたばかりであって、これらの解決は今後の課題とすべきであろうが、予察として提示してひとまず本章を閉じることとする。

【追　記】平泉寺経ヶ岳山頂経塚出土経筒

本章脱稿後、越前平泉寺関係の経筒に上野聖の助勢を示す追刻銘文があることを知った。当該資料は、平成九(一九九七)年、平泉寺の後背地に聳える経ヶ岳山頂から発見されたもので、拾得者の手続き上の経緯から永平寺町教育委員会が保管している。

経ヶ岳は平泉寺域結界の頂点にあたり一般参詣者による境内納経とは異なる彼我の境への納経を示すものである。経筒は回国用の小型品で、銘文全体についても二例が公表されているが、唐澤は写真や広報資料等の観察のみで実査を行っていないため二例を併記し、それらの情報から知り得た補注を添え備考に所見を記すにとどめた。時機をあらためて論ずることとしたい。

なお、本書第九章に平泉寺白山神社について記載した項がある。併せて参照されたい。

図45　経ヶ岳山頂出土経筒
（永平寺町教育委員会提供）

・経塚の所在地　福井県大野市　経ヶ岳山頂
・経塚の現状　石積み状遺構が遺存しているものと思われるが、唐澤は実査に及んでいない。
・資料保管地　永平寺町教育委員会

•資料の年代　　大永二（一五二二）年

•文献及び資料

①岩井孝樹『白山　越前の修験道』大野市歴史博物館　二〇〇七

②白山平泉寺歴史探遊館まほろば「白山・平泉寺開山一三〇〇年記念　白山平泉寺と経ヶ岳の経筒」展示補助資料　二〇一七

•資料の概要

金銅経筒　一点　完存　金銅板舌留め　毛彫り蓮華文有蓋

計測値（文献等①）

総高一一・七センチ　筒身高一一・一センチ　口径四・五センチ

在銘

（文献等①）

「越前国　平泉寺上□□□乾秀□□花押

甲刕塩田之住侶

本願竹陰（↑唐澤補注　編集上の誤加行か）

羅刹女　本願竹陰

奉納法華妙典六十六部聖

三十番神　小聖建誉

大永二年壬午今月吉日」

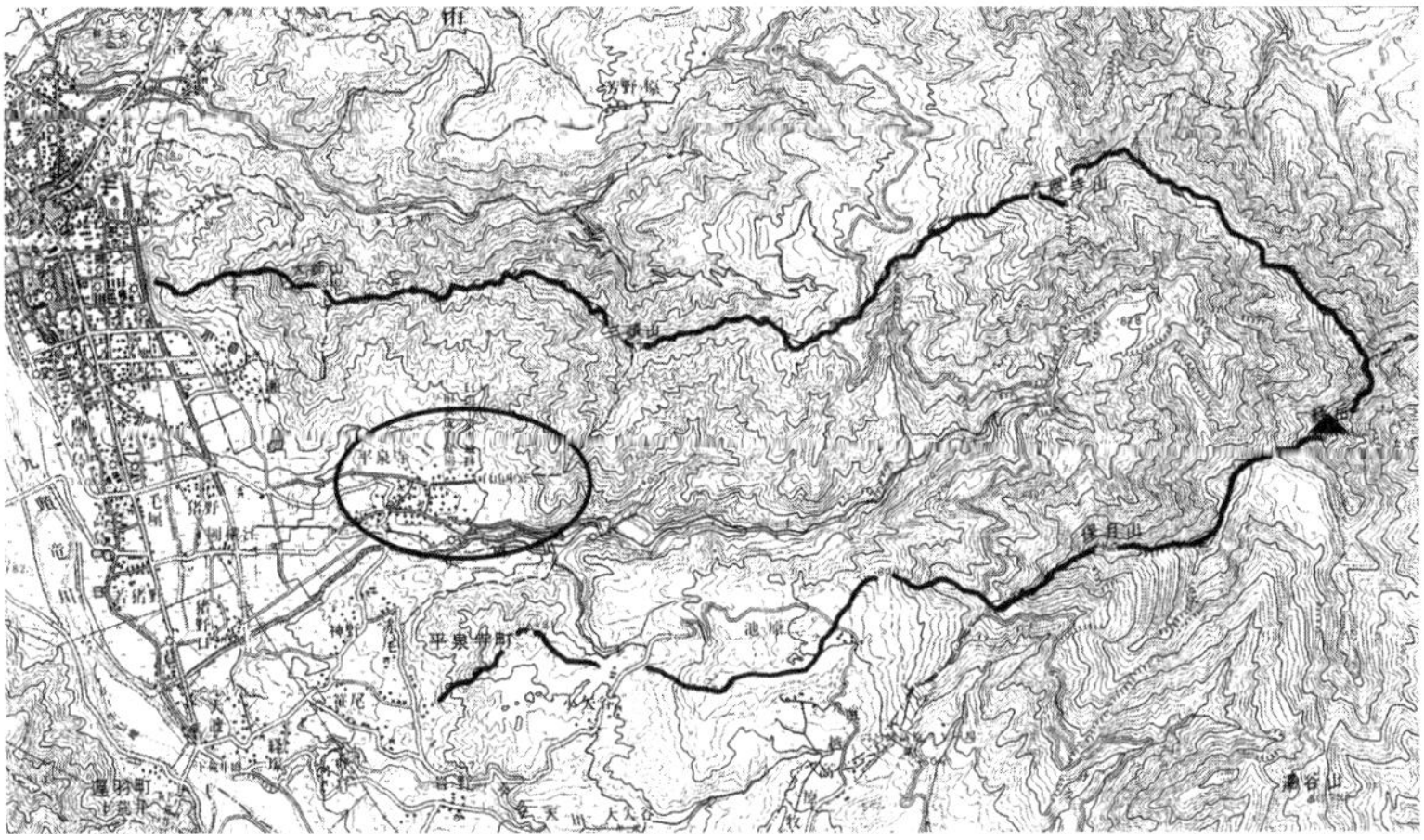

図46　平泉寺跡中核域（○囲み）・経ヶ岳山頂経塚（▲）の位置
（太線は地形から推定した結界案）

（文献等②）

「越前国平泉寺、上州仁願秀□□（花押）

甲劦□□之住侶

十羅刹女　　本願竹陰

奉納法華妙典六十六部聖

三十番神　　小聖建誉

大永二年壬午今月吉日」

（唐澤補注）「仁」とあるは「住」の草体、「甲劦」とあるは「甲⿱刀乂」でともに「甲州」の異体、「侶」とあるは「侣」でともに「僧」の異体。干支「壬午」は「壬午」となっている。

・備　考

銘文のうち、定型化されている納経趣旨に先立つ「越前国平泉寺、上州仁願秀□□（花押）」は、その位置が種子を中心とする行から遠く、字体及び刻みが異なることから追刻として差し支えない。よって甲州塩田の聖・竹陰と従者と思われる小聖・建誉の発願納経を、平泉寺に到来した上州の聖・乾秀がこれを助けた、あるいは代わって埋経した、もしくは埋経に際して竹陰らに俄に結縁したとみることができよう。いずれにせよ希有な事例としてよいと考える。

かかる結界頂への群馬県内納経事例としては、本章で先掲した富岡市上高尾の経塚がこれに当たる。また、平泉寺聖の群馬県内納経事例は、同様に先掲した嬬恋村三原赤羽の経塚がある。白山信仰に関わる習合期の様相には特段の注意が必要と考えており、今後の課題としたい。

本件に関わる情報取得に、白山平泉寺歴史探遊館まほろば（柏村克己）、大野市歴史博物館（杉本幸男）・永平寺町教育委員会（浅野良治）の各位の助勢を得た。記して御礼申し上げる。

第八章　発智氏文書の行間

はじめに

発智氏という一族がいた。上野沼田の荘田城(館)に拠った沼田氏の庶流沼田景宗が、利根郡発知に分かれて発知氏を称したとし、[1] 上発知に痕跡をとどめる館跡がその拠所と考えられている。[2] 越後魚沼の発智氏は、この上州利根を出自とし、前嶋 敏によれば「越後上杉氏との関係を深めて越後国魚沼郡に拠点を持った」[3]とされている。発智および発知氏の出自と系譜の検討については前嶋の先行研究があり、[4] また本章の主題ではないためここでは触れないが、中世以降の上・越の様相は相互に関連する事案が多い。いずれ言及する機会があるであろう。

本章では「発智長芳」という人物を登場させる。この長芳と唐澤との出会いは、もちろん長芳は文書記録上の存在であるが、昭和五五年の年末に遡る。任に当たった発掘調査を通じ、長芳の「影」と「無念」とを知ったことが、その後長い思考の時間を得るところとなった。本章では、この「無念」を考古学的事象から知りうるのかを課題としている。

一　下倉山城跡の発掘調査

関越自動車道は、東京練馬を起点とし新潟県長岡市内で北陸自動車道と結接する。唐澤はこの建設工事に関わる調査に携わり、昭和五五(一九八〇)年九月二四日から一〇月三一日までの間、魚沼市(当時は北魚沼郡堀之内町)所在の下倉山城関連遺構の発掘を担当した。

以下、唐澤がまとめた報告書から本章に関わる箇所についてその概要を紹介する。[5]

図1　下倉城遠景

①下倉山城跡の位置

この城は、魚沼郡域を北流する魚野川と、これに会津只見境から西流する破間川の合流点北東角の権現山上に占地し、下倉山城もしくは下倉城と呼称される。山中には幾重にも郭を設けて備えとし、山上からは眼下の合流点はもとより、流域を広範に望むことが出来る。この地は、関東・会津に通じる要衝の地であり、府中・上田両長尾氏の争奪の地であった。東に接する龍泉寺はこの要害に付する館跡に建てられたものと考えられている。

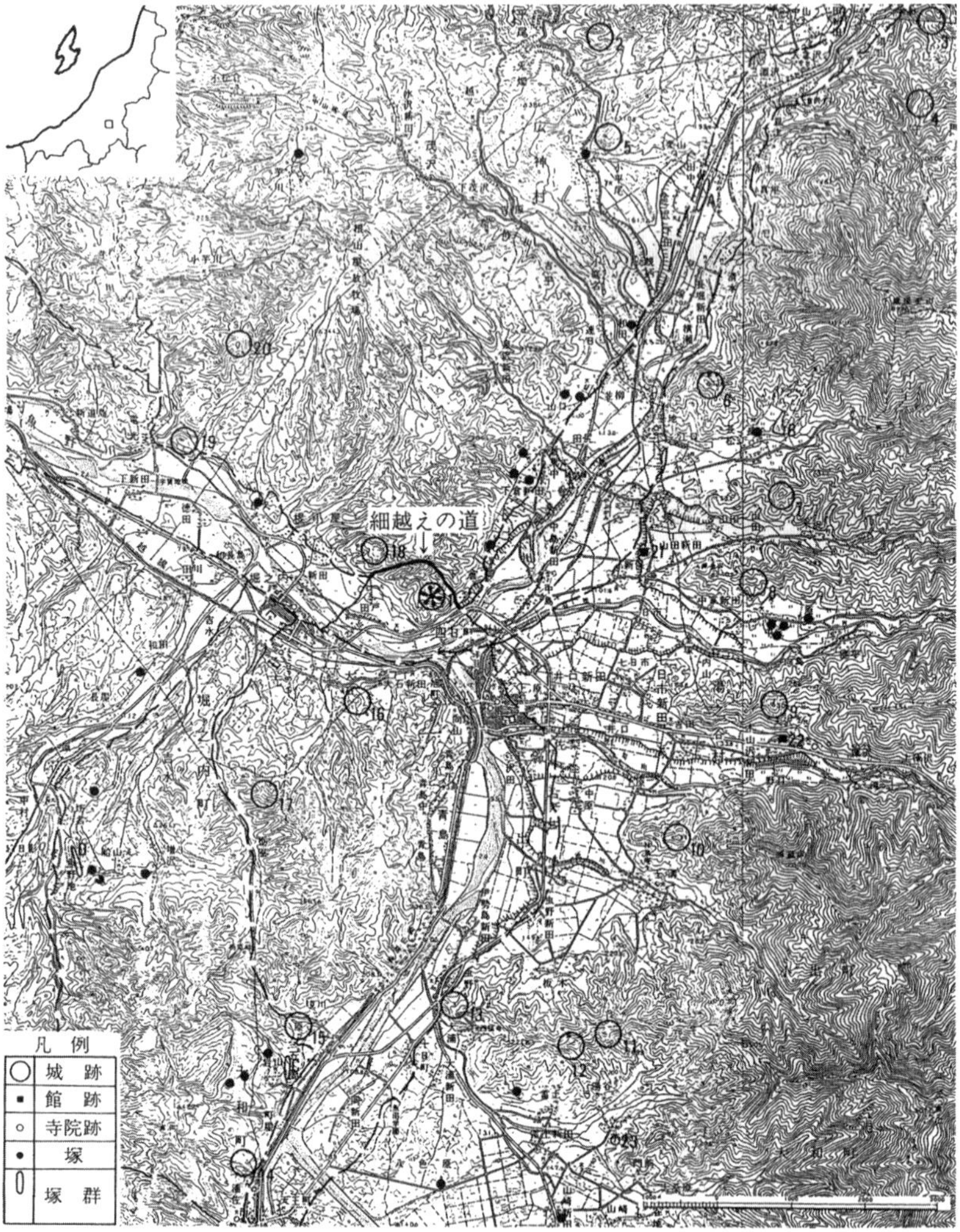

1.下倉山城跡 2.松ヶ城跡 3.須川城跡 4.峰崎城跡 5.小太郎城跡 6.平地城跡 7.琴平城跡 8.中家城跡
9.鉢巻城跡 10.十溝城跡 11.湯ノ谷城跡 12.板木城跡 13.桑原城跡 14.浦佐城跡 15.境川城跡 16.大石城跡
17.堀之内城跡 18.根小屋城跡 19.天狗山城跡 20.竜光城跡 21.館の内館跡 22.大沢館跡 23.福昌庵跡

図2 下倉城位置図(波田野他 1985)

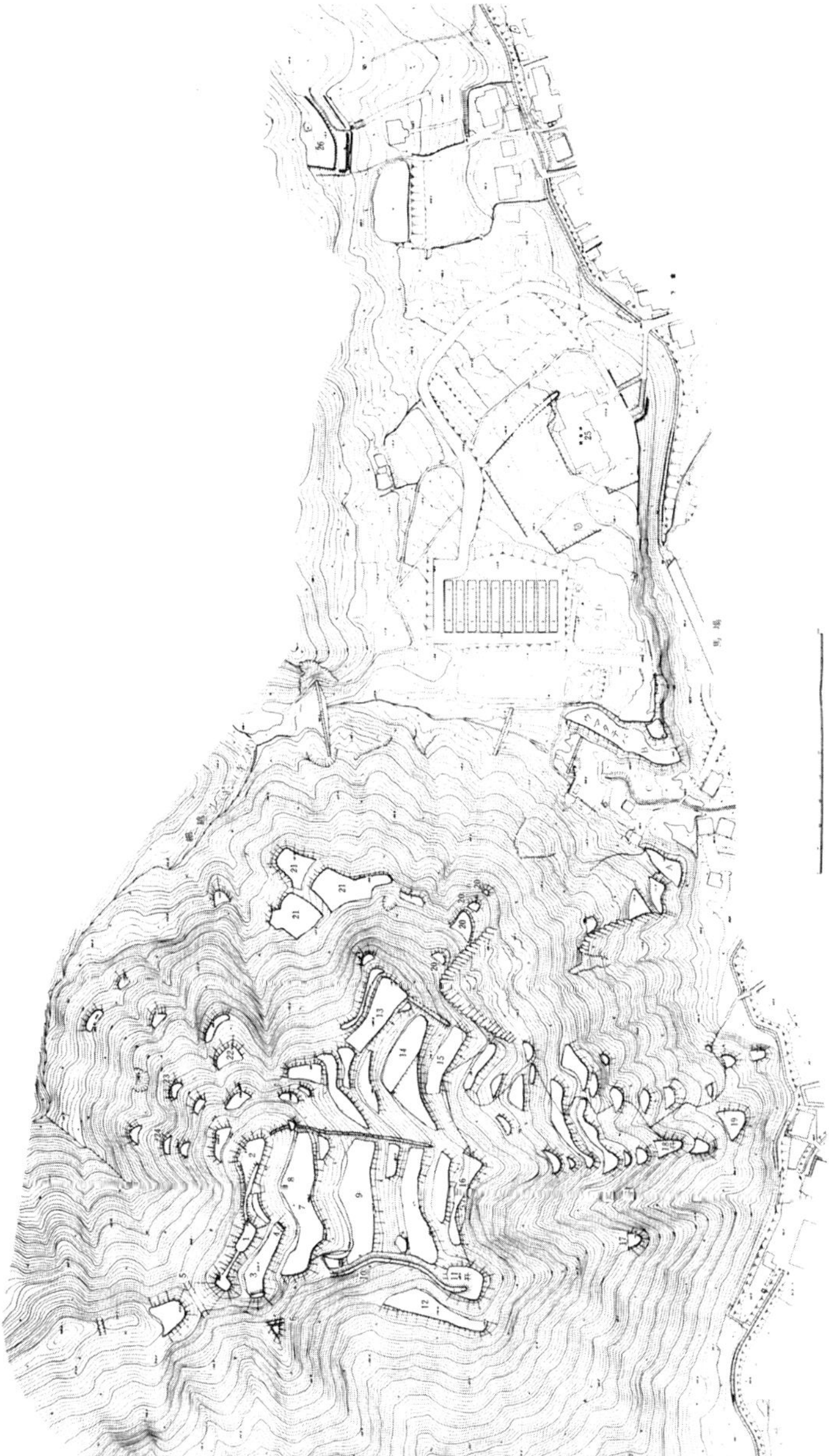

図3　下倉城平面図(波田野他1985)

築城の時期は詳らかではないが、永正七（一五一〇）年には長尾為景の属将として江口親秀が、また天文四（一五三五）年には福王寺孝重が在城していたことが知られており、一六世紀初頭には要害としての機能の完成をみていたものと考えてよい。

②発掘調査の実施

発掘調査は、道路法線上にかかる龍泉寺南の雑木林・墓地など段丘崖端部と、下倉山を貫通するトンネル南口にかかる二箇所の小郭について実施された。なお、当該地の城郭全体の位置関係を把握するため、城域全部について測量も実施した。

二箇所の小郭について、平坦面を確認したのみで、柵や橋の痕跡は検出されなかった。また墓地は、すべて土葬であったため事前の改葬掘削に唐澤も立ち合い、関連遺構の確認に当たったが、墓地造成に際して上層が削平を受けており、また重

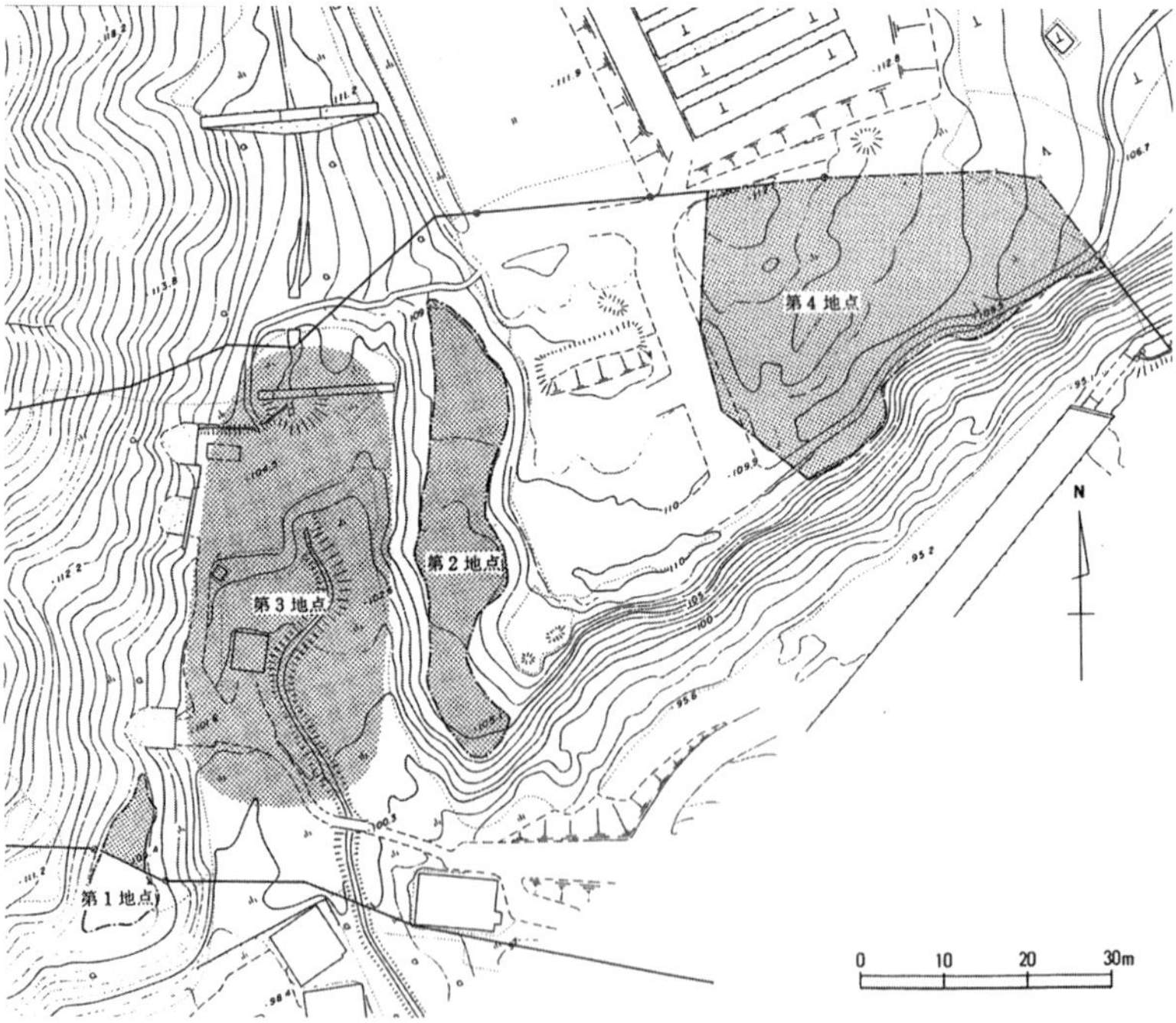

図４　発掘地点位置図（波田野他 1985）

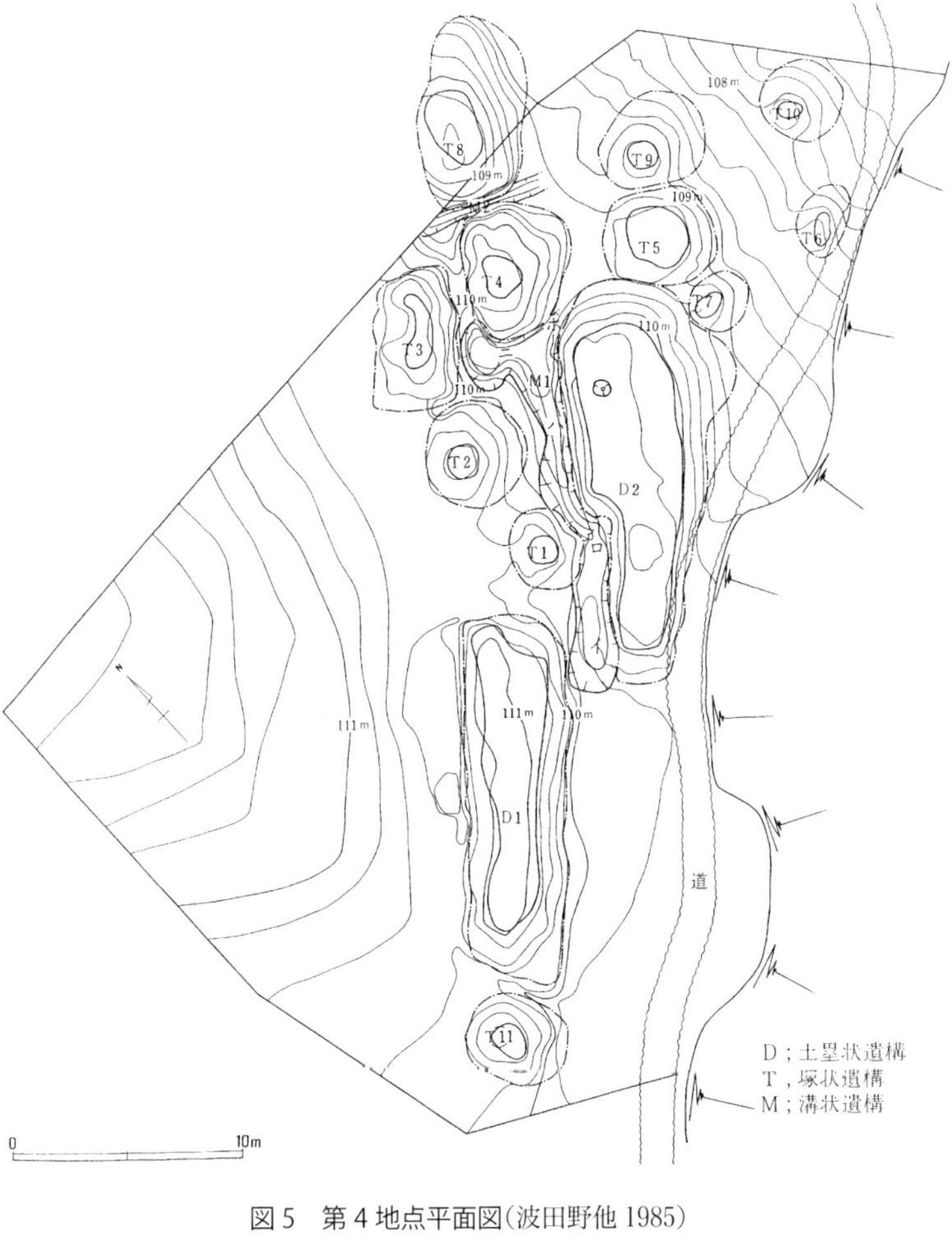

図５　第４地点平面図(波田野他 1985)

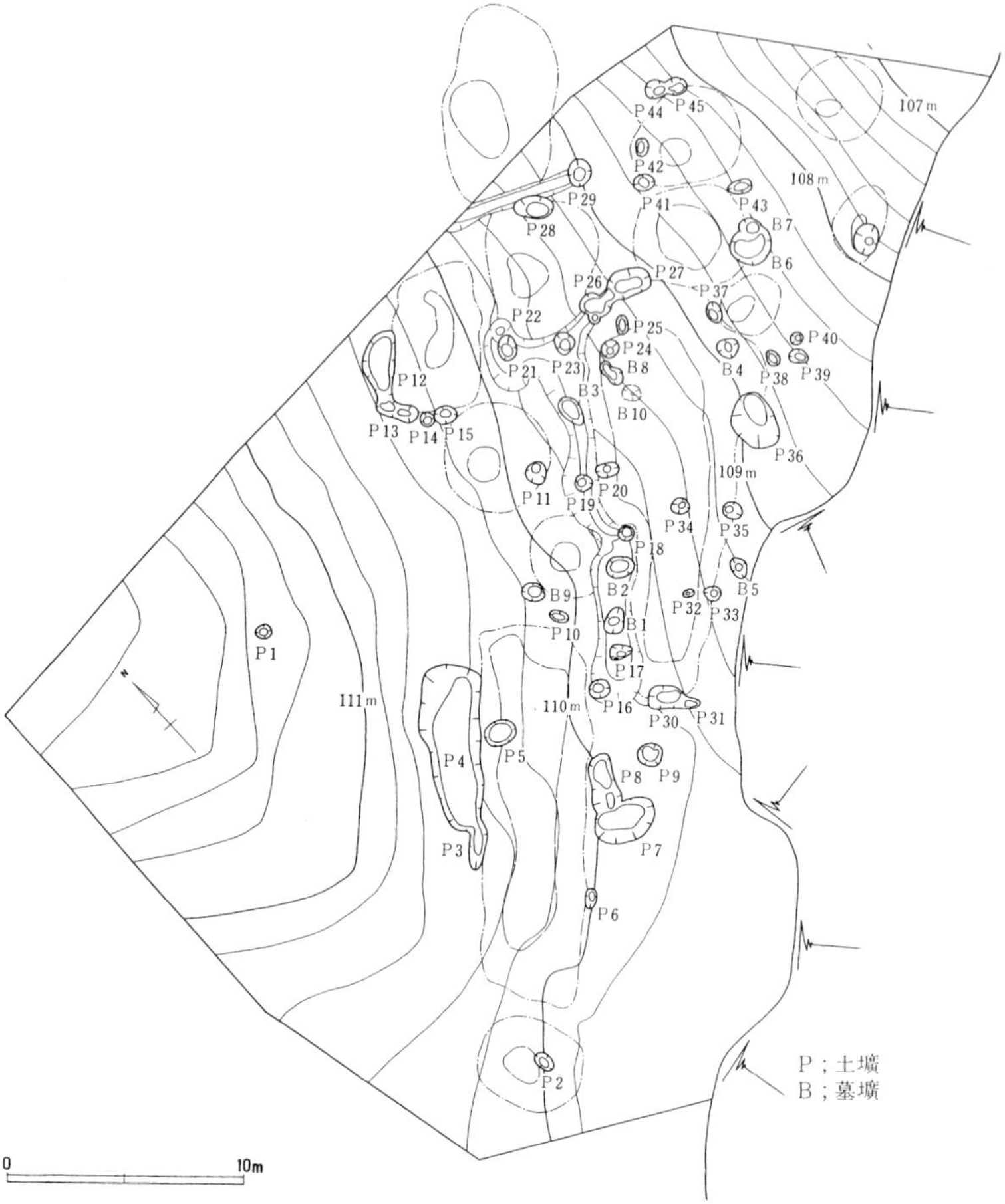

図6　第4地点完掘平面図(波田野他 1985)

複して営まれた墓穴群によって、地表及び地下ともに中世の旧状は全く知りえなくなっていた。

しかし段丘崖に接する雑木林には、崖線に平行する土塁が二条残っており、この一角が「除地」すなわち免租地となっていたことから、耕地への転換を阻むなんらかの理由があり、それにかかわる古い景観を保っていると観たのである。

③検出された遺構

当初、土塁のみと考えられていたが、詳細な測量を行ったところ別に一一基の塚状の高まりを確認した。それぞれ表土を除去する面的調査と土塁の築造形態を確認するための断ち割り発掘を実施したところ、五五基の土壙を検出し、このうち一〇基を出土品から墓壙と確定しえたのである。また、高まりと墓壙の位置は一致せず、塚状の高まりは土塁と同じく墓壙に先行し内部に埋納構造を持たないものであることも確認された。

④出土した遺骨と遺物

墓壙はいずれも狭小で、全身を葬るに適さない。このうち、3・4・7・10の各号から骨片が検出された。これらについて当時、吉岡敏雄・笹川一郎・高橋正志・高橋啓一のチームに鑑定を求め、三

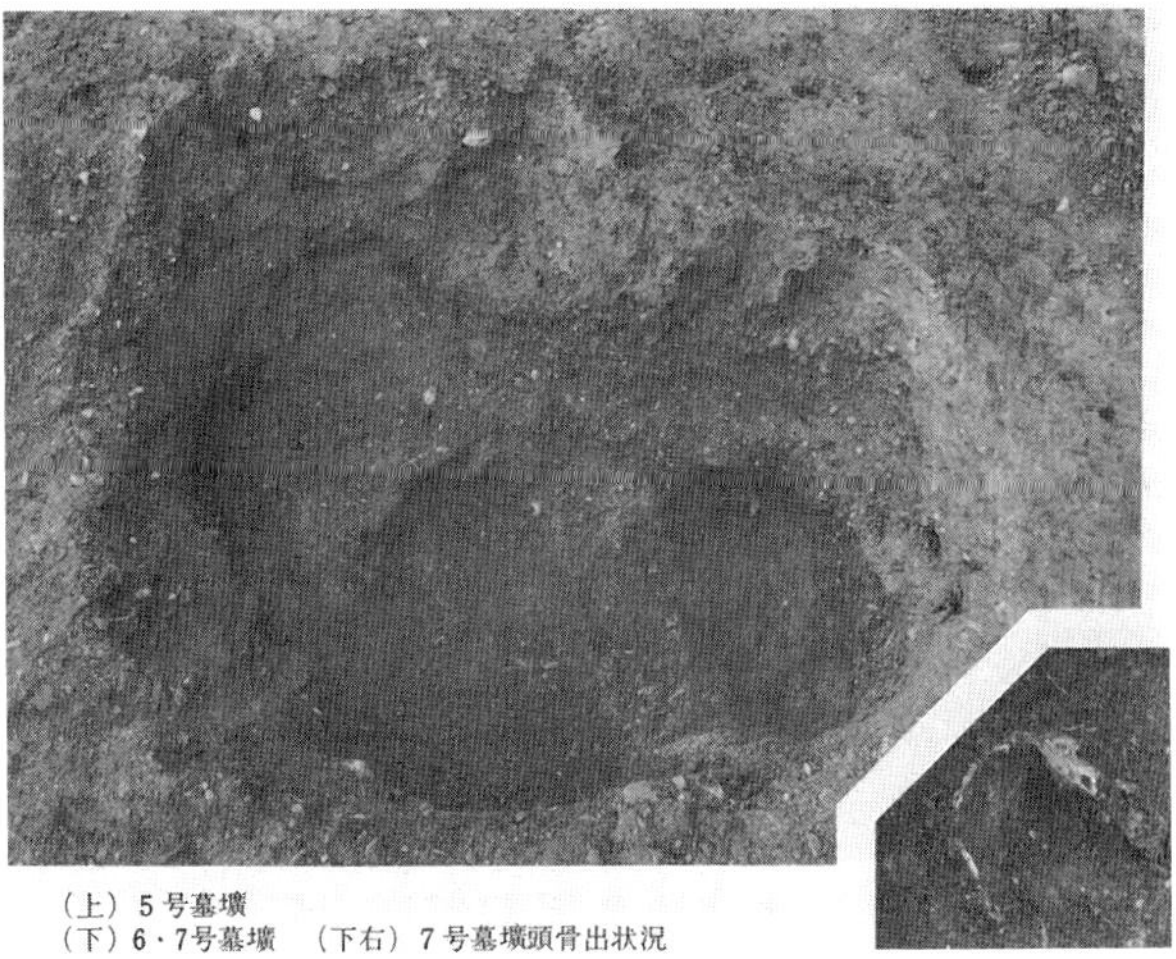

(上) 5号墓壙
(下) 6・7号墓壙　(下右) 7号墓壙頭骨出状況

図7　7号墓壙(重複の右)と頭蓋骨検出状況(波田野他 1985)

件について確実に人骨であるとの所見を得た。[6] その概要を所見一覧としてまとめてみた。

墓壙がいずれも小規模であることに留意すべきである。焼骨や銭貨の出土からは明確な葬送意図が看取される。このうちの4号墓壙並びにこれとおよそ五㍍を隔していた7号墓壙から検出された遺骨に注目した。報告当時、墓壙の規模と遺骨の状況から、この二基は二人の幼童の頭骨のみを埋めたものとしたが、現在でもその所見への変更はない。これらの墓壙の同時性については、考古学上の限界として証明できない。しかしこの銭貨すら伴わない年少者の頭骨埋納の背後には、様々な様相を想起すべきであろう。

斬刑は律令期には停止されていたが、保元の乱を契機にこの凄惨な刑が再施され、[7] この発掘事例と同じ一六世紀にも、幼童仕置きの例が史書に散見する。天正元(一五七三)年の小谷城落城に伴う浅井万福丸、[8] 天正七(一五七九)年の越後御館の乱の際の上杉道万丸、[9] 文禄四(一五九五)年の豊臣秀次妻妾三四人と子五人の三条河原斬刑[10]など周知の事例だけでもかなりの例に上る。この二児もかかる犠牲であったと理解したのである。

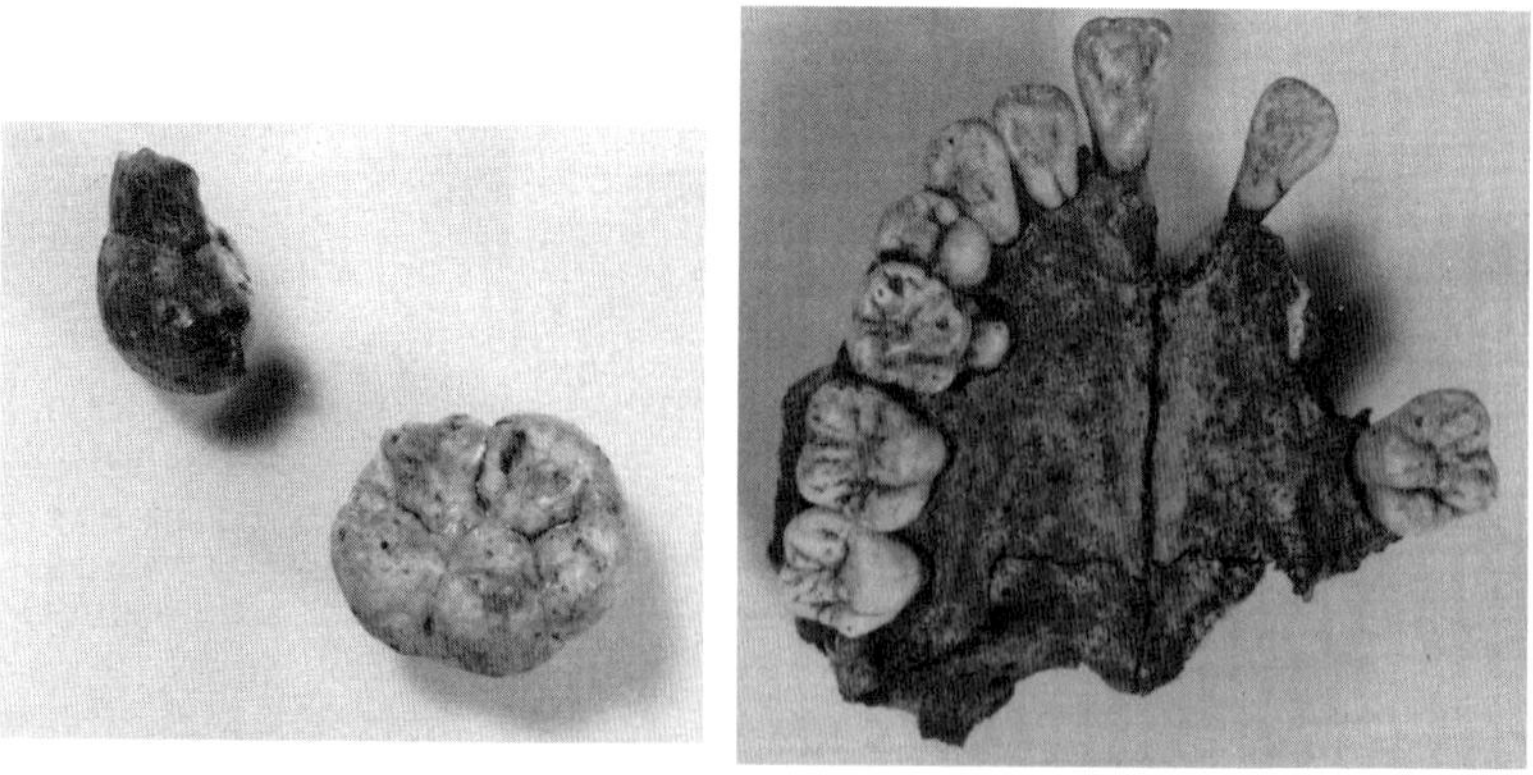

図８　４号墓壙検出(右上)・７号墓壙検出(左下)人骨(波田野他 1985)

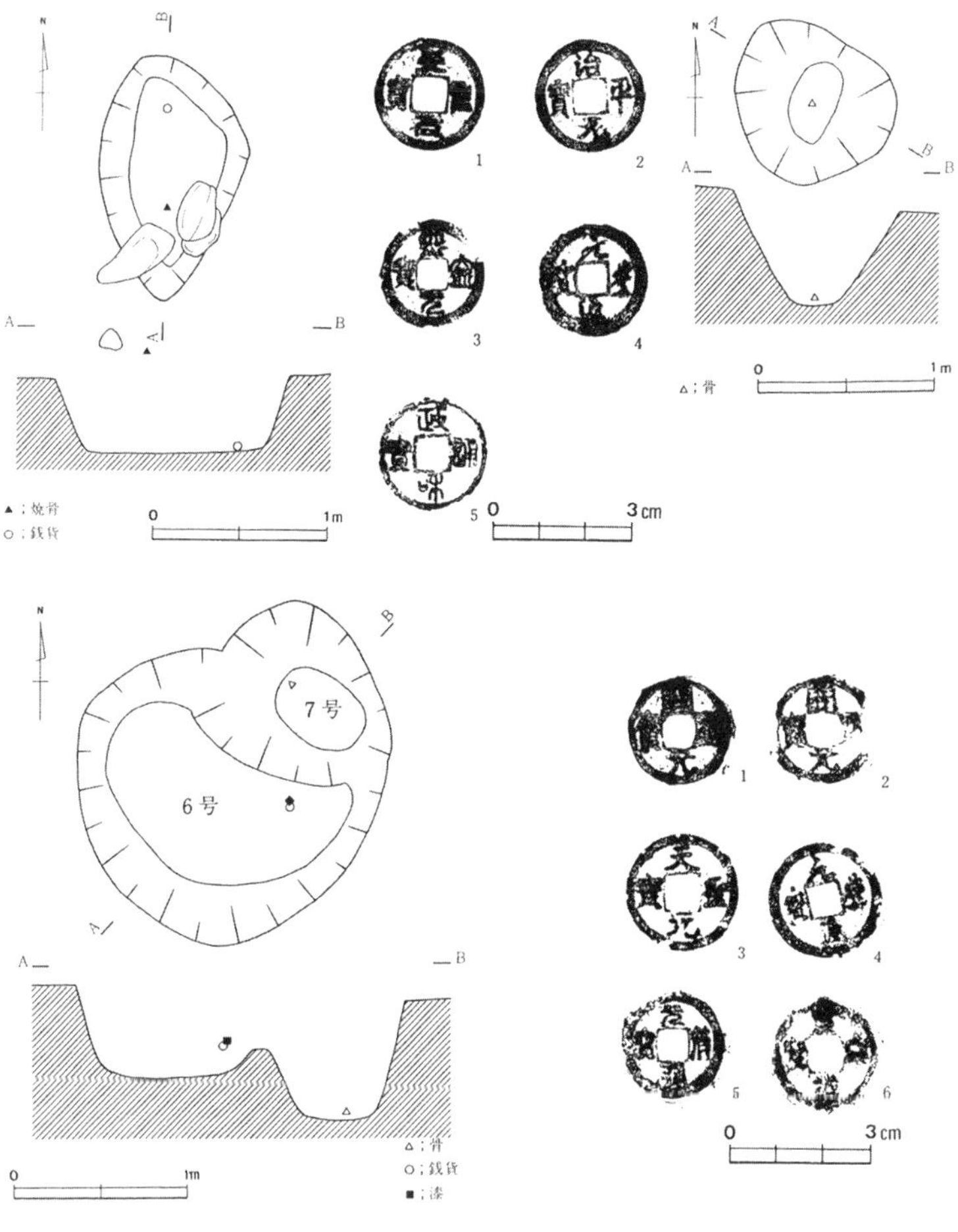

図9　墓壙と出土銭貨（波田野他 1985）
（上左・中）３号土壙・３号土壙銭貨、（上右）４号土壙
（下左）６・７号土壙、（下右）６号土壙銭貨

二　発智氏文書を読む

下倉山城眼下の魚野川と破間川の合流域は、関東から三国峠・清水峠を越えて中越に至る要路と、会津から只見・藪神を経てこの地へ合する要路の会合点に当たる。この周辺ではこうした地理上の特性から度々合戦が行われており、上田荘と言われた南魚沼の巨城・坂戸山城に拠った上田長尾氏の動向が、合戦の勝敗を左右してきた。当時の発智氏の動向を示すものとしては、天文二〇（一五五一）年の戦に関わる二通の書状が伝えられている。この二通には共通する興味深い記載が認められる。調査報告書作成時に唐澤も取扱っているが、ここでは最近の成果から、片桐昭彦の読下し(11)を引用する。

長尾政景書状

今度御老母　御足弱并息達　敵へ引取候
誠以無是非　口惜次第候　猶使口上申付候
如何共不及了簡義候条　被守先忠御加世
義簡要候　恐々謹言

六郎
正月十八日　　政景（花押）
発智右馬允殿

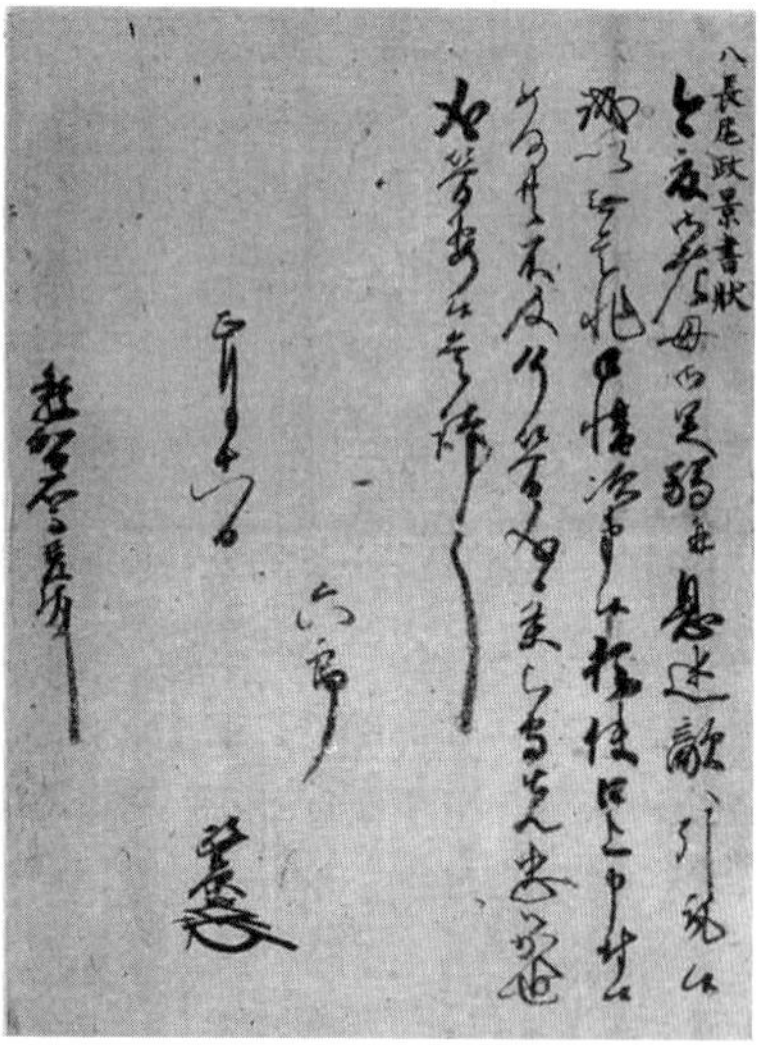

図10　長尾政景書状本紙写真
（新潟県立歴史博物館蔵）

栗林経重副状

一昨日如令啓　今度老母様　御内義并御息達
敵方へ引取由候事　誠以無念口惜次第候
御心底ニ相替存計候　然共不及御了簡事候間
被任筋目　御忠信簡要至極候　依之　直令啓候
猶石井雅楽助可申分候　恐々謹言

正月十八日　　　　栗林　経重（花押）

発右　　御宿所

これらの書状は、春日山城の長尾景虎（後の上杉謙信）方と、坂戸山城の長尾政景方の戦のさなかに、発智長芳の手元に届けられたものとされる。文意から、前々日の正月十六日に長芳出陣の隙を突かれ、居城を景虎麾下にあった下倉山城の福王寺重綱の兵に襲われ、母・妻・二人の息子を捕獲されたことが看取される。政景は長芳の主としてこれを慰め、また経重も政景麾下にあって政景の意をくんで動揺しているであろう長芳を慰めつつも一層の忠勤を励ましたものとみてよかろう。ちなみに、調査報告時点では連れ去られた者達のその後に関わる確証は伝えられていないとした。[12] その後刊行された『堀之内町史　通史編』は、「結局、長芳は母・妻・子息らを人質として春日山城へ送った」としたが、[13] その時間的な経過状況と根拠史料に唐澤は接していない。

三　現地における再検討

さて、発智長芳の居城はどこにあったのであろうか。また、長芳の家族が奪取された場所は長芳の当該時点での要害であったのであろうか。魚野川と破間川の合流点周辺には、下倉山城と指呼の距離に幾つかの城館跡が遺っている。『堀之内町史』は「翌天文二十年一月十五日、景虎軍は長尾政景の家臣発智長芳の板木城を攻撃した。そのとき金子尚綱は発智を救援した。」として、板木城を長芳の居城とする。それは次の「栗林経重書状」に拠っている。先と同様、片桐昭彦の読下しを引用する。(14) ただ、この文書からは二とおりの解釈が可能なのではあるまいか。一つは、従前通りの解釈である。金子氏は椛沢を本貫としており、居城は現在の樺野沢城跡と推定されるが、ここから長芳が守る板木城へ救援に赴いたとする。他方、唐澤は文字どおり「金勘」すなわち「金子勘解由左衛門尉」が守将である板木城から、「其地」すなわち「長芳の在城」へ救援に行くとする考え方にある。「自」の解釈次第であろう。

栗林経重書状

今度其地御在城　後加世義誠以無比類存候
敵昨日戌剋引除申之上　金勘丑剋自板木
其地へ罷移由申越候　仕合如何　承度計候
如何様　　自政景方以使御粉骨之趣可被申候　此上
敵手刷如何　何篇も其地於御備者　心易

存候　恐々謹言
正月十五日　　　　　　　　栗長
経重（花押）
発右
栄丹　御宿所

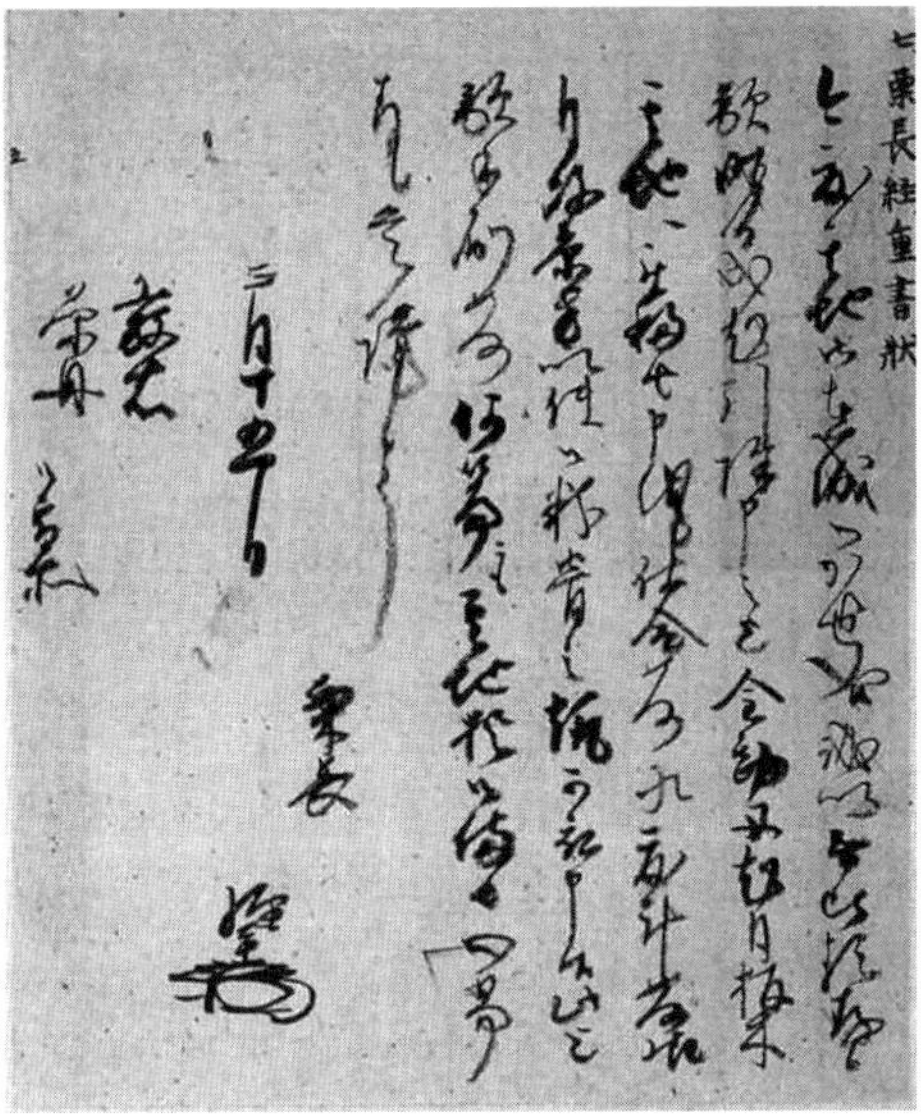

図11　栗林経重書状本紙写真
（新潟県立歴史博物館蔵）

留意すべきは、板木城の位置であるが、この城こそが下倉山城と正面対峙の位置にある。破間川沖積地を挟んで坂戸山城防衛の最前線に位置する城である。ただし小規模で恒常的な在城には疑問が残り、戦闘展開上の要衝とみるべきで、坂戸山直隷の城砦として、時機に応じて守将を配したのではなかろうか。かかる環境から察すれば、金子・発智いずれでも成立しうることになる。先の二通と併せこれらの書状が認められた天文二〇年の争乱は激闘を極めたとされ、長尾政景方の先鋒に置かれた長芳は、助勢を得ながら景虎方との攻防に当たっていたことが読み取れる。いずれにせよ、板木城もその主戦場の一つであったことはいうまでもない。

周辺地形と城館跡を瞥見すると、板木の周辺には幾つかの城砦が位置している。『歴代古案』では、天文二〇年正月一四日の下倉山城将福王寺重綱の攻城は、発智長芳の「山田要害」に行われたとする。[15] 板木城の北側は板木、西は大浦、南は雷土・湯谷で「山田」ではない。山田は板木のさらに北東方向約七キロの籔神地内にあり、山田には中家

図 12　板木・雷土所在要害跡(板木城)
既述の如く、「発智文書群」から、長尾政景方の拠点となっていたことが知られている。

図 13　山田所在要害跡(中家城)
帰属についての研究は未了であるが、天文 20 年段階では長芳の勢力下にあったとみてよかろう。

城・琴平城と館がある。前述のごとく板木城は長尾政景の本拠・坂戸山城の北方の最戦線で、山田はその直接の防御線とはなっていない。金子勘解由が政景の命を受け、板木城の守将あるいは次将となっていたことは先の「栗林経重書状」から確実視でき、長芳との連携がなされていたことがわかるが、この書状は長芳の在陣の地を明確に示してはいない。

図14　山田所在居館跡（館の内）大手口（上）と空堀（下）
山田の崖端の単郭館跡である。大手は二重の空堀に護られている。地元における先行研究では確証がないが、山田における防御力を備えた唯一の館遺構である。長芳ゆかりとするに有力と考える。

発智氏は上州沼田を発祥とし、度々上州や相模など関東にも出陣して戦功を挙げ、越後ではこの地の「籔神」を本拠としていたことが「発智文書群」の検討から知られている。籔神のうち、中家城南側の川から琴平城北側の川までと段丘崖の直下周辺が、長芳の直接支配の領域「山田」であり、現状の地名とほぼ一致すると考えてよかろう。すなわち板木城守将を金子とした場合「其地在城」は「山田要害」とうる中家城もしくは琴平城であったのではなかろ

図 15　要害と居館 (館の内) の位置景観
山右手前が中家城跡で、左手森が館の内、その後方に琴平城。それぞれの間およそ 1kmである。

図 16　居館 (館の内) から望む山田と要害
中家城と琴平城、二つの要害の谷筋から居館のある段丘崖までが「山田」である。

うか。また、発智長芳を板木城の守将とした場合、「山田要害」は守兵の動員は適わずほとんど空城状態にせざるを得ない状況であったことが推察される。また、この領域内にある「館の内」は長芳の常の居館であった可能性があるが判然としない。また館は要害よりも敵地に近く標的となりやすいため、家族を隠す施設としては疑問が残る。

　下倉山城方と板木城方の双方において、その眼下の合流域は遠望が容易で、少数の夜間行動を除けば相互の進退もまた容易に捕捉でき、仮に守将が城外へ出陣中であったとしても要害の中からの「捕獲」は容易ではあるまい。現地踏査の所感からは、防御堅固とはいえこれらの狭小な城砦に所謂「足弱」を伴っていたとの判断に窮するのである。また当時の正月中旬は今日の暦に照らせば二月半ばである。魚沼は越後屈指の豪雪地で、六メートル余の積雪のただ中にあったはずである。かかる環境下での合戦は通常は行われることはなく、この攻防戦は双方に困難を強いるところとなっていたと考えてよい。

　効果的な作戦として離反を促すべく人質の捕獲を設計し、長芳の本拠地の城砦や居館以外、例えばさらに籔神の奥の地に密かに隠された家族を、急襲によって捕獲したとの推測は許されるのではなかろうか。捕獲された四名は、抵抗の術なく短時間のうちに奇襲者の手に落ちたのであろう。ちなみに、二人の息子は長芳に随陣していないので元服以前、初陣前であった可能性が考えられ、あるいは幼童であったやも知れない。

　合流域西方の山上からは、それぞれの城館の位置関係が一望できる。とともに、相互の離合集散を含め緊張関係が恒常的に存在していたことが想起される。長芳はどうしていただろうか。奪還行動も離反もできず政景から「被守先忠御加世義簡要候」と厳しく制されており、守城から眼下の雪原をまさに無念の思いで凝視していたに違いない。傾く冬の落日の下、雪原に写る長芳の黒い影は、そのまま雪に深く埋もれて声を上げることはなかったであろう。まさに「一所懸命」の理のみが、長芳を押しとどめたのではなかっただろうか。

おわりに

本章は、既に触れたように唐澤が二八歳の秋に調査担当を務めた発掘調査時の報告書をもととしている。当時、調査後の報告書作成は降雪時の作業であり、豪雪に閉ざされた当該地の関連踏査はかなえられず、翌年末には唐澤も人事異動によって新潟県を離れるところとなった。

離任の折に、脳裏に刻まれた感慨が時の移ろいとともに薄れ心を軽くしてくれることを願った。しかしその心象はかえって増幅され、この経験が与えられたところの意味を知らねばならないと考えるようになった。すなわち「無念を知ることの意味」についてである。再考においても結局のところ、考古学上の知見と古文書からうかがえる場面を、一致させることはできなかった。可能性を示唆し、新たな情景を提示するにとどまったというところであろう。すなわち、幼くして落命を余儀なくされた複数の者たちが、時を越えてその姿を示してくれたということである。

ところで、「理《ことわり》」とは当然あるべき容《かたち》をいう。そして「理」には不変性と可変性とがある。概ね自然の摂理に従うもの例えば「生者必滅」などは不変の理であるが、後に触れる人為的なもの例えば「法」などは可変の理であって、これが果たされない有様を「理不尽」というのである。歴史上の営みにおいては「理不尽」が常であって、「理」そのものが不存在とされる時代が繰り返され、そのたびに秩序の維持を目して「定《さだめ》」すなわち法の整備がはかられた。『律令』『式目』、さまざまな『分国法』や『法度』がそれらではあったが、この理そのものが可変的であるがゆえに、理不尽が除かれることはなかった。ことに幼童への斬刑はわが国中世史の暗部といってよかろう。首塚として残る遺跡はもちろんその証左の一部に過ぎず、これにも葬されない多くの民衆の骸があった。発智氏文書はもとより、数限りない無念が幾重にも影を落とし文書や史書の行間を埋め、また土となって層をなし堆積してきたといってもよいであろう。

過酷な歴史を経て、今日の『法』は概ね、かつての理不尽を超えるところとなったとみてよいが、いろいろな場面において無念の思いは残る。多くの無念を知り、他者の無念を自らの無念として、少しでもこれを減じようと努めるところに、社会正義を確信しそれを共有できるのではないかと考える。歴史研究の本意は、実にこの一点にあるとすら思えるのであり、これを本章の結論としたい。

なお、参考までに唐澤の周辺に所在し踏査と撮影に及んだ鎌倉市の和田塚・安中市原市の簗瀬八幡平首塚・高崎市新町の神流川合戦首塚と同市下小鳥の首塚の写真等を文末に掲示してみた。中世から近世に及ぶかかる無念の遺跡は我々の身近に数多く存在しつつもその悉皆調査や考古学的検証が十分ではなく、わずかに鈴木尚[16]や遠藤秀男[17]の著述などが研究の寄る辺となっている。そして個々の検証の集積が今後の重要な課題として残されていると、唐澤は認識している。

最後に、調査報告書や文書集掲載図版等の転載を同意・承認いただいた新潟県教育委員会・新潟県立歴史博物館とお手を煩わせた前嶋　敏・魚沼市教育委員会の髙木公輔・再考のための現地調査に際して情報をいただいた新島善隆（魚沼市今泉在住）の各位に感謝して、本章を擱筆することとする。

註

（1）沼田市史編さん委員会『沼田市史』通史編1　沼田市　二〇〇〇年

（2）山崎一『群馬県古城塁址の研究』下巻　群馬県文化事業振興会　一九七八年

（3）前嶋敏「上野氏・発智氏と「上野氏文書」・「発智文書」」『越後文書宝翰集　上野氏文書・発智氏文書』新潟県立歴史

博物館　二〇〇九年
（4）前嶋前掲(3)。
（5）波田野(唐澤)至朗・他『下倉山城跡』新潟県埋蔵文化財調査報告書第24　新潟県教育委員会　一九八五年
（6）吉岡敏雄・笹川一郎・高橋正志・高橋啓一「5．下倉山城跡出土人骨所見」(波田野(唐澤)至朗・他『下倉山城跡』所収)
（7）永積安明・島田勇雄校注『保元物語・平治物語』日本古典文学大系三一　岩波書店　一九六一年
（8）近藤瓶城篇『浅井三代記』改訂史籍集覧　第六冊　近藤活版所　一九〇〇年
（9）羽下徳彦・阿部洋輔・金子達校訂『歴代古案』続群書類従完成会　一九九五年
（10）大田牛一『大かうさまくんきのうち』(斯道文庫古典叢刊　三)慶応大学附属研究所斯道文庫　一九七五年
（11）片桐昭彦「個別文書解説の項」『越後文書宝翰集　上野氏文書・発智氏文書』新潟県立歴史博物館　二〇〇九年
（12）唐澤は前掲(5)において、これらの生存の可能性を示唆したが系譜研究が十分でなく判然としない。ただし発智氏は、政景の子・景勝が謙信の養子となり家督を継承する過程で家臣となり、会津・米沢移封後もその家系を伝えている。
（13）堀之内町史編さん室『堀之内町史』通史編　堀之内町　一九九七年
（14）栗林経重副状は「滋賀槇太郎所蔵文書」として東京大学史料編纂所に影写本が残る。前嶋敏の教示による。上越市史編さん委員会『上越市史　別編1　上杉氏文書集一』上越市　二〇〇三年等にも掲載。
（15）発掘調査報告書(注(5))作成時の調査で、『歴代古案』では天文二〇年正月一四日の下倉山城将福王寺重綱の攻城は、発智長芳の「山田要害」に行われたとした。また、翌一五日付けの長芳宛政景書状から、長芳がこれをよく防いだことが察せられる。巻六―一一二「長尾政景書状」。
（16）鈴木尚『日本人の骨』岩波書店　一九六三年
（17）遠藤秀男『日本の首塚』雄山閣　一九七三年

図 17　鎌倉市の和田塚

本来は古墳であるという。建保元(1213)年の和田合戦において憤死した和田義盛以下一族の遺骸を塚としたとされるが、考古学上の知見ではない。供養塚であろうが、かかる伝承が今日まで残っているところに重要性がある。

図 18　安中市原市の簗瀬八幡平首塚

昭和 6（1931)年 3 月に、おびただしい頭骨が出土したことから発見されたものである。6 世紀の円墳を転用したもの。昭和 27（1952)年に鈴木尚博士が調査し、当初は約 150 体あったものと推定、子供を含む男女の殺害遺骨と結論。被覆する土層観察から永禄～天正(1558 ～ 1591)年間の合戦に由来するものとされる。

図 19　高崎市新町の神流川合戦首塚

天正 10（1582）年、織田信長重臣の滝川一益と北条勢との合戦後、その戦死者を供養した首塚という。供養塔があるが、考古学上の知見はない。

図 20　高崎市下小鳥の首塚

元和 3（1617）年正月 4 日に起こった、高崎藩による下小鳥村民老若男女惨殺事件に関わる供養塚と伝える。埋葬地であるか否かの知見はない。

第九章　加賀国前田家初期墳墓の系譜

はじめに

加賀国における前田家の立藩は、天正一一（一五八三）年のこととされる(1)。藩祖前田利家は尾張国荒子城主前田利昌（利春）の四男であったが、織田信長の命により、嫡男で実兄の利久に代わって継嗣となった。利家はこの処遇に思いを致し、豊臣秀吉に従って加賀半国を得、立藩に際して利久を迎えて終生敬ったとされる。

このことは、前田家の墓所として営まれた野田山における両者の墳墓の配置にも表れているとされ(2)、唐澤もこれに首肯している。

ところで、同地に営まれた墳墓のうち一七世紀前葉までの初期の一群は、土盛りの方墳状であり同時期の大名墓と全く異なる形態を示しており、このことは前田家の領国経営とこれに関わる思想背景を考える上で重要であると考えている。

先に、平成一八〜一九（二〇〇六〜七）年、金沢市による測量調査が行われ、その成果が公表された(3)。また、前田家の墓の形態変遷についても栗山雅夫が発表を行っており(4)、唐澤もそれらの学恩を受けている。一方、これらの墳墓の設計構想の背景については、先行研究を見いだすことができない。

本章では、先学の調査成果も踏まえつつ、この設計構想の背景を考察するとともに、民衆に処する前田家の思考についても言及を試みることとする。

一　前田家の出自と祖先墓

前田家の故地は既述のとおり尾張国愛知郡荒子であり、荒子城域は現在の名古屋市中川区荒子四丁目周辺にあたる。前田家は江戸時代、幕府への届出を菅原氏と称したが、定姓はなく、利家は平氏・豊臣氏を、利常は松平氏・源氏を称したが、いずれも当時の時代背景によるものである。美濃斎藤氏の庶流とする美濃前田家と尾張前田家が知られているが遠祖は詳らかでない。尾張荒子前田家は尾張前田家の分家とされるがここでは論じない。要は在地領主群の中の一家である。加賀前田家は尾張荒子前田家が前身である。利家の祖父・利隆以前は確証に乏しい。

前田家（荒子）略系図

- 利隆——利昌
  - 利久
  - 利玄
  - 安勝
  - 利家
    - （生母・まつ）
      - 利長
      - 利政
    - 六女子（生母・側室）
    - 知好
    - 利常
    - 利孝（七日市藩祖）
    - 利貞
  - 良之
  - 秀継
  - 二女子

荒子城は天正九(一五八一)年に廃城となり、四五〇年余の後の市街地化が著しい今日、往時の景観は求め難いが、冨士権現・天満宮内の碑によってその地であることが偲ばれる。

加賀立藩以前の前田家の菩提寺及び墳墓は詳らかでない。利家の父・利昌(利春)の位牌所は京都紫野大徳寺塔頭興臨院であるが、無論のこと葬地ではない。また、一六世紀段階の尾張国内では近隣地域を含め、方墳形態をとる墳墓は管見に触れない。[5]すなわち、野田山に築造した墳墓の祖形は、故地や祖先墓とは異なるものであるとすることができよう。

図１　荒子城位置図（1/50,000 名古屋南部から作成）
○荒子城　▲近隣白山社

図３　荒子天満宮

図２　前田利家生誕地碑

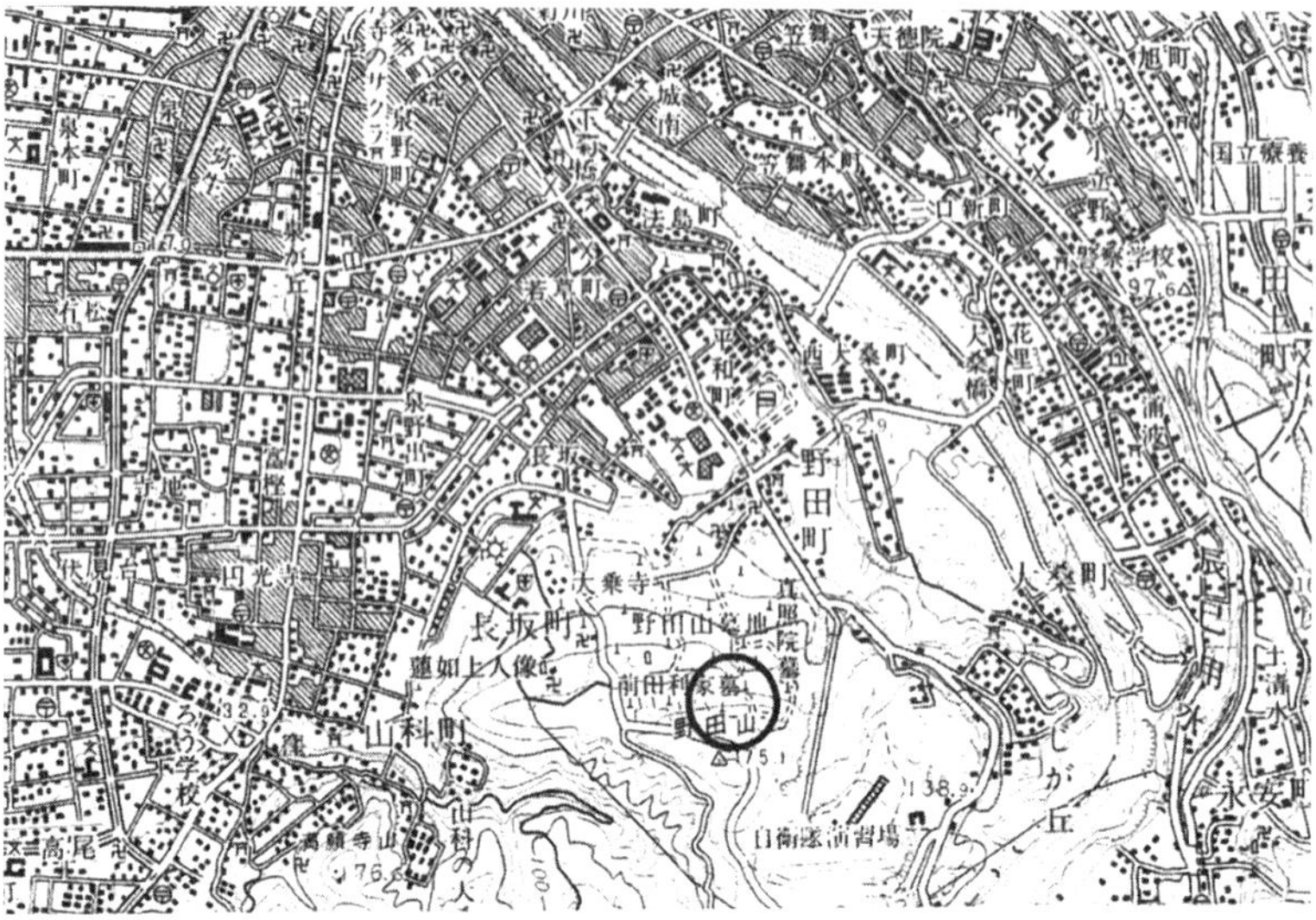

図４　野田山位置図(1/50,000 金沢から作成)

二　野田山墓所の設計

金沢市野田山に展開する墓地群にあって、本格的な霊所としての嚆矢をなしたのは、加賀藩主前田家による墓所造営であったといえよう。金沢市当局はこの前田家の墓所について数次にわたる調査を行い、平成二〇年三月に詳細な調査報告書『野田山・加賀藩主前田家墓所調査報告書』を公刊している[6]。この節における分析は多くをこの報告書に依拠している。

各墳墓の築造順は次ぎに掲げた表のとおりと考える。築造年と没年は一致しないことが考えられるが、没年に近い時期と見て、築造順を没年順とした。また、改葬があったものについてはその改葬年を優先している。これらは、金沢市による測量図から看取できる周溝の位置関係と矛盾しないと理解している。改葬の多くは明治以降に執り行われており、その時点における前田家の意向に拠っていると考えられる。

野田山墓所造営の開始は、営地の決定はともかく直接的には、前田利家により天正一五(一五八七)年の実兄利久の死去

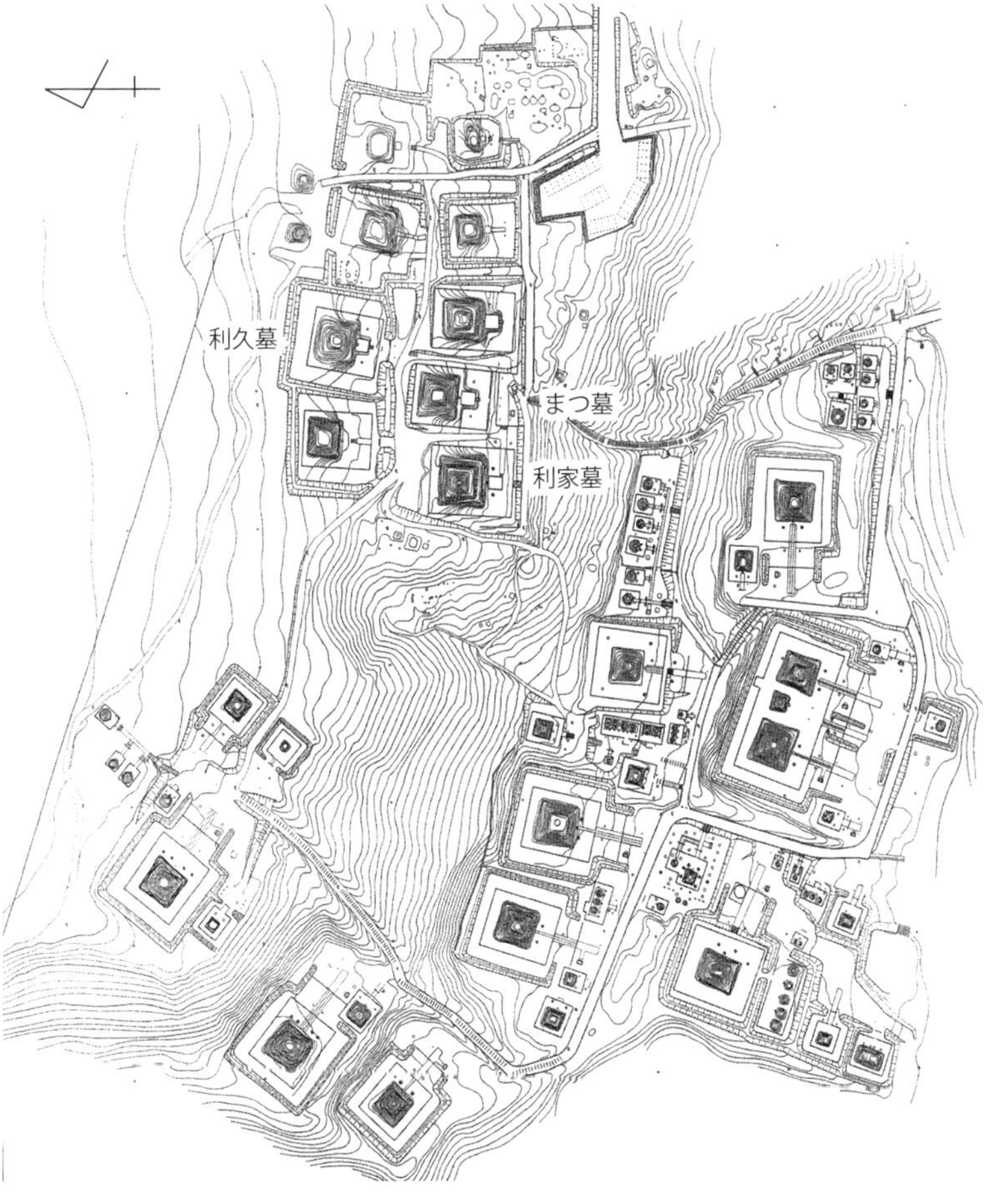

図5　前田家野田山墳墓全体図（金沢市2008年から作成）

を期してはじめられたとされる。金沢市の調査では利久の墓所について断定を避け標碑も「伝地」としているが、利家墓の後方の高い最も奥を占め、墳丘は利家のそれに及ばぬものの墓域は後年の拡張との見方も出来るが利家のそれを上回り、十分に執葬者（この場合は利家）の意図が看取されよう。

また、三段築造の方形墳は以下の特徴が認められる。すなわち

①野田山墓所内のみに存在する。

②利久・利家兄弟のほか藩主（世子一例を含む）を被

墳形	規模 （幅 × 奥行き × 高さ、m）	摘要
三段方形墳か	15.45×13.47×3.98	段不明瞭
三段方形墳	20.00×18.47×5.70	
三段方形墳	報告なし	野田山を拝墓
墳形不詳・石廟	報告なし	
方形土壇・石廟	12.64×10.62×2.74	
三段方形墳	17.24×15.92×3.32	
方形土壇・石廟	約 6× 約 6	封土流出
三段方形墳	16.85×15.53×3.11	
方形墳	17.64×13.53×2.5	
方形土壇・石廟	16.61×11.28×1.58	村井氏
三段長方形墳	16.47×13.43×4.27	
方形墳	7.75×7.44×2.9	八條宮智忠親王妃・宮内庁管理
三段方形墳	約 14× 約 14×3.17	
方形墳	6.37×5.71×2.48	
長方形墳 1/2	10.84 の 1/2×7.42×1.88	
三段方形墳	約 18.5× 約 18.5×-	
長方形墳 1/2	10.84 の 1/2×6.10×2.03	
三段方形墳	約 16× 約 16×-	
三段方形墳	約 16× 約 16×-	
三段方形墳	約 16.8× 約 16.8×-	
方形墳	5.49×5.35×1.84	
三段長方形墳	14.69×17.58×3.99	
三段方形墳	12.24×13.13×4.84	
三段方形墳	15.66×15.72×4.95	
方形墳	約 4.5× 約 4.8×1.35	
三段方形墳	約 15× 約 15×5.22	
方形墳	5.94×5.38×2.02	
方形墳	約 4× 約 4×1.65	
方形墳	約 9.6× 約 9.6×3.8	
八角形墳	報告なし	
八角形墳	報告なし	
八角形墳	報告なし	
八角形墳	約 1.7× 約 1.7×0.74	
八角形墳	報告なし	
八角形墳	報告なし	
方形墳	約 2.7× 約 2.7× 約 1	
方形墳	約 7.5× 約 7.5× 約 2.5	段築不明瞭、三段
方形墳	約 2.7× 約 2.7× 約 1	
方形墳	約 2.7× 約 2.7× 約 1	
方形墳	3.03×2.98×0.81	
方形墳	2.46×2.92×0.87	
方形墳	7.30×8.16×2.16	不明瞭だが三段とも
八角形墳	報告なし	
方形墳	約 5.5× 約 5.5×1.6	
方形墳	2.45×2.96×0.95	
方形墳	8.35×7.40×2.45	段築不明瞭
方形墳	約 8× 約 8×2.38	
方形墳	約 5× 約 5×1.4	
方形墳	約 5.2× 約 5.2	
方形墳	約 2.9× 約 2.9× 約 1.1	
方形墳	約 2.9× 約 2.9× 約 1.1	
方形墳	約 8.3× 約 8.3×2.4	段築不明瞭
八角形墳	約 1.7× 約 1.7×0.59	

表　野田山埋葬者葬祭順一覧（掲載は野田山への葬祭年順である。基礎情報は『金沢市 2008』に拠る。）

画期	葬祭順	没葬年	改葬等年	被葬者（○藩主・代）	墓所	構造
I	1	天正 15（1587）年		利久（①利家兄）	野田山	盛土
	2	慶長 4（1599）年		①利家	野田山	盛土
	3	慶長 19（1614）年	正保 3（1646）年	②利長	野田山→高岡	盛土
	4	慶長 19（1614）年		模智（①利家 9 女）	野田山	盛土
	5	元和 2（1616）年		幸（①利家 1 女）	野田山	盛土
	6	元和 3（1617）年		松（①利家室）	野田山	盛土
	7	元和 6（1620）年		利貞（①利家 6 男）	野田山	盛土
	8	元和 9（1623）年		永（②利長室）	野田山	盛土
	9	寛永 11（1634）年		豪（①利家 4 女）	野田山	盛土
	10	寛永 18（1641）年		千世（①利家 7 女）	野田山	盛土
	11	万治元（1658）年		③利常	野田山	盛土
	12	寛文 2（1662）年		富（③利常 4 女）	野田山	盛土
	13	元和 8（1622）年	寛文 12（1672）年	珠（③利常室）	天徳院→野田山	盛土
	14	元禄 2（1689）年		久丸（⑤綱紀 3 男）	野田山	盛土
	15	元禄 12（1699）年		雅十郎（⑤綱紀 6 男）	野田山	盛土
	16	享保 9（1724）年		⑤綱紀	野田山	盛土
	17	寛保 3（1743）年		保（⑥吉徳 8 女）	野田山	盛土
	18	延享 2（1745）年		⑥吉徳	野田山	盛土
	19	延享 3（1746）年		⑦宗辰	野田山	盛土
	20	宝暦 3（1753）年		⑧重煕	野田山	盛土
	21	宝暦 11（1761）年		流瀬（⑩重教生母）	野田山	盛土
	22	天明 6（1786）年		⑩重教	野田山	盛土
	23	文化 2（1805）年		利命（⑫斉広世子）	野田山	盛土
	24	文化 7（1810）年		⑪治脩	野田山	盛土
	25	文政 4（1821）年		喜機（⑫斉広生母）	野田山	盛土
	26	文政 7（1824）年		⑫斉広	野田山	盛土
	27	文政 8（1825）年		直（⑫斉広 1 女）	野田山	盛土
	28	嘉永 3（1850）年		八百（⑬斉泰生母）	野田山	盛土
	29	明治 3（1870）年		隆（⑫斉広室）	野田山	盛土
II	30	慶長 16（1611）年	明治 43（1910）年	満（②利長 1 女）	高岡→野田山	
		寛永 8（1631）年	明治 43（1910）年	千世（③利常生母）	経王寺→野田山	
		宝暦 8（1758）年	明治 43（1910）年	縫（⑩重教生母）	経王寺→野田山	
	31	明治 44（1911）年		利國（⑯利建 2 男）	野田山	
	32	享保 16（1731）年	大正 2（1913）年	民（⑧重煕生母）	長元寺→野田山	
		元文 2（1737）年	大正 2（1913）年	幻智院（⑥吉徳 4 女）	長元寺→野田山	
III	33	慶安 2（1649）年	大正 11（1922）年	萬菊丸（④光高 2 男）	広徳寺→野田山	
		寛文 6（1666）年	大正 11（1922）年	摩須（⑤綱紀室）	広徳寺→野田山	
		天和元（1681）年	大正 11（1922）年	専（⑤綱紀 1 女）	広徳寺→野田山	
		元禄 6（1693）年	大正 11（1922）年	良（⑤綱紀 4 女）	広徳寺→野田山	
		元文 4（1739）年	大正 11（1922）年	益（⑥吉徳 5 女）	広徳寺→野田山	
		元文 5（1740）年	大正 11（1922）年	橘（⑥吉徳 6 女）	広徳寺→野田山	
		延享 2（1745）年	大正 11（1922）年	常（⑦宗辰室）	広徳寺→野田山	
		明和 2（1765）年	大正 11（1922）年	町（⑥吉徳生母）	広徳寺→野田山	
		天明元（1781）年	大正 11（1922）年	以與（⑦宗辰生母）	広徳寺→野田山	
		寛政 10（1798）年	大正 11（1922）年	暢（⑥吉徳 7 女）	広徳寺→野田山	
		享和 2（1802）年	大正 11（1922）年	千間（⑩重教室）	広徳寺→野田山	
		文政 2（1819）年	大正 11（1922）年	正（⑪治脩室）	広徳寺→野田山	
		天保 2（1831）年	大正 11（1922）年	鈴（⑫斉広 5 女）	広徳寺→野田山	
		天保 3（1832）年	大正 11（1922）年	操（⑩重教側室）	広徳寺→野田山	
		天保 4（1833）年	大正 11（1922）年	鈞次郎（⑬斉泰 2 男）	広徳寺→野田山	
		天保 9（1838）年	大正 11（1922）年	純六郎（⑬斉泰 6 男）	広徳寺→野田山	
		安政 3（1856）年	大正 11（1922）年	崇（⑭慶寧先室）	広徳寺→野田山	
	34	昭和 4（1929）年		初（⑬斉泰 2 女）	野田山	

方形墳	5.5×5.5×-	
方形墳	1.91×2.70×0.79	
方形墳	4.95×4.43×2.34	
円形墳	径約 2× 約 0.8	
円形墳	径約 2× 約 0.8	
円形墳	径約 2× 約 0.6	
方形墳	約 4.0× 約 4.0×1.8	
円形墳	径約 2× 約 0.6	
円形墳	径約 2× 約 0.6	
円形墳	2.2×2.2×0.8	
円形墳	2.2×2.2×0.8	
円形墳	2.2×2.2×0.8	
八角形墳	3.71×3.81×1.63	
八角形墳	3.63×3.76×1.60	
八角形墳	3.79×3.62×1.04	
円形墳	径約 3.2× 約 1.4	
円形墳	径約 3.2× 約 1.45	
八角形墳	約 4.5× 約 4.5×1.2	
八角形墳	約 4.5× 約 4.5×1.2	
八角形墳	約 4.3× 約 4.3×1.14	
円形墳	径約 2× 約 0.9	
円形墳	径約 2× 約 0.9	

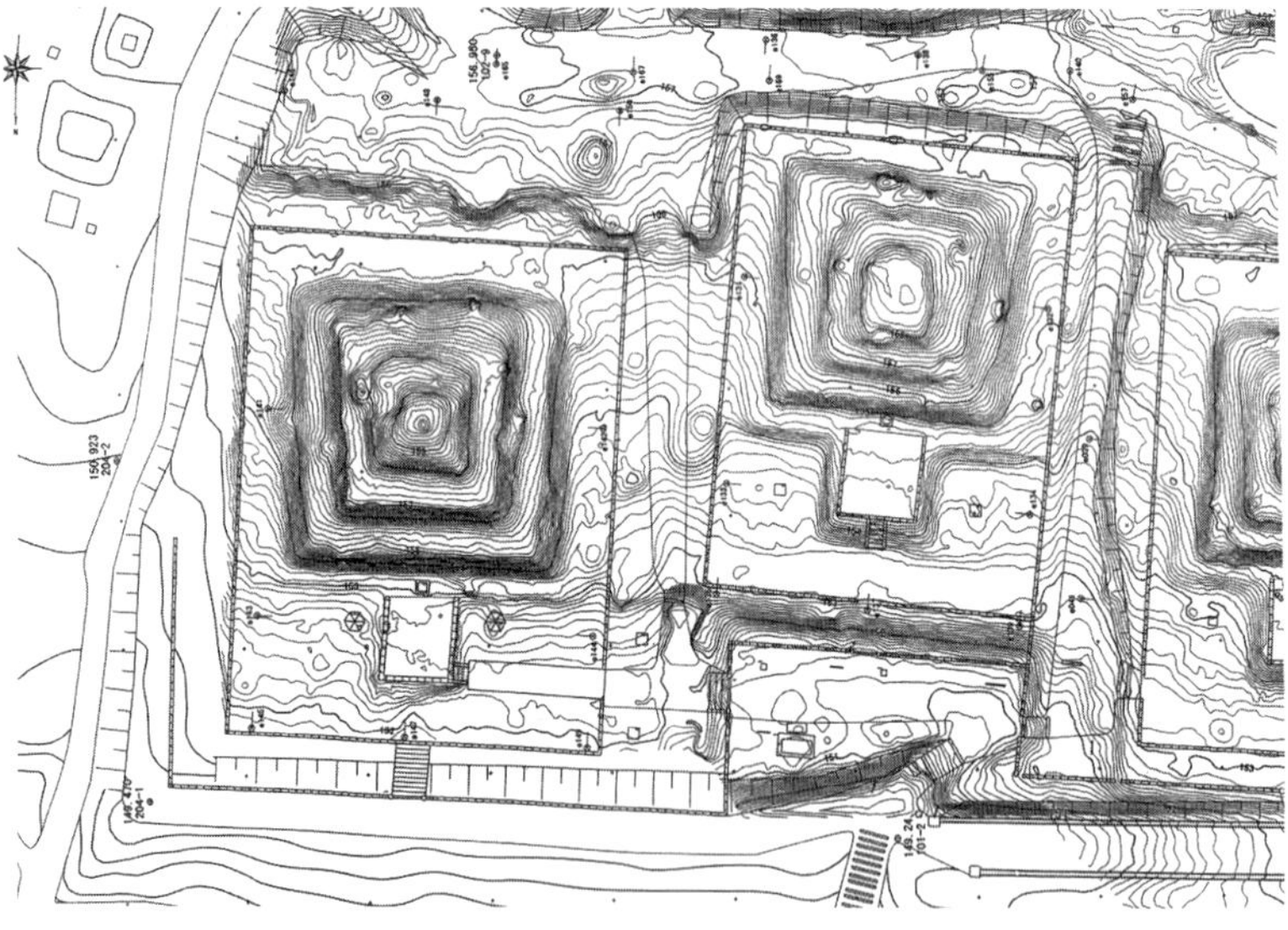

図 6　前田利家墓（左）・正室まつ墓（右）平面図（金沢市 2008 年から作成）

Ⅳ	35	正保 2 (1645) 年	昭和 27 (1952) 年	④光高	天徳院→野田山	
		延宝 3 (1675) 年	昭和 27 (1952) 年	千代松(⑤綱紀 1 男)	天徳院→野田山	
	36	宝暦 3 (1753) 年	昭和 27 (1952) 年	⑨重靖	天徳院→野田山	
		宝暦 9 (1759) 年	昭和 27 (1952) 年	利和(⑥吉徳 3 男)	天徳院→野田山	
		宝暦 11 (1761) 年	昭和 27 (1952) 年	八十五郎(⑥吉徳 5 男)	天徳院→野田山	
		明和 8 (1771) 年	昭和 27 (1952) 年	邦(⑩重教 1 女)	天徳院→野田山	
		寛政 7 (1795) 年	昭和 27 (1952) 年	斉敬(⑪治脩世子)	天徳院→野田山	
		文政 2 (1819) 年	昭和 27 (1952) 年	為三郎(⑫斉広 3 男)	天徳院→野田山	
		文政 6 (1823) 年	昭和 27 (1952) 年	次(⑫斉広 8 女)	天徳院→野田山	
		文政 12 (1829) 年	昭和 27 (1952) 年	郁(⑫斉広 6 女)	天徳院→野田山	
		天保 5 (1834) 年	昭和 27 (1952) 年	延之助(⑫斉広 4 男)	天徳院→野田山	
		天保 10 (1839) 年	昭和 27 (1952) 年	方(⑬斉泰 1 女)	天徳院→野田山	
		元治元(1864)年	昭和 27 (1952) 年	通(⑭慶寧)	天徳院→野田山	
		明治元(1868)年	昭和 27 (1952) 年	偕(⑬斉泰室)	天徳院→野田山	
		明治 24 (1891)年	昭和 27 (1952) 年	朗(⑮利嗣室)	天徳院→野田山	
	37	明暦 2 (1656) 年	昭和 40 (1965) 年	阿智(光高室)	伝通院→野田山	
		享保 5 (1720) 年	昭和 40 (1965) 年	磯(⑥吉徳室)	伝通院→野田山	
	38	明治 7 (1874) 年	昭和 46 (1971) 年	⑭慶寧	日暮里→野田山	
		明治 17 (1884) 年	昭和 46 (1971) 年	⑬斉泰	日暮里→野田山	
		明治 33 (1900) 年	昭和 46 (1971) 年	⑮利嗣	日暮里→野田山	
	39	明治 5 (1872) 年	昭和 52 (1977) 年	順(⑭慶寧 3 女)	高林寺→野田山	
		明治 38 (1905) 年	昭和 52 (1977) 年	挺秀(⑮利嗣生母)	高林寺→野田山	

図 7　前田利久墳墓(降雪時)
天正 15 (1587)年、葬　野田山最初の造営

葬者とする。

③女性は、利家室の松・利長室の永・利常室の珠の初期三代の正室を被葬者とする。

④寛文一二(一六七二)年改葬の珠を除き、後代の藩主改葬時には採用されていない。

このことは、三段築造という墳墓形態が当地において意味をもつものであったことを想起させるのである。

本章の論旨からは逸脱するが、墳墓の形態は築造時点における階層別の意識を反映することが看取され、また、改葬年次を同じくする墳墓が同一形態を示していることから、葬地における制度上あるいは時代に起因する制約や共通理解があったことは明確であると考えるのである。

図8　前田利家墳墓(降雪時)
慶長4（1599年、葬　利久墓の次段に位置

図9　前田利家正室まつ墳墓(降雪時)
元和3年(1617)、没　利家墓に隣接

三　前田家の領国支配と白山信仰

前田利家は、加賀立藩以前から北陸の地と無縁であったわけではない。織田信長麾下として北陸路に戦い、天正三

(一五七五)年に越前国府中に三三、三〇〇石、天正九(一五八一)年に能登一国、豊臣秀吉に従して天正一一(一五八三)年に加賀半国を領し、事実上の加賀立藩に至る。その後天正一三年に越中国三郡を加え、文禄元(一五九三)年に尾山城(後に改めて金沢城)に居すところとなっている。(7)前田家は寛永一一(一六三四)年には加賀・能登・越中三ヶ国支配に至るが、これは継代のことである。

中世戦国期における北陸諸国の領国支配は、越前朝倉氏・加賀富樫氏・能登畠山氏・越中神保氏らと、急速に影響力を強める一向宗との政教二重構造の矛盾を帯びる中で行われ、ついには一揆分裂と錯乱を繰り返し国力の充実をみることなく、織田信長の侵攻を受けてその支配下となった。利家の領国経営は、度重なる戦乱による人心疲弊の上にはじめられたとみなければなるまい。

加賀藩の領国経営は利家・利長・利常の藩政初期に形作られたという。百姓代官に農地支配を委ねる「改作仕法」の実施、流通金を領国貨幣に限定する「加賀藩金銀」の作鋳、「加賀染」や「加賀蒔絵」などに代表される殖産などは、一向宗の現世否定から新領主による現世利益と未来展望に意識を転換させることを指向したものと考える。そしてその精神的支柱は、一向宗以前に回帰しそこから新たな展開を試みようとしたのではなかっただろうか。前田家の白山社保護(8)は、諸国で広く行われた社寺安堵とはいささか異なる目的をもつものだったのではあるまいか。

注意すべきは、一向宗席捲以前の加賀国内の信仰主柱は白山信仰であったということである。この信仰は、御前峰・大汝峰・別山の三峰とこれを水源とする河川群にまたがる山岳信仰であった。

四　白山社の集中域

このたび本章の起稿に合わせて、これらの信仰の中核であった白山比咩神社（白山寺）・平泉寺白山神社・長瀧白山神社（長瀧寺）三社寺周辺を踏査した。三社は、いずれも白山を水源地とし、加賀・越前と濃尾の広大な耕地を潤す。領国経営上極めて重要な祭祀を掌理していたことが看取される。また、全国に分祀された白山社の様相の把握を試みた。目的は中世に遡りうる社殿堂宇を除く施設の痕跡の探索・確認である。

図 10　①船岡山　②水戸明神社　③白山比咩神社　④手取川

図 11　船岡山の山中にある創建地碑

①白山比咩神社（白山寺）

加賀一の宮である当社は、石川県白山市（旧鶴来町）の手取川のほとり、三宮町に鎮座する。白山に至る三禅定道の一つである加賀禅定道の起点である加賀馬場がこれにあたる。社伝によれば、崇神七（前九一）年、現在の社地の北に聳える船岡山に最初の社殿が創建されたとする。創建についてここでは論じない。船岡山には中世に劔城が築城され、大幅な改変が成されているため以前の社地の様相を知ることはできず、現状でも杉木立が視界を妨げているが、地形観察からは当初は山頂からわずかに白山の峰容が望めたものと見られる。次いで社殿は船岡山眼下の手取川河畔に二度遷座が行われ、二度目の遷座を霊亀二(七一六)年と伝える。当該地の現水戸明神社からは山容は望めない。文明一二(一四八〇)年の大火により現在地へ遷座し、その後一向宗門徒との軋轢によって衰微したが前田利家によって再興されたとされる。[9]

現本殿の傍らに白山山頂に祀られる奥宮の遙拝所が設けられているが、無論古式を伝えるものではなく、山容も望

図 12　水戸明神社

図 13　白山比咩神社本殿

図 14　白山比咩神社奥宮遥拝所

めない。ただし、巨岩を三峰といま一峰（あるいは別山か）に見倣わしている様相を確認できる。占地変遷からは、水源信仰を基盤とするものであったことは容易に推察できよう。

②平泉寺白山神社（平泉寺）

当社は、福井県勝山市平泉寺町に鎮座する。社域は九頭竜川中流域に位置し、越前禅定道の起点である越前馬場の地である。社地の最奥の旧平泉寺遺構群を経て白山の峰々に至る。ちなみに峰続きの経塚山は、現状の地形観察上から察して旧寺域の結界頂に当たると考える。

図 15　平泉寺白山神社精進坂

図 16　平泉寺白山神社二の鳥居（奥に拝殿）

図 17　泰澄大師廟

平泉寺は、養老元(七一七)年、泰澄による神仏遭遇と白山開山を伝える。その年次については論究しない。天台宗に属する山岳寺院として興隆したが、天正二(一五九四)年に一向宗門徒の襲撃をうけて全山焼失し、以後完全な復興はなかったという。現社殿は寛政七(一七九五)年の造営である。[10] この他に旧平泉寺遺構群が大変よく遺っており、国史跡の指定を受けて整備され、地元の住民による懸命な保全活動が展開されている。史跡保護の趣旨を踏まえ、今回の唐澤の踏査範囲は限定的であり、周知の遺構以外の確認には至っていない。

③長瀧白山神社(長瀧寺)・付、白山中居神社

図 18　長瀧白山神社本殿

図 19　白山長瀧寺大講堂

長瀧白山神社は、岐阜県郡上市白鳥町長滝に鎮座する。長良川上流域に所在し、美濃禅定道の起点・美濃馬場である。長良川の流域は広く、白山神社の分布も濃厚であり、当社の果たしてきた役割は極めて大きいと考えてよい。現社地内には、神社遺構と寺院遺構が併存し、白山信仰の様相をよく遺しているといえるであろう。拝殿は一宇、本殿は三宇を並祀し、三峰三神を具現化している。草創を養老年間の泰澄による長瀧中宮の建立による

図20　白山中居神社鳥居（左方谷越に白山を望む）

図21　白山中居神社本殿（右奥）と著者

と伝える。(11)濃尾平野から飛騨に至る一帯の白山社の頂点に位置し、唐澤は、本章の主題とする前田家の根源的な信仰と、後の加賀国の領国経営に影響を及ぼしてきたと観ている。

　長瀧白山神社から桧峠を越えて禅定道を進み、白山中居神社に至る。この地は、現在、長瀧白山神社と同じく岐阜県郡上市白鳥町に属するが、古くは越前国大野郡に属し、社殿の眼前を流れる清流・石徹白川は、長良川ではなく九頭竜川水系である。当社と平泉寺との関係については岩井孝樹の論究がある。(12)当社に達するといよいよ山容が近くなり、「しろやま」を直接拝することができる。いよいよ禅定への覚悟が深められたことであろう。

④白山社の分布

　近世以前に創建されたと伝える白山信仰の社寺は、どれほどの広がりを示すであろうか。考古学的方法からこれを証することははなはだ困難であるが、全国の各県神社庁資料等から現代における白山社の分布からその傾向を確認してみることとする。

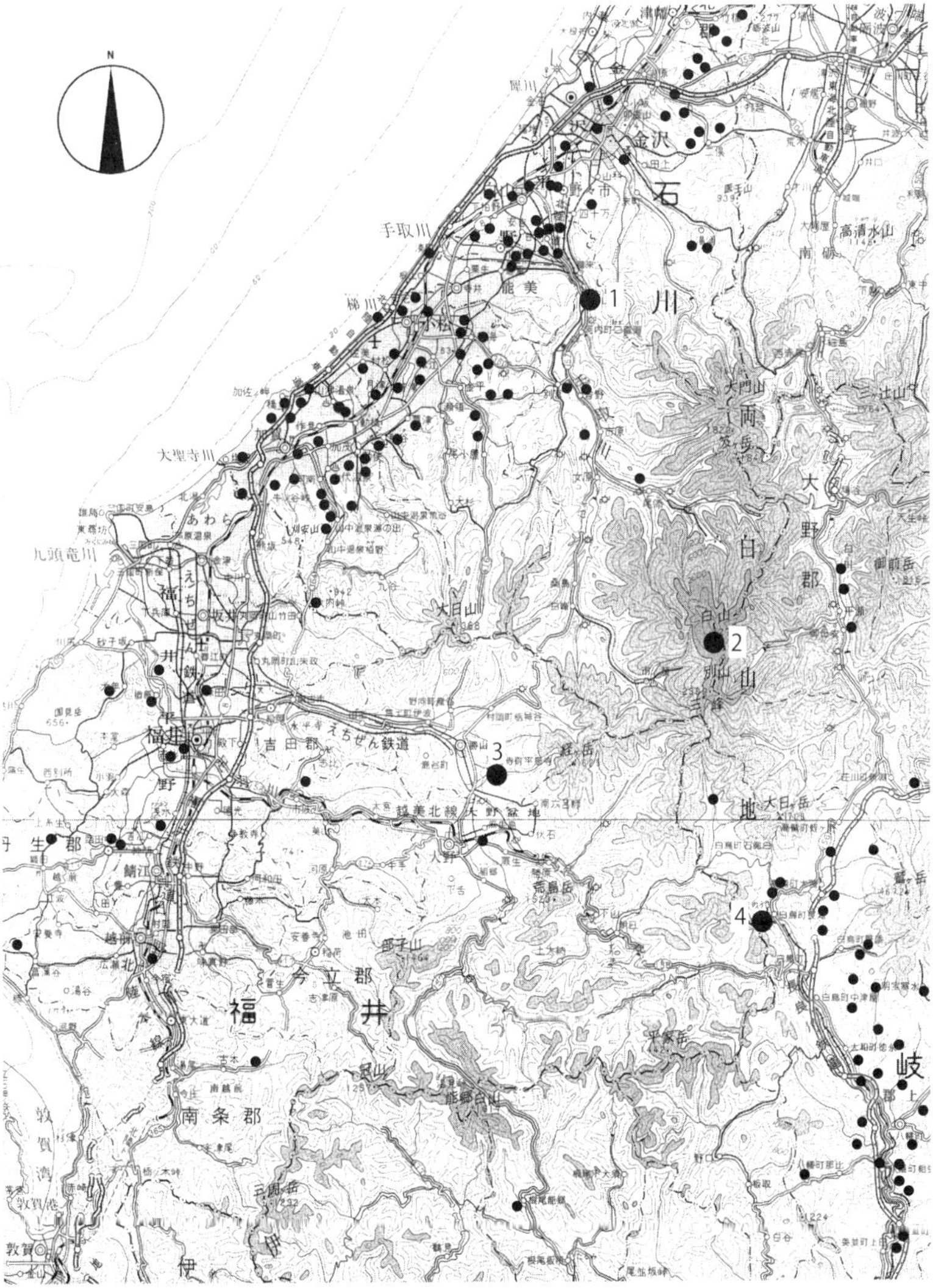

図 22　白山周辺白山神社分布図（1/500,000 中部近畿から作成）
1. 白山比咩神社　2. 白山奥宮　3. 平泉寺白山神社　4. 長瀧白山神社

近世国別白山社鎮座現況（2019.9.1 暫定版・①～③は優先順位・合社を含む）
①国文学研究資料館国別『神社明細帳』 ②県別現況「神社庁情報」 ③県別現況「地域情報」

番号	都道府県	近世国名等	①	②	③	②又は③数	多段築造塚数	摘要
1	北海道	【蝦夷地】	0	0		0		
2	青森県	陸奥国		8		8		
3	岩手県	陸中国		18		18	2	
4	宮城県	陸前国	21	14		14	2	
5	秋田県	羽後国		20		20		
6	山形県	羽前国	67	58		58	4	
7	福島県	岩代国		0		0		
8		磐城国	1	3		3		
9	茨城県・千葉県	常陸国	17		10	10	1	
10	千葉県	下総国	50	1		1		
11		上総国	3	0		0		
12		安房国		0		0		
13	東京都・埼玉県・神奈川県	武蔵国	49	29		29		
14	神奈川県	相模国	22	17		17		
15	栃木県	下野国		1		1		
16	群馬県	上野国	36	17		17		
17	長野県	信濃国		40		40		
18	山梨県	甲斐国	25	10		10		
19	新潟県	佐渡国	34	25		25		
20		越後国	184	167		167	2	
21	富山県	越中国		11		11		前田家領国
22	石川県	能登国	108	147		147		前田家領国
23		加賀国	168	192		192	15	前田家領国・手取川流域
24	福井県	越前国	294	303		303		・九頭竜川流域
25		若狭国	5	3		3		
26	静岡県	伊豆国		5		5		
27		駿河国		10		10		
28		遠江国		37		37		
29	愛知県	三河国	33	62		62		
30		尾張国	72	94		94		前田家発祥・長良川流域
31	岐阜県	飛騨国		86		86		・長良川流域
32		美濃国	3	260		260		・長良川流域
33	滋賀県	近江国		19		19		
34	三重県	伊勢国		3		3		
35		伊賀国		2		2		
36		志摩国		0		0		
37	和歌山県	紀伊国		0		0		
38	奈良県	大和国	24	15		15		
39	京都府	山城国	7	7		7		
40		丹波国	1	1		1		
41		丹後国	5	3		3		
42	大阪府	河内国	1	0		0		
43		和泉国		0		0		
44		摂津国	3	3	1	4		

45	兵庫県	淡路国			1	1		
46		播磨国			2	2		
47		但馬国			4	4		
48	鳥取県	因幡国	1		0	0		
49		伯耆国	1		1	1		
50	島根県	隠岐国		1		1		
51		出雲国		1		1		
52		石見国		0		0		
53	岡山県	美作国		3		3		
54		備前国		3		3		
55		備中国		0		0		
56	広島県	備後国		2		2		
57		安芸国		0		0		
58	山口県	周防国	2	2		2		
59		長門国	3	5		5		
60	香川県	讃岐国		1	2	3		
61	愛媛県	伊予国			13	13		
62	徳島県	阿波国		4		4		
63	高知県	土佐国			2	2		
64	福岡県	筑前国	18		6	6		
65		筑後国	3		2	2		
66	長崎県	壱岐国		1		1		
67		対馬国		0		0		
68	長崎県・佐賀県	肥前国	20	7	1	8		
69	熊本県	肥後国	12		2	2		
70	福岡県・大分県	豊前国	4		4	4		
71		豊後国	8		6	6		
72	宮崎県	日向国			0	0		
73	鹿児島県	薩摩国		8		8		
74		大隅国		2		2		
75	沖縄県	【琉球国】	0	0		0		
合計			1305	1731	57	1788		※旧内務省調査は2715

表は、まず神社本庁管下の全国の神社庁の公開資料から①を作成し、未公開の地域にあっては当該県の観光等情報・個人提供電子情報から②を作成している。ただし、②については事前に①と比較してかなり不十分であることが判明している。また、可能な限り白山社を合社している社や、祭神に「菊理比賣」を祀る社も加え、神社庁に属さない社についても重複照合を行って加えてあるものの、一方で所管から除外・合社による情報を集約しきれていない。こうした調査現況にあっても、全国に一七八八の社を数え得た。

三橋健によれば、白山社は「全国に二七一七社分布するという[13]。」との情報を記しているが、おそらく明治初期に作成された各県の神社明細帳の記載(二七一五社)を中核としたものと推察しているが論拠を確認できていない。ちなみに国文学研究資料館の「館蔵社寺明細帳データベース」では、祭神に拠らず「白山」の社名によって現在一三〇五社が確認できているが完成されていない。ちなみに丑木幸男の研究に拠れば、明治一二(一八七九)年当時の群馬県における白山社は一一〇社を数え、現状の一七社を大きく上回っていることが知られる。(14)三橋の指摘の如く「古くから天台宗と関係をもち、白山社は天台寺院の普及に伴って広く勧進されていった。(15)」ほか、天台系の修験者や御師の活動の広範化にともなって、小規模な石祠も加えて数をましていったものとみられる。

社祠数については詳細な全国調査が必要であろうが、本章の主旨から外れるためここでは論究しない。また、それぞれ縁起や社伝を逐一検証する必要があろうが、その方法自体に限界があり、よってこの表はあくまでも参考に過ぎないが、勧進は概ね近世末までの間に終えていたものとみられ、江戸時代における白山信仰の再興の状況を示していると考えてよかろう。その傾向としては、まず白山を源流とする川の流域諸国に多く、次いで北陸・東北に広がりを示すことが看て取れる。このことは白山に由来する信仰の流布すなわち宗教者の移動を示すものであることに他なるまい。また、前田家の領国であった加賀・能登・越中三国に集中していることも看過すべきではなかろう。

唐澤はかつて、段造りで方墳状の形態を示す塚が北陸地方から東北地方南半に分布する事案について論究したことがある。(16)これらの「多段築造塚」は埋葬機能を具備しないものである。白山社分布の濃厚な範囲の中に、多段築造塚が認められることにも注意する必要があろう。

ここで再び、前田家の故地である荒子の地に立ち返ることとする。尾張はいうまでもなく木曽川・長良川・揖斐川による沖積地であり、先に瞥見した如く長良川に由来する白山社の濃密な分布が認められる。そして、荒子の北東一里(約四㌔)といういわば指呼の距離に大須白山神社が所在し、荒子との境をなす通船水路は長良川の分流ではないにもかかわらず、これに架かる橋を現在「長良橋」と称している。また、荒子を含む現在の中川区には五社（大太郎・東起町・二女子町・戸田・川前町の各白山社）が集中している。それぞれの縁起が考古学的検証の対象になりえないことは自明ではあるが、以上の踏査結果をまとめるならば、前田利家は加賀入封以前から白山信仰と有縁の関係にあったことが考えられるのである。

おわりに

本章の結論には二つの論がある。一つは加賀藩主前田家の野田山墳墓群の形態に関わる論、もう一つはその領国支配上の意味についてである。

まず形態については、多段築造塚と近似する形態を示すとした。多段築造塚には、三段・五段・七段が認められたが、唐澤は前著等において、多段築造の一連の塚の系譜を奈良市高畑町の頭塔・堺市土塔町の土塔・岡山県熊山町の熊山遺跡・沼田市戸神の土塔など古代の仏塔の後裔の可能性を指摘した。(17) しかし、相互の系譜上の間隙を埋めるには至らなかった。今回の検討により新たに、多段築造塚の中に白山信仰を背景としこれを形象化した一群があるのではないかとの再考結果を提示したい。

唐澤は、昭和五一年に富士信仰に関わる研究の一環として富士山周辺を踏査し、近世において主に南関東地域に展開する富士塚の原形が、富士吉田北口本宮の後背地に残る大塚であろうことを考究し学内論文としたことがある。このことが、多段築造塚が富士塚に先行する山岳の形象形態であったのではなかろうかと推察する背景をなしている。

次に、前田家におけるこの墳墓形態の採用背景であるが、前田家と加賀国領民との接点が白山信仰にあり、前田利家は領国経営の要が民衆への利益分配と民心安定とにあるとして、その双方を保証するとともに、その視覚的指標として三段方墳を採用して前代に存在した信仰の擁護者・継承者であることを示したのではあるまいか。この選択はおそらく成功したものと思われるが、幕府の大名統制が進み、前田家といえども墳墓形態においてもその独自性を発揮し続けることは困難となり、野田山の地を除いては全国的に画一的な形態に移行していったものであろう。

また、三段には、白山の三峰・三社・三川を象徴する数理的な意味合いを含み、前衛をなす構築遺構がかつて存在していたのではなかろうかとも考えるのであるが、これにはさらなる合理的な検証が求められるであろう。

いずれも大胆に過ぎる仮説との指摘を受けるであろうが、広く諸賢の検証に期待して章を閉じたい。

本章を構想して以来、多くの方々のご支援を得た。殊に富山県高岡市教育委員会・石川県金沢市教育委員会・同市立玉川図書館・(公財)群馬県埋蔵文化財調査事業団発掘情報館・加賀市立図書館・白山平泉寺歴史探遊館、そして白山比咩神社・白山神社・長瀧白山神社の各位には、資料閲覧や現地調査にあたってご高配をいただいた。あらためて感謝申し上げる。

註

(1)『新訂　寛政重修諸家譜第十七』続群書類従完成会　一九六五年

(2) 金沢市『野田山加賀藩主前田家墓所調査報告書』金沢市埋蔵文化財センター　二〇〇八年

(3) 前掲(2)

(4) 栗山雅夫「加賀藩主前田家墓所における造墓原理」『近世大名家墓所調査の現状と課題』立正大学考古学会　二〇一〇年

(5) 狭川真一編『中世墓資料集成　―北陸編―』中世墓資料集成研究会　二〇〇六年

（6）前掲（2）
（7）前掲（1）
（8）高瀬重雄編『白山・立山と北陸修験道』山岳宗教史研究叢書10　名著出版　一九七七年
（9）白山比咩神社社務所編『白山比咩神社略史』白山比咩神社、二〇〇九年
（10）岩井高樹『白山』大野市歴史博物館、二〇〇七年
（11）若宮多門『白山文化手帖』ＮＰＯ法人ＯＲＧＡＮ、二〇一六年
（12）前掲（10）
（13）三橋健「白山神社」白井永二・土岐昌訓『神社事典』東京堂出版　一九七九年
（14）丑木幸男「『上野国神社明細帳』の成立と名望家」『群馬歴史民俗三七』群馬歴史民俗研究会　二〇一六年。丑木論文では「一一〇社→一五社」であるが、唐澤付表では「三六社→一七社」である。
（15）前掲（13）
（16）唐澤至朗「多段築造塚小考」『群馬県立歴史博物館紀要』第一三号、群馬県立歴史博物館、前著『民衆宗教遺跡の研究』高志書院　二〇〇三年にも所収。
（17）前掲（16）

第一〇章　村人の寄る辺

はじめに

わが国の中世から近世への移行過程において、村落は農事を専らとした民衆の生存領域であった。その農村の景観は、大きく変容したのであろうか。中世末期に行われた「兵農分離」と、近世幕藩体制化における所謂「慶安御触書」に象徴される農村統制は、村人の心の有り様にどのような影響を及ぼしたのであろうか。またそれを考古学的な事象として確認しうるであろうか。

これを埋葬標識に求めるならば、概ね明確な変化として捉えることができている。すなわち中世の民衆墓には明確な標識が整えられず、近世に至って徐々に墓石が設えられているという事実である。唐澤自身も、新潟県尾野内遺跡や群馬県北三木堂遺跡における中世墓の発掘調査を通じて、中世の墓地景観と近世以降におけるその埋葬情報の喪失を確認したところである(1)。

では、近世以降の農村域における墓地の景観はどのようなものであったのであろうか、そしてこれらが農村景観全体の中で、どのような位置を占め、民衆の行動にも現代に続くある種の普遍性を見せていたのであろうか。唐澤にははなはだ興味深い事案といえるのである。

本章では、群馬県高崎市吉井町の多比良地区で行った発掘調査成果と、これを機縁として行った踏査結果を踏まえて、この自問への解を求めることとする。

一　群馬県多比良天神原遺跡の調査

多比良天神原遺跡は、群馬県高崎市吉井町の南東辺、多比良地区に所在する(図1)。唐澤は同僚の坂口一とともに、平成一九(二〇〇七)年九月の一ヶ月間、主要地方道神田吉井停車場線の道路整備事業に伴う発掘調査にあたった。この調査においては、後述する近世末期の小規模な堂宇跡を検出した。まずその概要を調査報告書に拠って確認することにする。(2)

〈立地〉

この遺跡は、群馬県の西部を長野県境から西流する鏑川の右岸側すなわち南側の河岸段丘上に立地している。この河岸段丘は、片山長根・吉井・馬庭段丘と称する下位段丘と、神保・多胡・深沢白石段丘と呼称される上位段丘があり、遺跡は上位の多胡段丘の基部に占地している(図2)。

下位段丘上には、多胡碑や多胡郡家関連遺構・条里水田など古代遺跡が、上位段丘にも縄文時代以降の先史遺跡や矢田遺跡など古代の集落・神保古墳群などがあり、連綿と続く開発様相が看取できる。また上位段丘上の集落・耕地は、現代の圃場整備後の耕地や住宅を割り引いてもなお、近世の村落景観を残している。また、段丘には鏑川にほぼ直交する谷が形成され、遺跡地周辺の平坦地は狭小となり、遺跡はまさにこの一つ、多比良集落の南端で牛伏山に続く後背山地との境に位置しているのである。

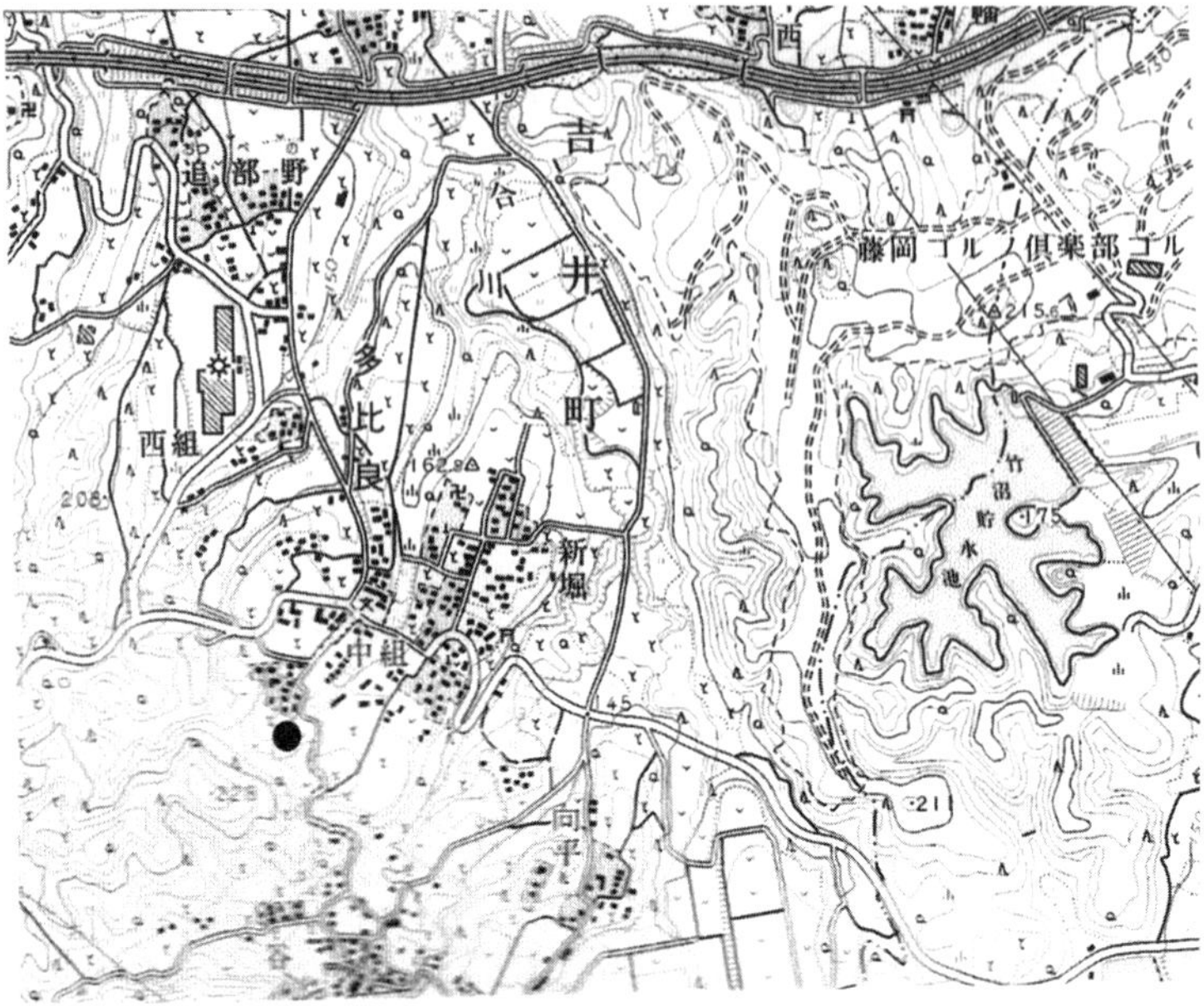

図１　多比良天神原遺跡Ⅱ層の位置（●印）（1/25,000 藤岡から作成）

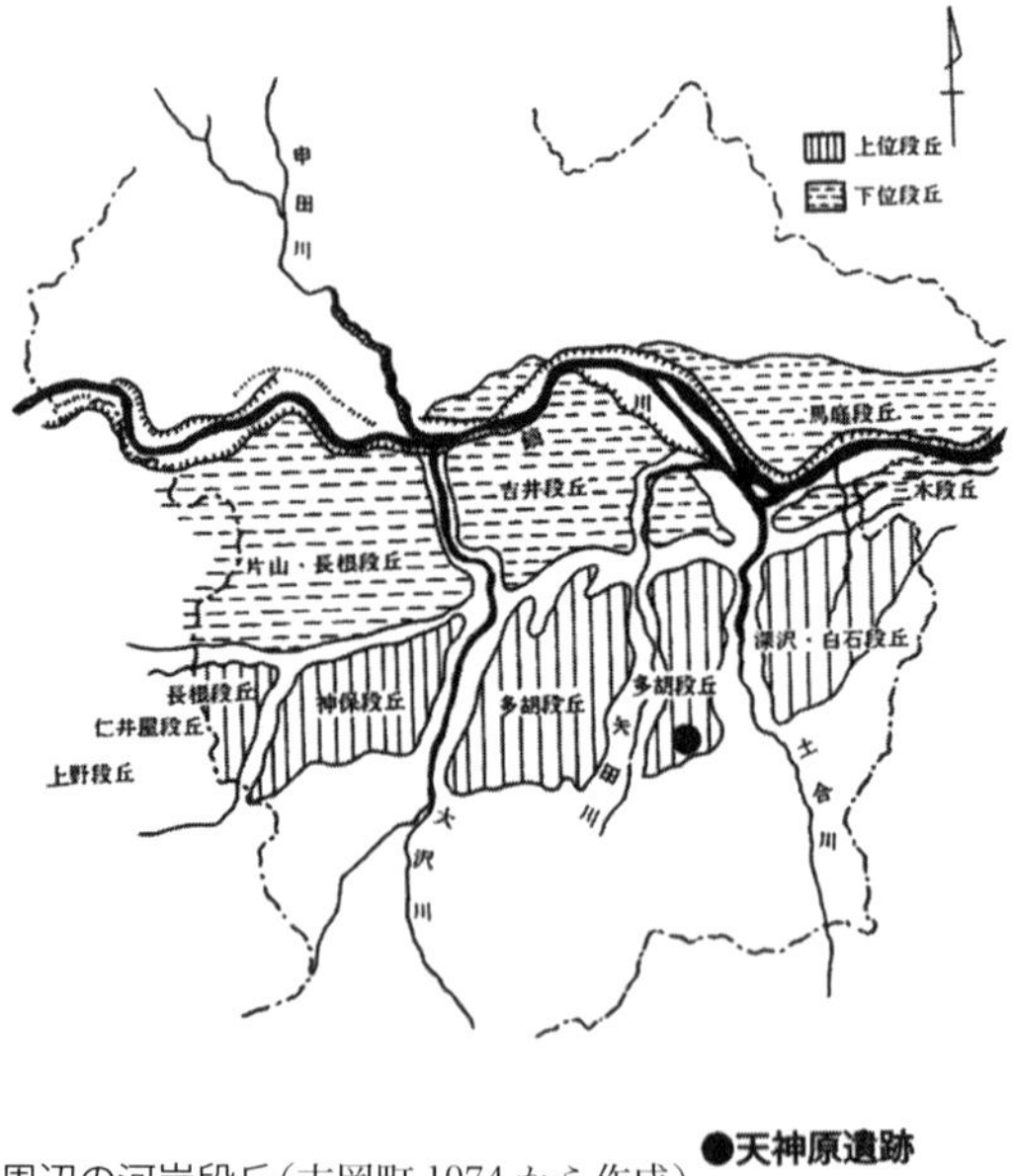

図２　遺跡周辺の河岸段丘（吉岡町 1974 から作成）

遺跡からは、縄文時代後期と中世前期以前の遺構・遺物も検出・出土しているが、本章の主題とは異なるため、ここでは割愛する。

〈遺構〉

遺跡から検出された近世遺構は、基壇を伴う建物跡が一棟、直角に屈曲する区画溝が一条、性格不明の浅い土坑が七基であった。

建物の基壇自体、かなりの撹乱を受けていたが、一部に浅い雨落ちと考えられる溝と、基壇の中軸に合致する崖下から続く通路状の硬化面が検出された。中軸線から算出される規模は、四尺五寸庇をもつ一二尺四方の建物である。瓦片が全く出土しなかったことから、唐澤は、この建物は崖線と平行する南東方向を正面とした二間四面の萱葺きで、おそらくは宝形造りの堂宇ではないかと推定した。

〈遺物〉

この建物遺構に伴う遺物は、五輪塔空風輪一点と舟形碑残欠一件である。いずれも地元産出の牛伏砂岩によるものであり、形態から江戸時代後期・一八世紀末頃に近在で製作されたものとみてよいと考える。別に区画溝の埋没土から一九世紀後半に瀬戸地方で生産されたともされる三足香炉などが出土している。これらの遺物は、この遺構が仏堂であることの証左たり得るものである。

〈存続期間〉

建物遺構の存続期間については次のように考えている。まず周辺の造成は天明三（一七八三）年の浅間A軽石（As-A）降下以前であるが、基壇の築造は浅間A軽石の盛り土内への混入状況から、その降下以降で建造は一八世紀末と認めうる。また、この堂宇については記録や口碑が発掘調査時点から今日に至るまでも全く確認されておらず、当時八〇

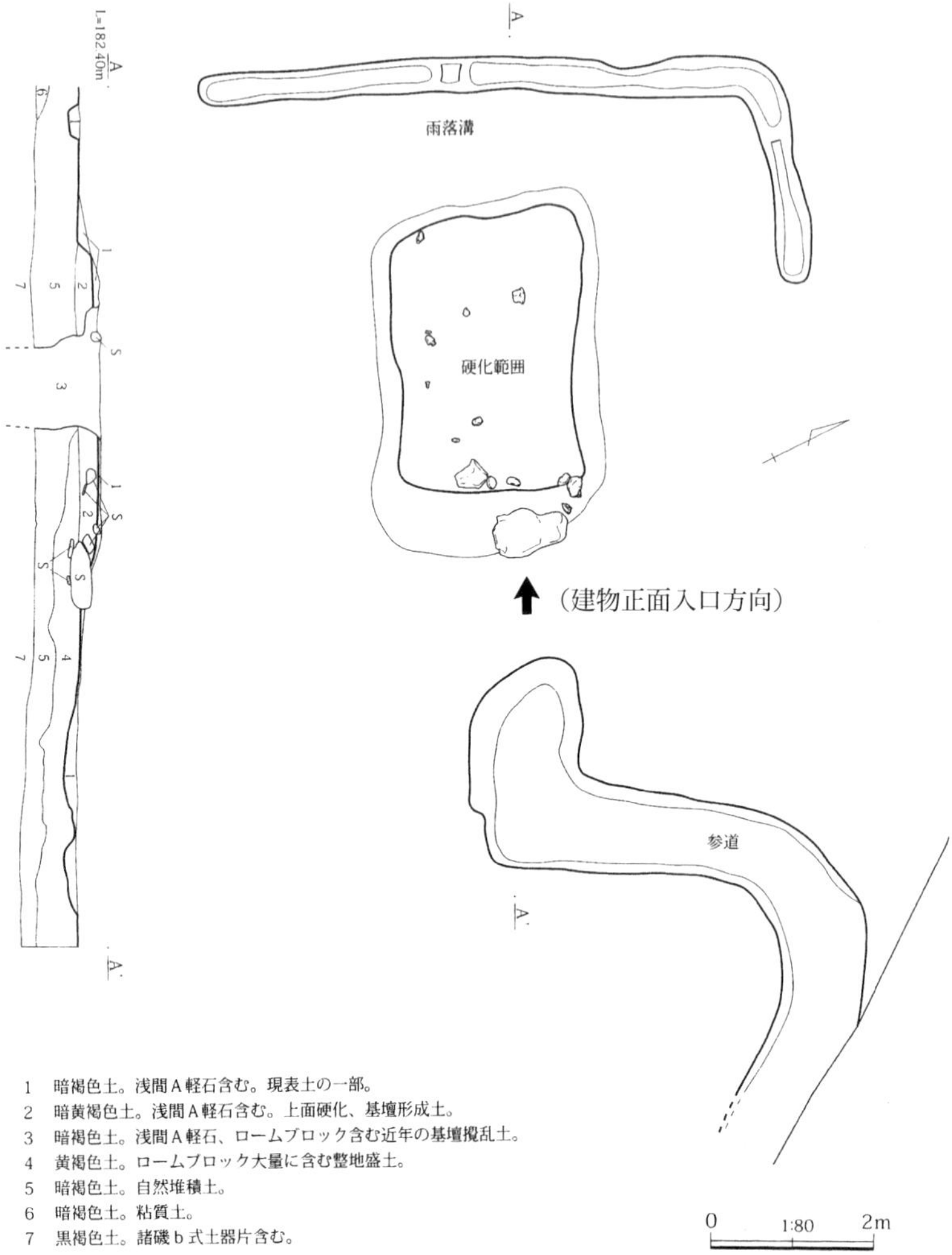

1　暗褐色土。浅間A軽石含む。現表土の一部。
2　暗黄褐色土。浅間A軽石含む。上面硬化、基壇形成土。
3　暗褐色土。浅間A軽石、ロームブロック含む近年の基壇攪乱土。
4　黄褐色土。ロームブロック大量に含む整地盛土。
5　暗褐色土。自然堆積土。
6　暗褐色土。粘質土。
7　黒褐色土。諸磯b式土器片含む。

図3　多比良天神原遺跡II層基壇(唐澤 2008 から作成)

南東方向から　↑正面

南東方向から　←正面

図４　建物跡検出状況（唐澤 2008 から一部加工転載）

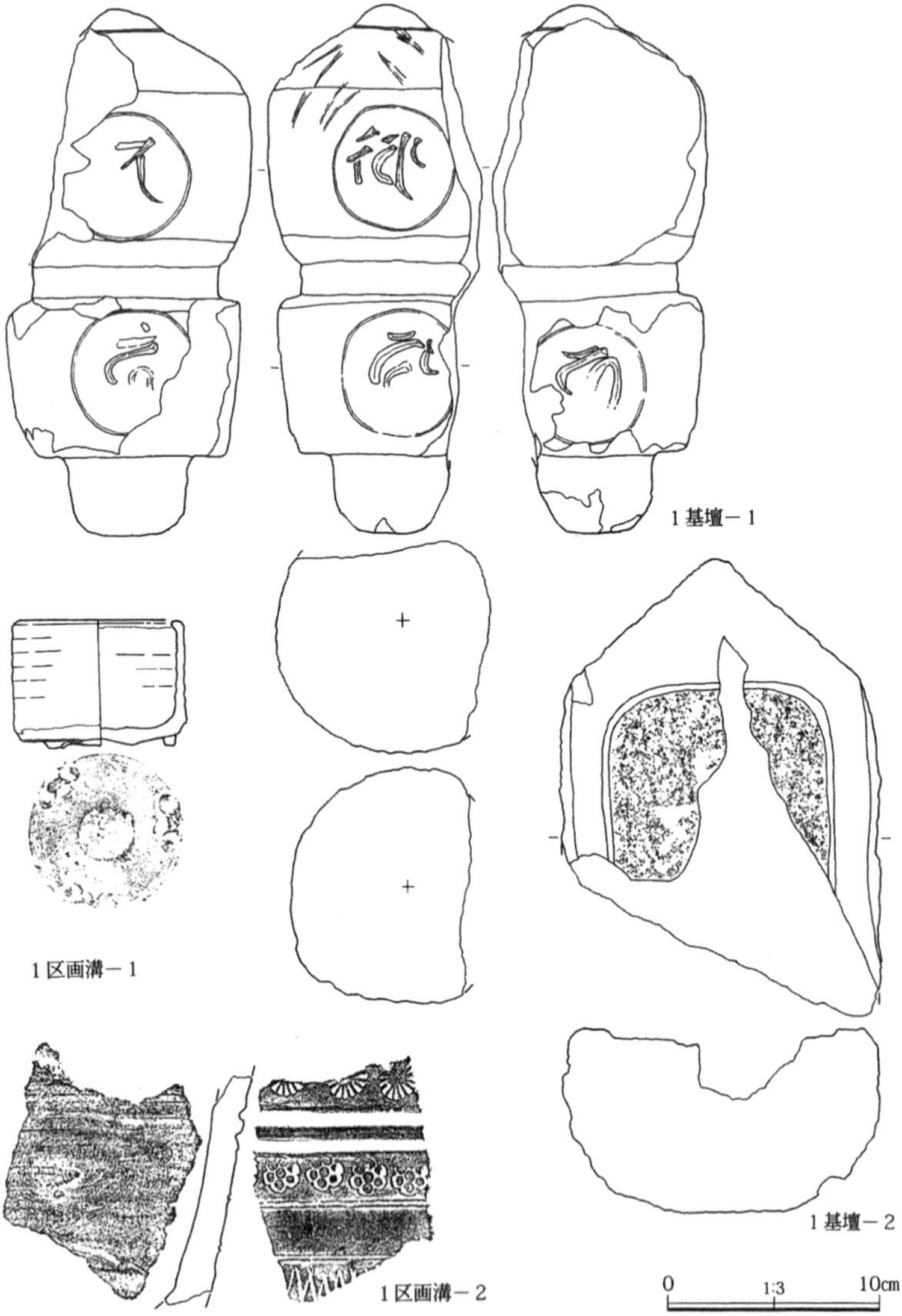

図5　多比良天神原遺跡Ⅱ層基壇周辺出土遺物（唐澤 2008 から作成）

歳代の古老の記憶にも全くとどめられていないことなどからも、数十年というかなりの短期間で機能喪失し、一九世紀中には廃絶していたのではなかろうか。出土した遺物からも頷首できるであろう。

二　多比良諸墓地の悉皆踏査

唐澤は、平成二〇（二〇〇八）年九月、先述の発掘調査報告書の作成に資するため、堂宇の遺例と痕跡を求めて多比良地内において急遽悉皆調査を行った。その結果は図6及び表1のとおりであったが、諸墓地内に残る無縫塔の存在に着目しつつも、二日間という踏査日限があり建物遺構に関する情報収集という当初の調査目的からも逸脱するとして断念せざるを得なかった。ただ、同報告書のまとめの中で、「さらに注目すべきは、集落や有力一族の墓地に僧侶の墓碑である無縫塔が遺存していることである。これは自邸接待のほか、まさにその地に僧侶の寄留・活動拠点となった仏堂が営まれていたことを暗示するものであり、同時に旅僧を支援する村落構造が存在したことを物語るものであろう。」とし、さらに詳細な論究の必要性を自ら確認したのである。

次に寺院・堂宇・墓地の大まかな位置と一覧表を掲げてある。初出調査報告書では横組であったが、本書の体裁に合わせるため縦組に改めてある。

次に、それらの景観を示す数カ所の写真を掲載した。それぞれ個人の家に属する墓地であり、位置の詳細や戒名などの墓碑銘については、個人情報に属するものであるため、公表は差し控えることとした。

この調査結果から得られた知見は、次のとおりである。

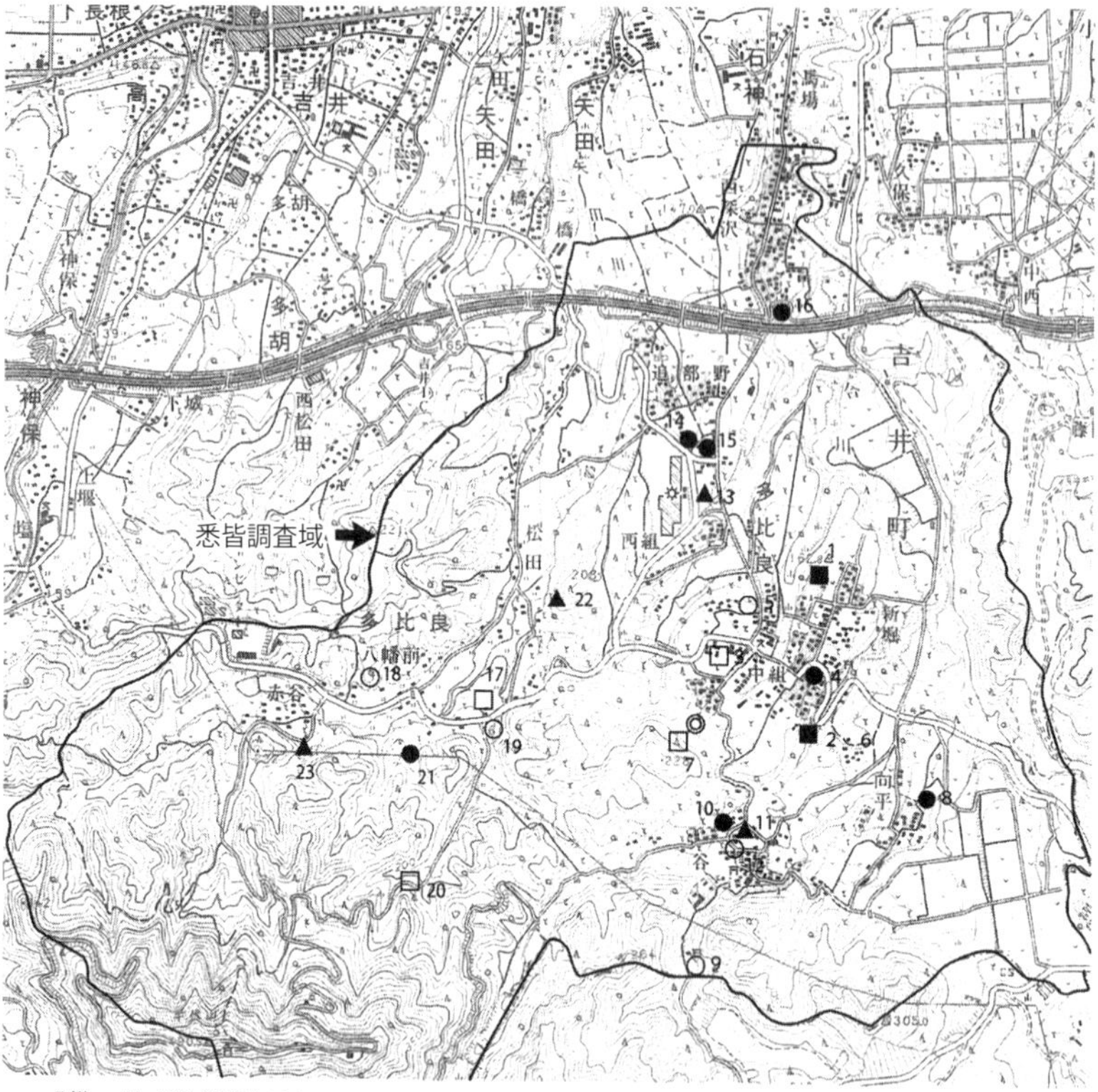

凡例　□ 寺院（廃寺を含む）　○ 仏堂（廃堂を含む）　◎ 今回調査遺構
■ 寺院（廃寺を含む）＋ 無縫塔　● 仏堂（廃堂を含む）＋ 無縫塔　▲ 無縫塔のみ（仏堂不詳を含む）

図６　多比良地区の寺院・仏堂等の状況（唐澤 2008 から作成）

表　寺院・堂宇・墓地一覧表

番号	名　称	所在字名	開　創	記　事	現状	情　報
1	普賢寺	中城	伝、平安・延喜年間(九〇一～九二三)	天台宗。本尊阿弥陀如来。永禄六(一五六三)年または天正一八(一五九〇)年に焼亡・再建すという。合併寺院の本尊等を安置。	現存	『吉井町誌』『角川日本地名大辞典』
2	清瀧寺	滝の前・諏訪前	不詳	天台宗。本尊阿弥陀如来。「吉井宿組合村々書上帳(文政年間)」に記載。昭和三〇(一九五五)年、普賢寺に合併。無縫塔等遺存。	廃寺	『吉井町誌』『角川日本地名大辞典』
3	光明寺	光明寺	不詳	真言宗→天台宗。「真言宗臨終用心(長享二年)」奥書に見える。「延養寺文書(天正四年)」に普賢寺と併記、共に延養寺末とある。明治八(一八七五)年時点ではすでに消滅。字名に残る。推定地あり。	廃寺	『群馬県古城塁址の研究補遺篇上』『角川日本地名大辞典』
4	観音堂	諏訪前	不詳	明治四三(一九一〇)年、普賢寺に合併。本尊観音菩薩。道路拡幅により廃堂。無縫塔遺存。	廃堂	『吉井町誌』竹原観秀氏教示
5	大日堂	西浦	不詳	大正年間、普賢寺に合併。本尊大日如来。文化年間の石塔類遺存。	廃堂	『吉井町誌』竹原観秀氏教示
6	観音堂	滝の前・諏訪前	不詳	昭和三〇(一九五五)年、清瀧寺と共に普賢寺に合併。本尊十一面観音菩薩。	廃堂	『吉井町誌』
7	積善寺	積善寺	不詳	字名にのみ見え、積善山と通称。発掘調査地に南接す。	—	『角川日本地名大辞典』
8	薬師堂	向平	不詳	OB家墓地内。無縫塔遺存。	現存	小根澤雪絵氏教示
9	磨崖仏(不動尊)	谷	伝、平安時代前期	堂宇無し。磨崖仏。不動明王及び十三仏。江戸時代末まで普賢寺に属す。	現存	『吉井町誌』
10	観音堂	谷	不詳	本尊千手観音菩薩、清瀧寺を経て普賢寺に伝存。OG家墓地に隣接。安永年間の無縫塔遺存。	廃堂	塩澤信満氏教示
11	(不詳)	谷	不詳	S家墓地内。無縫塔遺存。	—	塩澤信満氏教示
12	(薬師仏)	谷	不詳	路傍。本尊は目の神と称す板碑片。傍らに正徳三年銘供養塔あり。	石堂	塩澤信満氏教示
13	(不詳)	吹返木	不詳	個人墓地。無縫塔遺存。	—	
14	薬師堂	間ノ田	不詳	A家墓地内。安永年間在銘無縫塔遺存。	現存	
15	観音堂	常木	不詳	地区墓地内。無縫塔遺存。	廃堂	
16	薬師堂	滝ノ宮	不詳	T家墓地内。薬師如来石仏は市指定文化財。無縫塔遺存。	新造	
17	松田寺	一丁田か	不詳	天台宗。「吉井宿組合村々書上帳(文政年間)」に記載。現地踏査するも不詳。推定地あり。	廃寺	『角川日本地名大辞典』長谷川寛見氏教示
18	阿弥陀堂	堂城	不詳	現地踏査済み。あるいは松田寺等中世寺院の一部か。	廃堂	『中世吉井の城館跡』
19	薬師堂	湯端	不詳	推定地あり。鉱泉施設あり。	廃堂	長谷川寛見氏教示
20	見明寺	見明寺	不詳	字名・林道名に残る。推定地あり。	廃寺	『角川日本地名大辞典』小林次郎氏教示
21	阿弥陀堂	柳谷	不詳	明治四二(一九〇九)年、普賢寺に合併。本尊阿弥陀如来。墓地あり、無縫塔等遺存。	廃堂	『吉井町誌』小林次郎氏教示
22	(不詳)	北谷戸	不詳	M家墓地内。無縫塔遺存。	—	
23	(不詳)	赤谷	不詳	入山下のK家墓地内。無縫塔遺存。	—	

図７　Ａ家墳墓堂 墳墓堂後背の林地に埋葬地がある

図８　Ｂ家墓地 俗人墓とは別に小型の無縫塔が６基見える

図９　Ｃ家墓地 小型の無縫塔が２基ある。後ろの墓碑は、後に集積配置されたものか。

①無縫塔の材質は牛伏砂岩で、地元産出の汎用材であり、他の墓石と同材である。よって、ごく近い範囲における在地制作である。

②無縫塔の規模はいずれも小型で、寺院境内にみられる住職層のそれに比べ、かなり小規模である。

③法号に「権」を冠し、員数外の僧職位であることを示す。

④法号末位に「禅師」・「法印」・「律師」が混在し、宗旨が一定しない。

⑤墓地内に小規模堂宇が遺存もしくは、かつて存在したことが推定される。

こうした帰属宗旨を異とする僧の墓碑が混在する事例には、境内を離れた村落墓地にあっては普遍性を想定しうる。

ちなみに唐澤は、一九九二年に縁あって長野県南佐久郡臼田町の水落山観音院の踏査を行い、一文を報じたことがあるが、この観音院の僧墓群にも同じ様相を観察している(3)。

かかる状況下における課題も垣間見える。すなわち、これら僧籍を示す故人が当該一族といかなる関係にあったのかという事項であって、①同族出家者であった、②一時的姻戚関係をもった寄留者、③全くの寄留物故者の可能性が考えられるが、いずれにしろ管理者との合意形成を待って慎重な対応が必要であると考える。

三　近世多比良村落の一景観

この多比良の地は、古代にあっては国宝「多胡碑」銘文でも知られる和銅四(七一一)年建郡の多胡郡のうちの武美郷に属し、中世には『吾妻鏡』に御家人として「多比良小次郎」の名が見える(4)。また、戦国期には武田信玄への従属として近郷の「馬庭中務少輔家重・神保小次郎昌光」の名が「生島足島神社文書」に見える(5)。近世では徳川家康の関東入封以降、領国支配の大幅な新割が行われ、多胡郡域も天領・旗本知行地・七日市藩領・小幡藩領、その他寺社領に分割され、宝永六(一七〇九)年には吉井藩も立藩し、当地は近世末にはこの吉井藩領となっていた。しかし、小串氏・馬庭氏・神保氏などは後裔が吉井町に存続していることが確認されており、中世から近世への移行期をへて近現代へと族脈を保ってきたことが窺い知れる。このことは、基本的な景観が継続していることを想起させるのである。

一方、この地においては中世墓の営地が不分明であり、継続性を確認できない。このことについては、稿を改めて検討を加えることとしたいが、中世時に比し近世に開山された寺院がきわめて多いことを踏まえ、近世における宗教政策と人心支配が村落の墓営にも投影されていると観ている。すなわち「寺請制度」に基づく地域寺院への帰属である。

農村域の景観は、ある日突然変わったわけではあるまい。住居も生活様式も農事とともに徐々に緩やかに変わっていったとみられるが、その中にあって葬事のみは寺院管下での供養促進と墓碑の建立により、中世とは異なる景観を村域内にもたらすところとなったと考えられるのである。

しかし、この度の悉皆調査から導き出された解は、以上の変化とはいささか異なる民衆の行動を垣間見せる。すなわち、寺院境内墓地とは異なる墓域内に営まれている僧墓からは、民衆の宗教行動が宗派活動や宗教統制とは異なる一面を示すものであったことが看取されるのである。

おわりに

江戸幕藩体制下における宗教統制は、キリスト教排斥と、併せて民衆を檀家として個別寺院へ帰属させ葬祭の利権を当該寺院へ与えて、民衆統制を図ったところにその特徴がある。この所謂「寺請制度」については大方の史家の意見の一致を見、学校教育においても採用されるところとなっている。

しかし、本章で検討した事例は、かかる人為的な制度とは異なる実におおらかな民衆の「あの世」観を示すものと考える。こうしたおおらかさを、現代に生きる我々も継承していることは論を待つまでもなかろう。唐澤は、寺院における現代民衆の祈りの場面を注意深く観察してきたが、その寺の宗旨や本尊仏にかかわりなく、「ナムナム」「ナンマンダーー」の唱えを聞くのである。また、多比良にあっても薬師如来を刻んだと伝えられるが像容不明瞭な石仏を「目の神様」として祀るなど神仏混交の祭礼があり、これら無意識の行いは、まさに一二世紀以降の浄土信仰の拡散に由来するものであることを想起させ、さらに遡古する八百万神々へのおおらかな敬慕へとつながるものと考えるのである。

本章の作成に当たっては、発掘調査関連調査時にお世話になった方々のほかに、図版の転載手続きに公益財団法人群馬県埋蔵文化財調査事業団のご支援を受けた。本章を終わるに当たり御礼申し上げる。

註

（1）波田野（唐澤）至朗・田海義正『尾野内遺跡』新潟県教育委員会　一九八二年。唐澤至朗「北三木堂遺跡中世墓の性格」『北三木堂1』群馬県教育委員会　一九九一年。両遺跡を通じた分析と見解は、前著『民衆宗教遺跡の研究』第七章に掲載してある。

（2）唐澤至朗『多比良天神原遺跡Ⅱ』㈶群馬県埋蔵文化財調査事業団　二〇〇八年

（3）唐澤至朗「長野県南佐久郡臼田町水落山観音院町石の踏査」『群馬県立歴史博物館調査報告書』第7号　群馬県立歴史博物館　一九九六年

（4）黒板勝美編『吾妻鏡　第四』吉川弘文館　一九七二年。『吾妻鏡』正嘉二年三月一日条「将軍家二所御進発　初度着浄衣（中略）次後陣隋兵二騎相並（中略）多胡宮内左衛門尉跡多比良小次郎（後略）」等。

（5）信濃史料刊行会編『新編　信濃史料叢書』第一巻　同刊行会　一九七〇年。「生島足島神社文書」のうち、永禄十年「高山八郎三郎泰重・馬庭中務少輔家重・酒井中務少輔高重連署起請文」・「神保小次郎昌光・小河原右馬助重清連署起請文」

第一一章　牛ヶ首中山塚調査の記憶

はじめに

昭和五〇（一九七五）年七月、立正大学大学院に入学間もない唐澤は、新潟県旧南蒲原郡下田村（現、三条市）牛ヶ首中山所在の埋蔵文化財包蔵地と塚の発掘調査に参加するよう、新潟県教育庁文化行政課から打診を受けた。塚研究を始めたばかりの唐澤は師の了解を得てこれに参加した。発掘調査は村教育委員会が主体となり、同教委に専門職員未配置であったことから旧知の地元研究者が調査担当の任に当たり、調査団が編成された。

唐澤は調査終了後直ちに帰京したため、その後の整理などの状況に関しての記憶はないが、遺物の出土が皆無であったこともあったのであろう、行政手続き上の「調査概要書」のみに留められ、詳細な整理等については後日別途設計となったものと推測している。唐澤は私的な研究対象とするべく測量原図の写しの提供を受け、個人用の野帳一冊とともに保存して後日に備えることとしていた。

その後、昭和五四（一九七八）年四月に唐澤は新潟県教育庁文化行政課に学芸員として赴任し、昭和五七（一九八二）年一月に群馬県教育委員会へ転出するまでその職にあった。この間、他の遺跡の調査や整理に携わるかたわら、この塚の記録の収集・作図を行い、（1）また異動による作業の中断をはさみながら、調査参加者が保存していた別の野帳と個

人撮影による写真や、行政記録の提供を得ることができた。(2)

本章初出は、市町村合併を含め複雑な経緯の中で今日まで公開に至っていないこの塚の調査の状況を、わずかな記録からたどろうとしたものであるが、これは、当時の参加者の中で最も若年であった唐澤自身が還暦に達し、初出文の作成時には間もなく文化財専門職としての現職を辞する立場からも、調査記録の復原・保存が急務であると考えたためである。よって、公式報告ではない小文公表に起因する一切の責任が唐澤にあることはいうまでもない。

一　発掘調査記録の復原

(一)調査に至る経緯

国道二九〇号線は、村上市内の国道七号線瀬波温泉インターチェンジ入り口を起点とし、関川村・胎内市・新発田市・阿賀野市・五泉市・加茂市・三条市・長岡市の越後山脈の山麓部を通過し、魚沼市渋川で国道二五二号線に合流して同市小出で国道一七号線に至る全長一六三・九キロの新潟県管理国道である。『下田村史』によれば、昭和三七(一九六二)年から国道昇格運動が行われ、昭和四四(一九六九)年一一月に昇格認可となったとある。(3)この道筋は、下越から中越に至る国道としては最も内陸側を通過するものであり、このため、狭幅であるばかりでなく屈曲及び高低差が著しく、加えて豪雪地帯を縫うように縦貫するため、国道昇格以前からも継続的な改良が進められてきた。重複する旧道の痕跡は、このことを物語るものであり、本調査実施の背景となった工事も、屈曲する五十嵐川支流の鹿熊川沿いに通じていた旧道を改良する目的で計画されたのである。

昭和五〇(一九七五)年七月一九日付けで提出された旧下田村教育委員会教育長の「文化庁長官宛埋蔵文化財発掘調

査届（以下、発掘届）」には、定められた一一項目の記載があるが、以下は調査内容及び経緯に係わる一～四項の記述である。長文にわたるが基本情報であるので、本書の規格に基づいて横書きを縦書きとし、年号・地番・数値を漢数字に改める以外はそのまま転記引用する。

1、発掘予定地の所在及び地番

新潟県南蒲原郡下田村大字牛ヶ首字中山五三六番地一、五三六番地二、五二八番地、五二九番地、五三〇番地、五三三番地、五三四番地、五三五番地、五三七番地、五四四番地、五一四番地一、五一五番地一

2、発掘予定地の面積

一七八三・四一五㎡

3、発掘予定地に係る遺跡の種類　員数及び名称並びに現状

○中山塚　二基のうち一基

明治三七年頃、塚に不敬な行為を行うと罰が当たると云う伝承のみで、史料はなく、何時の時代か表面が盗掘か何かで削られており、A塚は南北四㍍七五、東西三㍍六〇、高七〇㌢、長方形の土饅頭型で、国道二九〇号線改良工事方線の中心にあり、B塚は南北四㍍八〇、東西五㍍、高一㍍、やや正方形の土饅頭型で、国道二九〇号線改良工事方線外であるが、接触する場所に位置している。

○牛ヶ首中山遺跡

牛ヶ首中山遺跡は、標高五五㍍台地に突出た半島状の個所と島状となっている二ヶ所であり、昭和四〇年頃地元考古学研究者による表面採集により遺物が発見され、昭和四六年には、新潟県立三条商業高等学校社会科ク

ラブ考古班が、五十嵐川流域における先史遺跡調査により、土器、磨斧、打斧、砥石、石皿を採集、「五十嵐川流域における先史遺跡」調査報告第四集として発表されている登録一三一番を含めた一帯は畑が主で雑種地となっているのが現状である。

4、発掘調査の目的

国道二九〇号線改良工事計画方線内に係る埋蔵文化財の分布調査により確認された遺跡について、国道二九〇号線改良工事計画方線変更は検討した結果、立地上不可能であるため、緊急発掘調査をして正確な記録に止め保存する。そのため次の計画で発掘調査をすすめる。

(1) 分布調査により新発見した塚二基(新潟県南蒲原郡下田村大字牛ヶ首字中山五三六番地二)のうち、国道二九〇号線改良工事計画内にある一基は発掘調査をして正確な記録保存とし、方線外の塚は外型記録に止め、現状保存とする。

(2) 国道二九〇号線改良工事計画方線内で牛ヶ首字中山五二八番地～五四四番地までの方線内は、発掘調査による記録保存とする。

(3) 国道二九〇号線改良工事計画方線内で牛ヶ首字中山五一四番地一～五一五番地一内にある登録一三一番遺跡は、発掘調査による記録保存とする。(以下略)

(二)遺跡の位置と環境

この遺跡の所在する旧下田村牛ヶ首は、三条市域の中でも東辺部の、粟ヶ岳(標高一二九三メートル)・矢筈岳(標高一二五七メートル)・守門岳(標高一五三七メートル)等の山屏で界された山間部にある。三条市街地内で信濃川に合流する五十嵐川は、こ

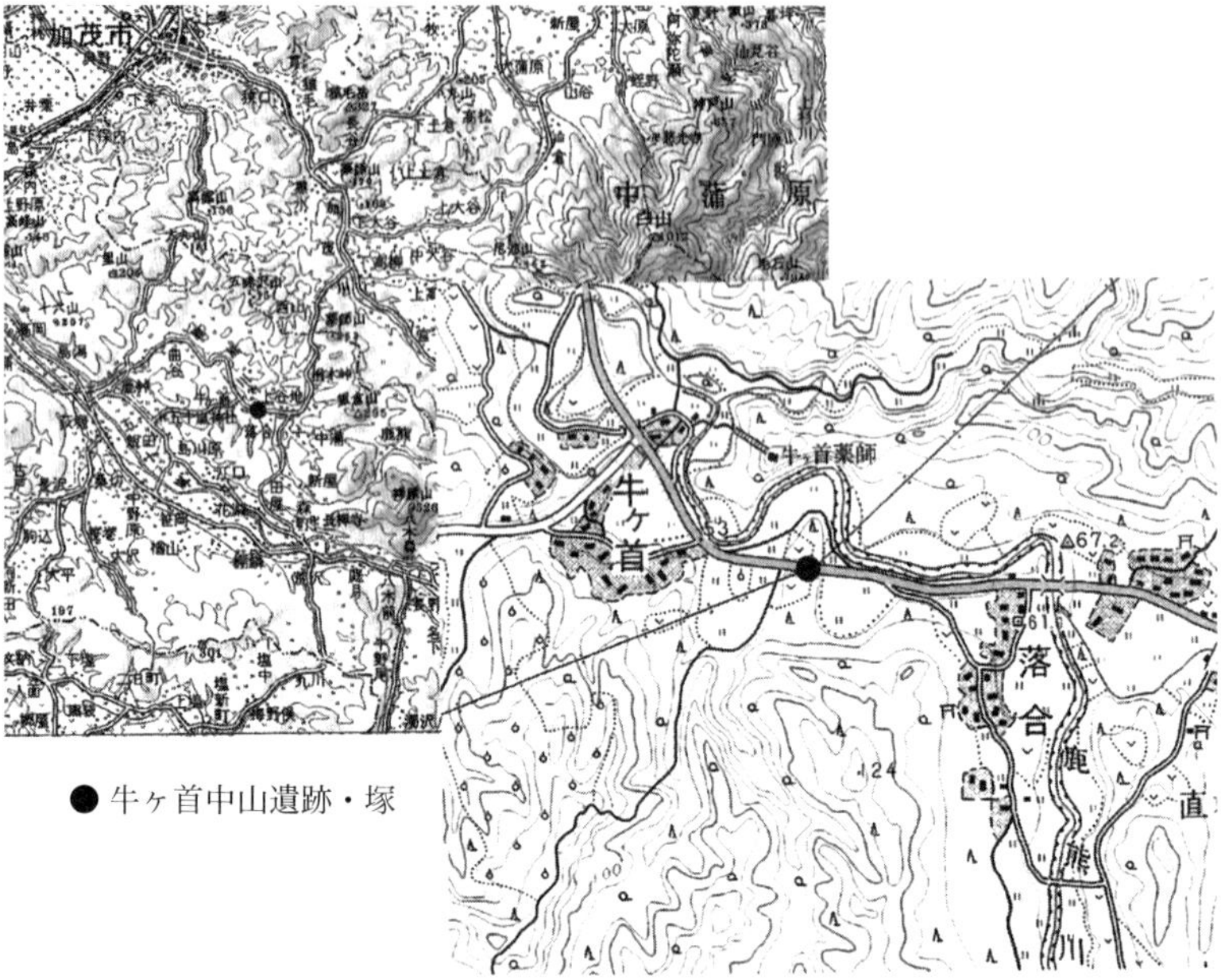

図１　遺跡位置図（1/200,000 及び 1/25,000 を変更・加印）

れら山岳を水源とする多くの支流を有するが、その一つ鹿熊川は蛇行顕著で屈曲する谷地形を形成している。この流域を曲谷と呼称するゆえんである。遺跡はこの鹿熊川の河川活動による河岸段丘上（標高五五～六〇㍍）に占地している。調査対象地が谷に付き出した半島状を呈し、また半島状の上面においてさらに島状を呈する地所もあることは、段丘形成が幾回もの蛇行冠水と浸食によったものであり、調査地上面が礫混入土で覆われていたことがこれを裏付けている。

五十嵐川流域には、前項掲載のとおり新潟県立三条商業高等学校社会科クラブ考古班や、新潟県教育委員会の悉皆調査により、縄文時代から中世に至る遺跡が多く所在していることが知られており、本遺跡の包蔵地部分・牛ヶ首中山遺跡は周知の遺跡とされていた。

塚については、当時は研究史上の進捗過程にあり、地元住民以外には未周知であったものである。

(三) 発掘調査の状況

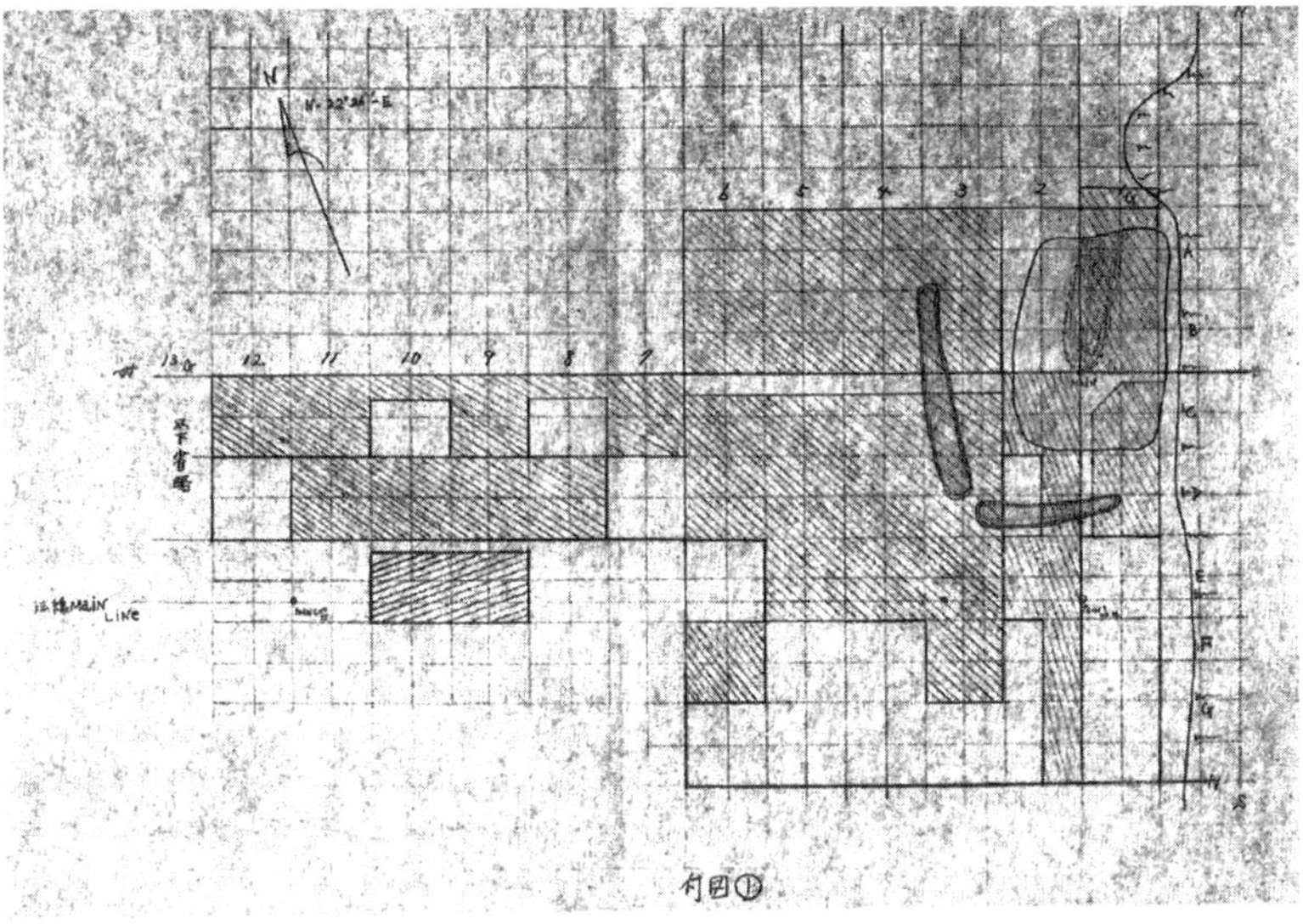

図２　調査概念図（稲岡「調査概要書」から転載）

当時、現地での調査と指導に当たった稲岡嘉彰が、当該年度事業報告として作成した「国道一九〇号線改良工事計画埋蔵文化財調査報告概要（以下、調査概要）」と、唐澤の野帳から、調査時の様相を瞥見する。

発掘調査は、昭和五〇（一九七五）年七月一八日から二四日までの七日間であったが[4]、事前測量等の準備期間として別に七月一五日からの三日間を充てた。二基の塚のうち、道路予定敷内の一基を1号塚（「発掘届」の記載ではA塚）、保存される一基を2号塚（「発掘届ではB塚」）とした。包蔵地は、道路予定敷全域を調査対象とした。まず、1号塚上に中心杭を打設し、これを基準として道路予定敷内の南北方向二〇メートル、東西方向九〇メートルの範囲に二メートル四方のグリットを設定した。

(1)牛ヶ首中山塚1号塚

発掘を行った1号塚は、「発掘届」時の計測では先述のとおり「南北四メートル七五、東西三メートル六〇、高七〇センチ」と長方形プランを呈するものであった。また、頂部の標高値は六一メートル〇三センチであった。東側が段丘崖に接しており、南北に長い盛土形の様相は、東側が徐々に崩落した結果とも考えられた。発掘の結果、塚の構築上の基本的な層序は、Ⅰ表土約二〇センチ・Ⅱ礫混じりの黒褐色土約二五センチ・Ⅲ黒色土約二五～三〇センチ・Ⅳ黒灰色土約一〇センチ・Ⅴ粘質灰色土約八センチ・以下はⅥ青灰色角礫粘板岩を含むローム層であった。すなわち、表土下の礫混じりの黒褐色土のみが盛り土と認めうるもので、以下は自然堆積であった。

調査では塚をめぐる外縁施設の検出も目指し、発掘の最終段階に至って、塚の西側と南側に浅い溝が検出されている。西側の南北方向溝は、長さ約五メートル四〇センチ・幅約八〇センチ・ローム面に約一〇センチ掘りこんだ断面U字状の、南側の東西方向溝は、長さ約三メートル七〇センチ・幅三五～六五センチのもので、両溝の接する南西角では連結していない[5]。

北側も溝の遺存を想定したが、攪乱の故にか不検出であった。このことから塚は表土がかさ上げされたり、西側の盛り土が後世に削られることにより変形していたことが看取された。北側の攪乱状況と東側の崖線から推して、当初は溝の内側で各辺五メートル五〇センチ程度の方形プランを示すものであったとみられ、この規模は次に記す2号塚の現状に近似する。

塚の北側は攪乱により大きく抉れており、抉れは塚基底部にまで達し火を受けた石組みの一部が検出されたが、これに関しては近年の白炭作りの跡との地元情報があり、この情報は検出状況を裏付けるものとみられた。

なお、塚に関わる内部遺構及び遺物は全く検出されなかった。

(2)牛ヶ首中山塚2号塚

現状保存となった2号塚は、1号塚の北に接して位置し、1号塚との間に東に傾斜するくぼみが認められた。盛り土頂部には木製の簡易電柱が一基設置されおり、中心部へ影響は当然想起される状態にあった。事前に1号塚と併せて外形測量による記録が作成された。図示したものは、唐澤が新潟県在職中に註(1)記載の「両新田遺跡」整理作業時に作成したトレース図による。なお断面図は当時作図されていない。「発掘届」の記述と等しく、南北四メートル五〇・

東西五㍍・高一㍍の方形塚であると看取される、前項記載のとおり1号塚の旧形体にやや近く、崩落は同様に進んでいるものの当初の形状をより保っていると考えられよう。

(3)牛ヶ首中山遺跡

この遺跡については、記述のとおり下田村一三一番遺跡として登録されており、その範囲の中の東西に縦貫する道路予定敷の全体を調査対象とした。土層の平均的な状況は、野帳の記載では、耕作土約一五㌢・黒色土約三〇㌢・粘質灰色土約五㌢・以下礫混じりのロームとなっていた。二㍍四方のグリットを交互に人力掘削し、遺構と遺物の検出に当たったが、全くの無遺構・無遺物であった。(6) かつての資料採集記録と現地の状況からは、かなり希薄な遺物散布

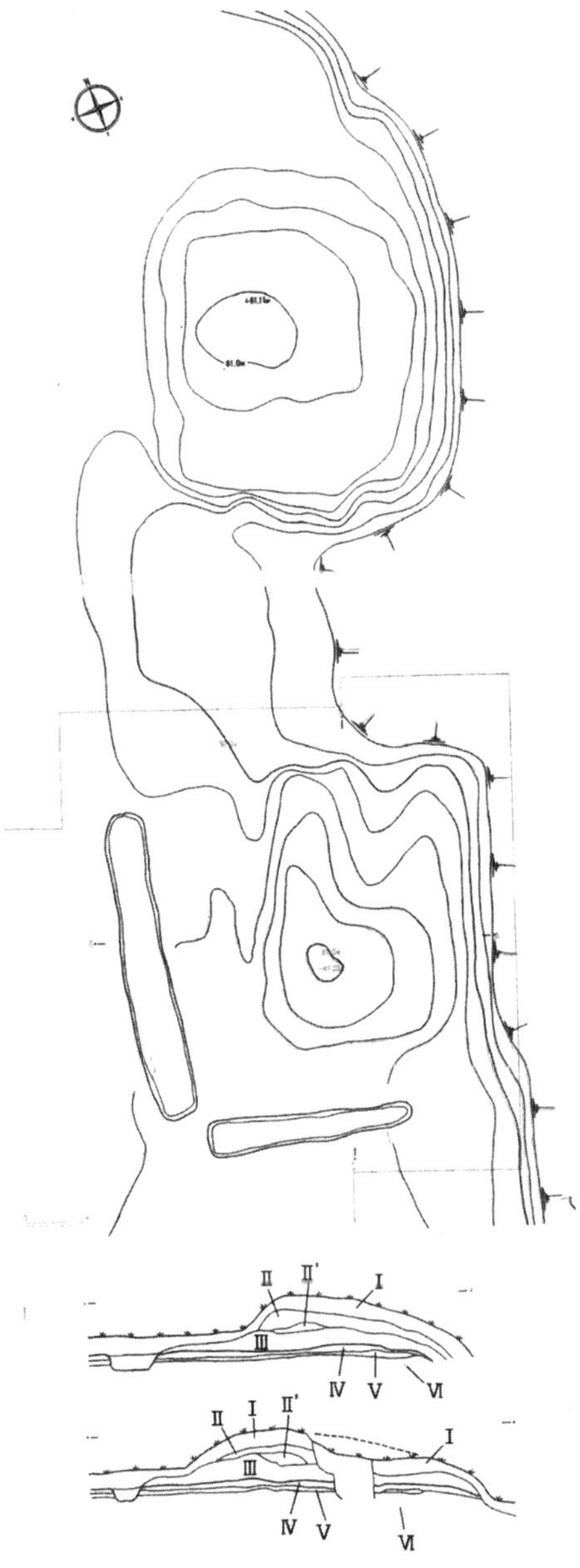

図3　牛ヶ首中山1号塚(下)・2号塚(上)実測図
(原図写から唐澤作成)

①調査前の一号塚（左）・二号塚（右）、（東から）

②調査前の一号塚、（北から）

③調査前の一号塚（右）・二号塚（左）、（西から）

④調査後の一号塚、（北から）

⑤一号塚南北断面（礫は炭窯痕）

⑥一号塚土層状況（黒色土のみ）

⑦一号塚の発掘状況（右から高橋・唐澤）

⑧現況（分岐地点の上方に二号塚が残存）

（①〜⑥稲岡「調査概要書」から転載、⑦本井昭和五〇年撮影、⑧唐澤平成二四年撮影）

図４　調査時の状況

地ではなかったかと考えられた。ちなみに稲岡は「調査概要」中に「長期間に渡る居住地以外の性格をもつ短期間における台地利用が推定できる。」との観察所見を録している。

二　再踏査結果と考察

(一)現地再踏査等による知見

小文をまとめるにあたり、平成二四(二〇一二)年八月三一日に現地及び三条市役所税務課・㈶新潟県埋蔵文化財調査事業団を訪れて、現地景観の確認と補充資料の収集を行った。得られた知見は以下のとおりである。

(1)遺跡の現況

調査終了後の遺跡地は、当然のことながら道路及び法面となっており、土埃舞う隘路も開削され舗装された直線道路へと姿を変えていた。二基の塚のうち、2号塚は北側法面上の林に残存しており、塚上の杉が大きく成長している状況を確認した。

(2)『下田村史』の記述

『下田村史』には塚の記述はなく、包蔵地についても「下田村主要遺跡一覧」の中で次のように記されるに留まり、位置の詳細については確認できなかった。したがって調査地が記載の包蔵地にあたるものであるかは本書からは明らかでないが同一遺跡とみられていた。(7)

(3)落合・牛ヶ首の字境と塚の位置

三条市役所税務課に保存されている昭和四五年六月の同地公図によると、同図には既に道路用地が分筆されており、塚及び包蔵地の調査範囲が確認できた。これによると1号塚は五三六番地七の北東隅、2号塚は五三六番地六の南南西隅に位置し、五三六番地一・五・四の各筆が段丘崖斜面であることから、塚が崖端上に占地していたことが再確認された。ちなみにこの地番記述は調査以前に確定しており、発掘届記載時の錯誤とみられる。

(4)牛ヶ首中山遺跡の位置づけ

前項同様に、対象包蔵地の地籍も発掘届とは異なり、正しくは東から五三六番地七、五三七番地、五三八番地二、五三四番地、五三五番地二・三、五三二番地二、五三三番地、五三〇番地二・三、五三一番地二・三、五二九番地二・三、五二八番地二・三、五四四番地五の各筆である。

また、調査の根拠となった前掲の新潟県立三条商業高等学校社会科クラブ考古班の報告書を参照してみると、掲載されている遺跡分布図に記された「牛ヶ首遺跡」の位置は調査地点の西方にあり、別地点であったと考えられよう。発掘に際して全く遺構及び遺物が検出されなかった背景をなすものとみられる。

なお、遺跡名称は異なるが行政上の措置によるもので、この二つは同一遺跡と扱われていたものと考えられる。

(二)牛ヶ首中山塚の史的位置

「調査概要書」の文中、稲岡は注目すべき記述を残している。立地については、「塚は落合と牛ヶ首両部落の中間に位置する半島状に突き出した標高五五〜六〇㍍の台地南北線崖に二基並ぶ。(中略)旧鹿峠は組下二一村の本陣が置かれ、村松藩主堀丹波守は、参勤交代の際、村松から見附へ出るルートとして下田郷を通った。」とし、まとめの項では重ねて「⑦塚の立地は旧落合・牛ヶ首両部落の村界に位置し、崖下に旧道の痕跡をとどめる。」とあり、境界および街道との関連性に注意すべきことを示唆している。江戸幕藩体制下の領有関係を一瞥すると、この下田の地は、慶

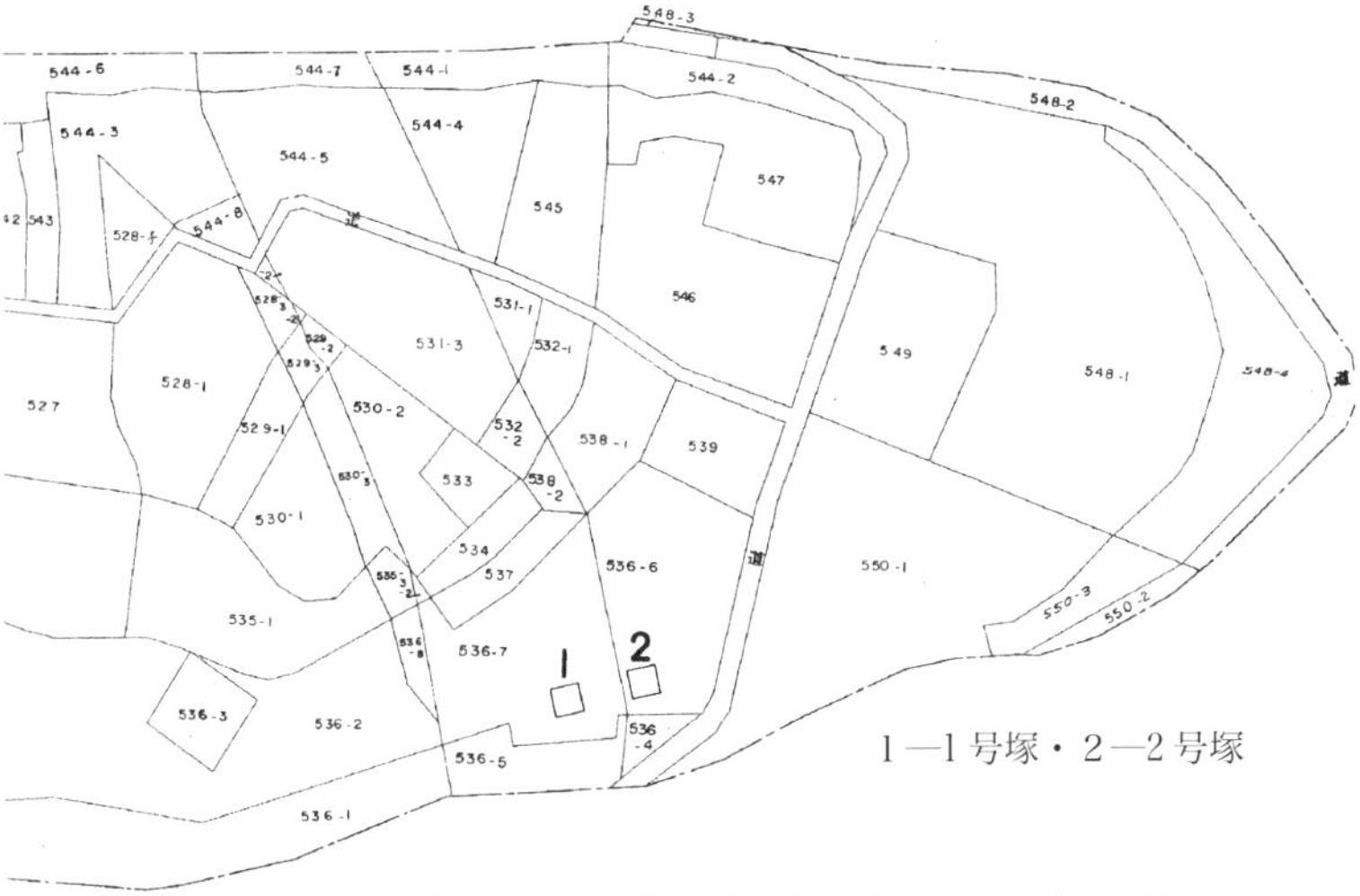

図５　牛ヶ首公図　（三条市役所下田支所原図に塚位置を加印）

図６　１牛ヶ首遺跡と２発掘調査地点の位置関係図
（三条商業高校原図に塚位置等を加印）
１—村史等の牛ヶ首遺跡・２—発掘地点の所謂牛ヶ首中山遺跡

長三（一五九八）年〜寛永一六（一六三九）年は村上藩領、寛永一六年〜正保元（一六四四）年は安田藩領、正保元年以降廃藩置県までは、見附・七谷とともに村松藩領となっている[(8)]。三国峠に至る街道としては、稲岡が記した見附回りのほか、長岡藩領であった栃尾を通過し小出へ抜ける、いわば現国道二九〇号筋があり、長岡城下を経ないことも可能であった。

一里塚は江戸幕府が推進した街道整備に伴い、五街道をはじめとする主要街道に設けられ、近郷では会津—津川—新発田間の会津街道にも遺存している。しかし、この推定村松藩主参勤路沿いには一里塚築造の記録・伝承は確認できず、里程に適う遺構の確認と比定もないのである。今後、広域調査を展開する中で、この一里塚の可能性について『国絵図』の詳細な確認を含め改めて検討する機会があるであろう。

次に、再踏査で確認した「落合・牛ヶ首公図」と、調査成果を照合してみると、二基の塚が字境に沿って存在し、牛ヶ首側の東端に位置し、さらに落合側から遠望のきく崖端上に占地していることが看取される。このことはこの塚が牛ヶ首側東方に向けて築いた境塚であった可能性を印象づける。

おわりに

前項までで、調査所見の復原的な考察を行い、牛ヶ首中山塚の性格について論究した。この二基の塚は、立地・配列・外形観察から、二基一対で機能していた可能性が考えられるが、築造時期の時間差や機能の合一性など、一基のみの発掘であり断定は適当ではない。ただ、この可能性を前提に論を進めるならば、既述のとおり近世の境塚としての性格が浮かび上がってこよう。

ところで、塚研究の軌跡における牛ヶ首中山塚の調査は、唐澤がかつて公表した研究史に照らせば第Ⅲ期（一九七〇年代以降）初頭に位置づけられ、塚の性格をめぐり各所において積極的な検討がはじめられた時期にあたる(9)。塚自体が遺跡としての市民権を十分に得るには至っていなかったこの時期にあって、この塚が周知の包蔵地に先んじて届出に記載され、発掘調査対象として取り扱われた背景には、当時の新潟県教育委員会と新潟県三条土木事務所とで交わされた積極的な調整・配慮と、地元下田村教育員会等関係者の尽力があったことは忘失すべきでない。この塚の性格に関わる最終的な結論は、正式な調査内容の公表と併せ、そのおりに委ねられることとなろう。したがって、小文は薄れゆく記憶を記録し確認された錯誤を正すことを意図したもので、きたるべき時期までの繋ぎの忘備録と捉えておいていただければ幸いである(10)。

人の記憶は、それぞれの都合に合わせるかのように成長・変化をするもので、唐澤自身もたびたび汗顔の場面に遭遇する。記録に拠らず会話・伝聞を拠り所とする暮らしは、まさに民衆の有り様そのままであるとの自覚を新たにしつつも、その記録自体にも多くの錯誤が含まれそこに再検証の必要性とともに、ある種の暖かみすらも見いだすことができる。若い日々の記憶とともに、自重自戒の一里塚としたい。

最後に、この小文をまとめるに際しては数年来の調査記録の再収集と現地の再踏査等、それぞれの過程において、次の方々から厚恩を受けた。ここに明記して謝意を表す。（敬称略）

［昭和五〇年発掘関係者］中島栄一（当時、新潟市立工業高等学校）・稲岡嘉彰（当時、新潟県美術博物館）・本井晴信（同）・横山秀樹（同）・髙橋恭子（当時、立正大学ＯＧ）

［平成二四年照会関係者］北村　亮（（財）新潟県埋蔵文化財調査事業団）・金子正典（三条市生涯学習課）・田村浩司（同）・勝山百合（同）

註

（1）関越自動車道建設に関わる小千谷市両新田遺跡の発掘調査により、周囲に溝を伴う塚が検出され、報告書の作成に際して牛ヶ首中山塚も未報告ながら類例として紹介している。藤巻正信「両新田遺跡」『関越自動車道埋蔵文化財発掘調査報告書』新潟県教育委員会一九八五年。また、下田村教育委員会教育長の「埋蔵文化財発掘届」を閲覧した。

（2）当時調査員であった髙橋恭子から野帳一冊を、同じく本井晴信からカラープリント写真二三葉の恵送を受けた。また、今回の執筆に際して、三条市埋蔵文化財調査室から、調査終了後に下田村教育委員会が三条土木事務所長へ提出した実績報告書（写）の供与があった。これには稲岡嘉彰が作成した「国道二九〇号線改良工事計画埋蔵文化財調査報告概要（文中では、調査概要）」が付されており、小文作成にあっては稲岡の作成したこの「調査概要」の学恩に依拠するところが大きい。

（3）下田村史刊行委員会『下田村史』一九七一年　記載

（4）発掘届の日付は記述のとおり七月一九日付けであるが、同届添付の調査計画書では調査期間を七月一八日～二四日としており、実際の調査もこの計画書に拠って着手されている。小文では事実記載にとどめ、法的な手続き論については立ち入らない。

（5）現段階で再考してみると、礫を混じた塚の盛り土の給源は、この溝ではなかったかと考えられる。

（6）1号塚付近の粘質灰色土中から剝片状の岩片が一点検出されたが、調査員の合議により自然物と判定した。この岩片が記録とともに保存されている可能性があるため、当時の判断状況をここに記しておく。

（7）「発掘届」記載のとおり、本調査実施の論拠となった文化財包蔵地は、新潟県立三条商業高等学校社会科クラブ考古班の報告に依拠したもので、同報告書に「牛ヶ首遺跡」とあることから、「牛ヶ首中山遺跡」は同一遺跡であるとの認識にたっていたことは明らかである。新潟県立三条商業高等学校社会科クラブ考古班『五十嵐川流域における先史遺跡』同調査報告第4冊　一九七一年

（8）下田村史刊行委員会『下田村史』一九七一年　記載及び先行して北村亮氏のご教示。

（9）唐澤至朗『民衆宗教遺跡の研究』高志書院　二〇〇三年
（10）小文作成に用いた記録の一切は、三条市埋蔵文化財調査室へ委ねてある。

あとがき

本書は　序説において触れた前著『民衆宗教遺跡の研究』と同じ編集スタイルをとった。前著が学位論文の公開を目的としたものであったが、今回はその前後の研究に加え、若年時の記録に再考を行ったものを添えて披瀝することとした。前著公表時に博物館学芸員であった唐澤は、その後専門職ながら主として組織管理と運営に携わるところとなり、及ばずながらその職務に全力を傾注してきた。研究との両立を目指しながらも思うに任せず、自らの微力にあきれるばかりであったが、こうした中にあって師兄の励ましを得て、細い糸を裁ち切らずに紡ぎ繋いで今日を迎えることができたことは、まことに有り難いことである。

この活動の継続にあたっては、実に多くの方々のご支援・教導を受けており、各章末に芳名等を掲げさせて頂いた。ことに疑問を生ずる度に二度三度と遺跡地に臨みながら、史資料の彼方に多くの人々の姿を認めるべきという、諸先生がたの謦咳を忘れがたく思い起こし、報恩の思いを新たにした。

また、第一章の初出に関わる調査活動の一部に独立行政法人日本学術振興会の科学研究費助成金を、出版費の一部に一般財団法人群馬地域文化振興会から受けた「第一九回石川薫記念地域文化研究賞」賞賜金を使わせていただいた。出版は前著に引き続き、高志書院の濱久年氏のお世話になった。ご支援に厚く御礼を申し上げる。

さて再び私事に及ぶが、昭和五四年四月、新潟県教育庁学芸員を初任とした公務員生活からは、群馬県立歴史博物館などの勤務を経て、平成二五年三月、群馬県教育委員会事務局付所長・公益財団法人群馬県埋蔵文化財調査事業団事業局長を最後に退いた。多くの遺跡の調査に関わることができたことは、幸運であった。ことに定年の年に、榛名山の噴火に起因する人的被災を証明した金井東裏遺跡調査の最初の事業指揮を務めたが、この遺跡から出現した被災者の遺骸に接し、「これはまさに『無念』そのものが形を遺したものである。」との認識を強くし、取扱いや公開に際するその処遇に遺漏のないよう敬意をもって指示にあたった。これをはじめ幾多の機会を得て、大地に額づく学問がしたいという少年の日に立てた志を概ね果たしえたことは、父母姉兄や妻の慈愛と学童期からの師恩など、恵まれた環境と職域であったことに思いを致し、これを多くの縁を導き結んだ神仏と人々との恩寵によるものと考えている。大学や学会・市井における今日の活動は、これに謝する奉仕の機会を与えられたのであるとも。

あとがきの最後に、ささやかな願い事を許されたい。

故郷津川の父・波田野通が百歳の賀を迎える。すでに光を失った両眼には映るまいが、その大きく暖かな掌上に小書を献げて祝いに添え、また父の介護に余念のない母・幸子へも謝恩の素意として贈りたいと思う。

平成三十年　九月　吉日

秦斎子

上州厩橋桃梨の里舎にて　唐澤 至朗　識

索　引

ら・わ行

【著者略歴】

唐澤至朗（からさわ　しろう）

1952年　新潟県東蒲原郡津川町生まれ。　旧姓・波田野

立正大学大学院文学研究科史学専攻修士課程修了、中央大学大学院文学研究科 博士（史学）学位取得。

新潟県教育庁・群馬県立歴史博物館などを経て、群馬県教育委員会事務局付所長・公益財団法人群馬県埋蔵文化財調査事業団事業局長、一般財団法人群馬地域文化振興会常務理事を歴任。

現在、立正大学文学部・了徳寺大学教養部講師（非常勤）、一般社団法人日本考古学協会監事・一般財団法人群馬地域文化振興会理事など。

第19回石川薫記念地域文化賞「研究賞」受賞。

〔主な著書論文〕

『藤原道長の遺産』（群馬県立歴史博物館）

『浄土へのあこがれ』（群馬県立歴史博物館）

『民衆宗教遺跡の研究』（高志書院）

他に共著・論文多数。

民衆宗教遺跡研究の展開

2018年9月10日第1刷発行

著　者　唐澤至朗

発行者　濱　久年

発行所　高志書院

〒101-0051 東京都千代田区神田神保町2-28-201
TEL03（5275）5591　FAX03（5275）5592
振替口座　00140-5-170436
http://www.koshi-s.jp

印刷・製本／亜細亜印刷株式会社

ISBN978-4-86215-182-7